Z. 2410

ŒUVRES

DE

FRANÇOIS BACON,

CHANCELIER D'ANGLETERRE.

TOME ONZIÈME.

A PARIS,

CHEZ ANT. AUG. RENOUARD, LIBRAIRE,
RUE ANDRÉ-DES-ARCS, N°. 42.

OEUVRES

DE

FRANÇOIS BACON,

CHANCELIER D'ANGLETERRE,

TRADUITES PAR Ant. LASALLE;

Avec des notes critiques, historiques et littéraires.

TOME ONZIÈME.

A DIJON,

DE L'IMPRIMERIE DE L. N. FRANTIN.

AN 10 DE LA RÉPUBLIQUE FRANÇAISE.

AVERTISSEMENT
DU TRADUCTEUR.

Nous avons appris, dans notre retraite, que plusieurs hommes de lettres, entre autres M. Deluc, membre de la société royale de Londres, et d'une infinité d'autres académies, avoient bien voulu interrompre leurs études, pour nous détourner des nôtres, et se nuire à eux-mêmes, en nous disant publiquement des injures. Des amis judicieux et au sentiment desquels nous faisons gloire de déférer, nous ont exhortés à nous défendre complètement ; mais nous balançons encore à nous engager dans un combat de cette nature. Nous n'ignorons pas que le public s'amuse quelquefois de ces petites querelles littéraires, par exemple, lorsqu'elles lui fournissent l'occasion de s'amuser aux dépens des puissances belligérantes : cependant des raisons assez fortes nous empêchent pour le moment de lui procurer ce genre d'*ennui* ou d'*amusement.*

1°. Ce rôle de deux hommes de lettres disputant avec chaleur pardevant le public, sur un sujet qui le plus souvent n'intéresse que leur susceptible *vanité*, nous a paru *avilissant*...! C'est peut-être à cette indécente conduite qu'ils doivent imputer le *rôle subalterne* qu'ils jouent depuis tant de siècles, eux qui, au lieu d'être le jouet de la multitude, comme ils l'ont été trop souvent, en devoient être l'*œil* et le *cœur.* Et c'est sans doute à une conduite plus noble que doit son élévation l'illustre citoyen qui joue, à nos yeux, avec tant d'aisance et de dignité, le double rôle d'*homme de lettres* et d'*homme d'état,* vérifiant, chaque jour, en sa personne, ce mot prophétique du divin Platon : *Heureux, mille fois heureux le temps où l'on verra la philosophie gouverner, et le gouvernement philosopher !*

2°. Pour répondre complètement à M. Deluc, je serois obligé de *toucher aux* bases de *la religion*, *de la politique*, et, pour tout dire, des *sociétés humaines*; matières délicates que je ne traite pas volontiers : c'est un immense *brasier*, couvert d'une *cendre* désormais *très légère* : je pourrois, en me défendant ainsi, faire cent fois plus de mal qu'on ne peut m'en faire en m'attaquant ; et mieux vaut ne point lutter du tout que de se défendre à demi.

3°. Je ne pourrois répondre, avec toute *l'exactitude* et la *précision* requises, à cette partie de la critique qui intéresse particulièrement les *Anglois*, qu'en parlant de leur *constitution politique*; je ne pourrois parler de leur constitution qu'en disant la *vérité*. Or je n'ai pas plus droit de me mêler de leur constitution, qu'ils n'ont droit de se mêler de la nôtre, et ce tort qu'ils ont envers nous, je ne veux pas l'avoir envers eux.

4°. Pour se défendre complètement contre un écrit tout rempli de personnalités et même d'invectives assez grossières, il *faut parler de soi*; rôle aussi humiliant qu'ennuyeux : je suppose que l'auteur dont on se souvient le plus, c'est celui qui, dans ses écrits, sait le mieux s'oublier lui-même, pour ne se souvenir que de ses lecteurs; et je suis trop occupé de mes concitoyens, pour avoir le temps de les occuper de moi; car c'est d'eux qu'il s'agit.

5°. Lorsque j'ai relu le *monologue* qui a été le principal sujet de la critique de M. Deluc, j'ai trouvé qu'il suffisoit, pour *détruire* toutes ses *objections*, de remettre, dans les passages qu'il a cités, les *phrases* et quelquefois même les *pages* entières qu'il a jugé à propos de *supprimer;* attendu que ces *suppressions* insidieuses sont l'*unique base* de ses *objections*. Ainsi je n'aurois besoin, pour répondre complètement à sa brochure, que de renvoyer les lecteurs et lui à ce monologue qui se défend lui-même. Mais d'ailleurs je trouve, à chaque pas, dans le douzième volume dont je suis actuellement occupé, des assertions formelles qui pulvérisent toute cette critique, et qui prouvent que mon véritable tort a été de croire que *j'achevois la pensée du chancelier Bacon*; pensée qu'il achève lui-même dans ce douzième volume, comme on le verra bientôt.

6°. Si *je partage mon attention* entre une réponse à la critique de M. *Deluc*, et ma traduction, je suis assuré de faire *une mauvaise traduction et une mauvaise réponse*. Ainsi, tout le temps que je perdrois à prouver que je n'ai pas mérité cette censure, seroit employé à en mériter de mieux fondées; et je ferois alors précisément la sottise qui accommoderoit le mieux mon adversaire. Au lieu que, si, après avoir achevé ce qui presse le plus, savoir, ma traduction, je m'occupe de cette réponse qui presse beaucoup moins, elles seront toutes deux un peu moins mauvaises. Je n'ai point le talent de tout faire à la fois; mais j'ai celui de ne faire qu'une seule chose dans chaque temps, et d'y penser souvent.

7°. Depuis que je suis *engagé* dans cette *entreprise littéraire, mon temps ne m'appartient plus;* il appartient tout entier aux personnes qui, ayant acquis les premiers volumes de cette traduction, ont le droit de m'en demander la suite; et je n'aurois droit de m'interrompre, pour *ferrailler* avec ceux qui voudroient absolument *faire du bruit à mes dépens*, que dans le seul cas où ces acquéreurs, et même la pluralité de mes lecteurs, m'auroient enjoint de perdre ainsi ce temps qui est leur propriété.

8°. Si j'avois été assez heureux pour être de quelque *utilité à mes concitoyens*, il ne seroit pas fort étonnant que j'eusse *déplu à leurs ennemis;* cette *disgrace* que j'éprouverois au dehors, sans la sentir où je suis, seroit même une sorte de *succès;* et je consentirois à être *condamné à Londres*, pourvu que je fusse *approuvé à Paris;* car les deux ou trois *Druides* qui m'ont attaqué, relevant d'une puissance qui réside à 300 lieues de moi, ne sont pas mes *concitoyens*.

Ainsi, non-seulement je ne *puis* ni ne *dois* me venger de la critique amère de M. Deluc, par un écrit sur le même ton, ou sur un meilleur ton ; mais je n'en ai pas même la *tentation*. La seule vengeance que je voudrois tirer de lui, ou de tout autre homme de lettres qui, après avoir été cité avec éloge, dans mes écrits, me paieroit de ce juste hommage par un *pamphlet* injurieux, où il ne me rendroit pas une seule fois justice, ce seroit de chercher, dans ses autres écrits, et dans ce *pamphlet* même, quelques *vérités utiles*, quoique mal appliquées, et de leur donner *place* dans mes *notes*, en payant à l'inventeur le tribut d'éloges qui lui seroit dû, et en le remerciant aussi de m'avoir rendu, par des critiques mêmes qui porteroient à faux, *plus attentif* et *plus exact*, pour en prévenir de mieux fondées. Telle est la seule vengeance digne de cette jeunesse à laquelle notre traduction est destinée, du *chancelier Bacon* et de son interprète ; le châtiment le plus sévère qu'on puisse infliger à un censeur injuste, c'est de ne pas lui ressembler.

Mais, en attendant que nous puissions nous venger ainsi, qu'il nous soit permis de donner quelques lignes au sentiment d'une affectueuse reconnoissance, et de dire que le gouvernement actuel, sous les auspices des citoyens *Chaptal* (Ministre de l'intérieur); *Guiraudet* (Préfet du département de la Côte-d'Or); *Berthet* (Sous-Préfet de Semur); et *Berthier* (Conservateur de la bibliothèque nationale de la même ville), nous a accordé une nouvelle gratification, jointe à des procédés encore plus encourageans pour un homme de notre caractère.

Nous devons aussi un remerciement au citoyen *Raymond* père, médecin de profession, et botaniste distingué, qui s'est prêté, avec sa complaisance et son activité ordinaires, à nous procurer les éclaircissemens relatifs à ces deux parties.

HISTOIRE DES VENTS.

PRÉFACE.

Les *vents ont donné des ailes au genre humain;* c'est par leur secours que les hommes se transportent et *volent,* pour ainsi dire, non *dans les airs,* mais *sur les vastes plaines de l'océan;* ce qui a frayé au *commerce* des routes spacieuses dans toutes les directions, et a rendu le monde accessible dans toutes ses parties. Les *vents* sont aussi, en quelque manière, le *balai* de *la surface du globe* (surface qui est *le domicile* et *la résidence de l'homme*); ils balaient également *tout le corps de l'air atmosphérique,* qu'ils nettoient et purifient. Cependant, en *bouleversant* la surface des *mers,* qui, sans leur *impulsion,* seroit toujours *tranquil-*

le, et n'auroit que des *mouvemens peu dangereux*, ils lui donnent un *aspect terrible*, et ouvrent des *abymes* à l'intrépide *navigateur*. D'un autre côté, ils fournissent à l'*industrie humaine* un *moteur d'une force illimitée*; le *mouvement rapide* et *puissant* qu'ils excitent, donnant l'*impulsion* aux *vaisseaux*, aux *ailes des moulins*, et à certaines parties d'une infinité d'autres *machines*, ils sont pour *notre espèce* comme autant d'*ouvriers* à son *service* et à ses *ordres* : mouvement dont on pourroit tirer parti d'une infinité d'autres manières, si l'*intelligence humaine* savoit mieux se prévaloir des *instrumens* et des *moyens* qui sont en sa disposition. La *nature* des *vents* est regardée comme un *mystère impénétrable*; ce qui est d'autant moins étonnant, que la *nature*, les *qualités intimes* et les *plus puissans effets* de l'*air* sont encore en partie *inconnus*; nature à laquelle les vents sont subordonnés et assujettis, comme *Eole*, suivant les poëtes, l'est à *Junon*.

LIEUX PARTICULIERS,

Ou points à considérer et à éclaircir dans une recherche complète sur les vents.

NOMS DES VENTS.

1. Tracez, avec la plus grande *précision*, les *caractères distinctifs des différentes espèces de vents*, en profitant pour cela des observations multipliées des navigateurs, et *distinguez-les* par des *noms*, soit anciens, soit modernes, mais *fixes* et toujours les mêmes.

Les *vents* peuvent être divisés en *quatre espèces;* savoir :

Les vents *généraux* et *constans*.

Les vents *périodiques* ou *réglés*.

Les vents *propres* ou *familiers* (à tels temps ou à tels lieux).

Enfin, les vents *libres* ou *variables*.

J'appelle *vents généraux*, ceux qui soufflent *en tout temps;* vents *périodiques* ou *réglés*, ceux qui ne soufflent que dans certains temps, et qui *reviennent après une certaine période révolue;* vents *propres* ou *familiers*, ceux qui *soufflent plus fréquemment* dans *tels temps* ou dans *tels lieux*, que dans tout autre temps, ou tout autre lieu; enfin, *vents libres* ou *variables*, ceux qui *soufflent dans tous les lieux indifféremment*.

VENTS GÉNÉRAUX.

2. Y a-t-il en effet des *vents généraux* qui aient pour *cause le mouvement général et propre de toute la masse de l'air atmosphérique* : et s'il en est de tels, *en quel sens (suivant quelle direction)* et dans *quelles régions soufflent-ils?*

VENTS PÉRIODIQUES.

3. Quels sont les *vents anniversaires* ou qui *reviennent tous les ans*, dans *les mêmes saisons* ou *parties de saisons?* Dans *quelles contrées* se font-ils sentir? Existe-t-il en effet *quelques vents dont les retours soient précis*, et qui soient réglés au point de revenir à tel jour et à telle heure, comme le *flux* et le *reflux* de l'océan?

VENTS FAMILIERS.

4. Quels sont les *vents propres, particuliers,* et, en quelque manière, *familiers à telles ou telles contrées;* et, *dans les mêmes contrées, à tels ou tels temps?* Quels sont, par exemple, les vents qui soufflent au *printemps,* en *été,* en *automne,* ou en *hiver?* dans le temps *des équinoxes* ou *des solstices?* le *matin,* à *midi,* le *soir* ou la *nuit,* etc.?

5. Quels sont *les vents marins* et *les vents terrestres?* Observez et montrez ensuite, avec précision, *les différences de ces deux espèces de vents,* soit de ceux qui soufflent *sur la mer* ou *sur la terre,* soit de ceux qui *viennent de l'une* ou *de l'autre.*

VENTS LIBRES.

6. Les *vents ne peuvent-ils pas souffler de tous les points imaginables de la sphère céleste?*

Les *vents* ne *varient* pas moins relativement à leurs *qualités,* que par rapport à leurs *directions;* il en est de *forts* et de *foibles*, de *constans* et de *variables*, de *chauds* et de *froids* ; les uns *humectent* et *relâchent* (*détendent*) ; les autres *dessèchent* et *constipent;* telles espèces de vents *rassemblent les nuages et amènent la pluie ;* quelquefois même des *tempêtes*, des *orages*, des *grains*, des *ouragans*, des *tourbillons*, etc. Tels autres vents *dissipent les nuages* et *amènent le beau temps.*

QUALITÉS DIVERSES DES VENTS.

7. Quels sont nommément les *vents* qui ont *les différentes qualités* dont nous venons de faire l'*énumération? Comment e jusqu'à quel point* peuvent-ils *varier, à ces différens égards,* dans les *différentes régions,* ou *parties de régions?*

Les *vents*, envisagés par rapport à leurs *origines locales,* sont de *trois espèces;* les uns *venant de la région supérieure,* les autres *de l'intérieur de la terre;* d'autres, enfin, se formant *dans le corps même de l'atmosphère.*

ORIGINES LOCALES DES VENTS.

8. Autre recherche sur les *vents*, envisagés par rapport à *ces trois différentes origines*. Quels sont les *vents qui viennent de ce qu'on appelle la moyenne région de l'air*, et ceux qui *viennent des cavités* ou *des profondeurs de la terre*, soit qu'ils aient d'*abord*, et au moment même de leur éruption, *tout le volume* et *toute la force* dont ils sont susceptibles, soit qu'étant le *produit d'une sorte de transpiration graduelle et insensible*, et étant d'*abord dispersés*, ils forment ensuite, en se réunissant, *de grands courans d'air*, à peu près comme *ces ruisseaux qui se jettent dans les fleuves*? Enfin, quels sont ceux qui, se formant dans *différentes parties de l'atmosphère indistinctement*, ont pour *cause* la *dilatation* et l'*expansion de l'air voisin du lieu où ils se font sentir*?

Outre ces vents *originels* (*primitifs*) et soufflant de différentes régions, il en est d'autres qui sont produits *par différen-*

tes causes accidentelles, telles que les mouvemens progressifs ou *rétrogrades de l'air comprimé, frappé* ou *répercuté.*

GÉNÉRATIONS ACCIDENTELLES DES VENTS.

9. On fera donc aussi une *recherche expresse* sur ces *générations accidentelles de vents* : cependant, à proprement parler, ce ne sont pas *de vraies générations de vents*, mais *des produits secondaires de causes, dont l'effet* est plutôt d'*augmenter* et de *renforcer des vents déjà produits*, que d'*en produire et d'en exciter de nouveaux.*

Tels sont les *points de considération* relatifs *aux vents* les *plus fréquens et les plus communs.* Il est aussi des *vents plus rares et plus extraordinaires*, qui doivent faire partie de cette recherche, tels que les *dragons*, les *tourbillons*, les *typhons*, les *grains*, les *ouragans*, etc. Ceux-ci soufflent ordinairement *près de la surface de la terre.* Mais ils est de plus *des vents souterrains*, dont les uns, qui sont *formés* ou *chargés* de *vapeurs mercurielles*, se font sentir dans les *mines*; et les autres, *formés* ou *chargés* de *vapeurs sulfureuses*, s'échappent dès qu'ils trouvent une issue, soit dans *les tremblemens de terre*, soit dans *les éruptions de volcans*, dont les *feux*, en *dilatant l'air souterrain*, forment ces *vents*.

VENTS EXTRAORDINAIRES ET SUBITS.

10. Ainsi, ces *vents rares*, extraordinaires, et dont quelques-uns ont des effets qui tiennent du *prodige*, seront encore l'objet d'une recherche particulière.

Après avoir *dénombré* et *défini les différentes espèces de vents*, on tournera son attention vers *les causes* et les *circonstances concourantes* à leur *formation* ou à leur *destruction*; en un mot, vers celles qui, suivant l'opinion commune, contribuent à les *exciter* ou à les *appaiser*. Je crois devoir préférer cette dénomination de *causes concourantes*, à celle de *causes efficientes, qui diroit trop*, et à celle de *phénomènes concomitans, qui ne diroit pas asssez*.

CAUSES CONCOURANTES DES VENTS.

Causes qui peuvent les exciter ou les appaiser.

11. On ne donnera qu'un coup-d'œil aux observations des *astrologues* sur les *vents*, et sans s'embarrasser des *différences précises et minutieuses* dans *la position des astres*. Quant aux observations plus sensibles et mieux constatées, sur ces vents qui commencent à souffler *vers le temps du lever de certains astres*, ou *des éclipses* de *lune*, ou *des conjonctions de planètes*, on aura soin de les recueillir, ainsi que tous les faits concernant *les vents* qui peuvent avoir *quelque relation avec le cours du soleil ou de la lune*.

12. Comment et jusqu'à quel point les *différens genres de météores* peuvent-ils *influer sur les vents ?* Quelle est aussi,

à cet égard, *l'influence des tremblemens de terre*, *des pluies*, de la *rencontre*, de la *lutte* et *du choc de plusieurs vents différens*: toutes ces choses se tiennent ; elles ne sont que *les différens anneaux d'une seule chaîne;* et elles sont tellement dépendantes les unes des autres, que l'une ayant lieu, l'autre s'ensuit nécessairement.

13. *Comment et jusqu'à quel point* les différentes espèces de *vapeurs* et *d'exhalaisons* peuvent-elles *influer sur les vents;* et quelles sont, parmi ces *émanations*, celles qui en *excitent le plus fréquemment ?* Enfin, quelles sont les vraies relations entre la nature des vents et celle de ces vapeurs qui en sont la matière et l'aliment ?

14. *Comment et jusqu'à quel point* tout ce qui *est*, ou *se fait*, *à la surface de la terre*, peut-il *influer sur les vents ?* Par exemple, quelle est, à cet égard, *l'influence des montagnes*, celle *de la fonte des neiges* dont quelques-unes sont couvertes, et celle de ces *masses énor-*

mes de glaces qui flottent sur l'*océan ;* glaces qui sont portées par les *vents* et les *courans,* dans certains parages, et qui s'y accumulent ? celle des *variétés du sol* et *du terroir* (nous ne parlons ici que des *grands espaces*); par exemple, celle des *marécages*, des *sables*, des *forêts*, des *plaines,* etc. ? Enfin, *comment* et *jusqu'à quel point* peuvent *influer sur les vents, les actions* et *les opérations humaines,* ou leurs *effets :* par exemple, quelle est, à cet égard, l'influence de ces *grandes flammes excitées par les cultivateurs , lorsqu'ils mettent le feu aux bruyères ou aux chaumes?* celle *des moissons* ou des *villages incendiés* dans les temps de *guerre ?* celle des *desséchemens de marais ?* celle de l'*explosion d'un grand nombre de pièces d'artillerie, tirées continuellement pendant plusieurs heures ?* celle du *son des cloches,* dans les grandes villes, et d'autres causes semblables ? Ces *dernières causes* ne sont que *des atomes* en comparaison des précédentes ; cependant elles ont toujours *quelque influence* dont il est bon de s'assurer par l'observation.

15. En un mot, faites une recherche complète sur *toutes les causes* qui peuvent *exciter* ou *appaiser les vents*, mais en écartant avec soin *toutes les relations fabuleuses ou superstitieuses.*

De cette considération *des causes concourantes des différentes espèces de vents*, vous passerez à celle de *leurs limites*, et vous tâcherez de *déterminer* la *hauteur et l'étendue des régions où ils soufflent*, ainsi que leurs *directions :* et, par des observations multipliées, vous vous mettrez en état de répondre aux questions suivantes.

LIMITES DES VENTS.

16. Quelle est la *hauteur* et l'*élévation* des *régions* où soufflent *tels ou tels vents*? Y a-t-il, en effet, *des sommets de montagnes assez élevés* pour *qu'aucun vent ne s'y fasse* jamais *sentir*? Est-il vrai qu'on voie quelquefois *des nuages arrêtés* et *immobiles dans la région supérieure*, tandis qu'un vent assez fort souffle à la surface de la terre?

17. Quels sont *les espaces* que peuvent occuper *des vents différens et soufflant dans le même temps*, et quelles sont les vraies limites de ces vents simultanées ? Par exemple, tâchez de savoir s'il est vrai que, dans le *temps même* où un *vent* de *sud souffle* dans *tel lieu*, un *vent* de *nord se fasse sentir à dix milles de là* : et au contraire s'il est vrai que *certains vents* soient réduits *à un espace si étroit*, qu'ils *y coulent comme dans un canal*; phénomène qui paroît avoir lieu dans certains *ouragans* ou *grains*.

18. Multipliez les observations pour *déterminer* le *maximum*, le *minimum* et le *medium* de la *durée des différentes espèces des vents*, soit de leur *durée totale*, soit de *leur accroissement* ou de leur *déclin*. Faites d'autres observations pour savoir *de quelle manière* ces vents *commencent* et *finissent* : par exemple, s'ils *s'élèvent* et *tombent tout à coup*, ou s'ils le font *graduellement*; ou enfin de toute autre manière.

Après avoir *déterminé* les *limites* des

vents, on tâchera aussi de *déterminer l'ordre* de leur *succession* : je veux dire l'ordre selon lequel un *vent succède à un autre vent*, ou celui selon lequel *le vent et la pluie se succèdent ;* car cette *succession alternative* étant très *réelle*, il est nécessaire d'en *connoître l'ordre* et le *comment*.

SUCCESSION DES VENTS.

19. Y a-t-il, en effet, des observations bien constatées et des *règles certaines* qui fassent *connoître l'ordre* suivant lequel *les vents se succèdent les uns aux autres*, soit que cet *ordre de succession* se rapporte *au cours du soleil*, ou à toute autre cause ; et si cet ordre existe, *quel est-il ?*

20. Tâchez aussi de déterminer l'ordre, *le mode précis de la succession alternative des vents et des pluies ;* rien n'étant plus ordinaire que de voir la *pluie faire tomber le vent*, et *le vent*, au contraire, *dissiper la pluie*.

21. Est-il vrai que *les vents aient des*

retours périodiques; et qu'après un certain nombre d'années, les mêmes vents soufflent de nouveau, dans la même saison ou partie de saison, et dans le même lieu? Enfin, si *ces retours* sont *réellement périodiques, quelle* est cette *période?*

De la considération de l'*ordre de succession des vents*, vous passerez à *celle de leurs mouvemens* (1) (*des mouvemens de l'air* qui les *constituent*). Or, ces *mouvemens de l'air*, d'où résultent les *vents*, sont de *sept espèces;* les *trois premières* se trouvent *comprises* dans les *articles précédens;* car nous y avons considéré *les vents* comme *pouvant souffler des différens points de la sphère;* comme pouvant avoir *trois directions différentes*, et souffler soit *de haut en bas*, soit

---

(1) Les *mouvemens des vents:* une telle expression est peu exacte : *le vent*, d'après la *définition de l'auteur même*, n'est autre chose que *l'air en mouvement*. Ainsi, au lieu de dire, *les mouvemens des vents*, il faut dire, *ces mouvemens de l'air*, *d'où résultent les vents*.

de bas en haut, soit *horizontalement*; enfin, comme pouvant être l'*effet de la compression, de la percussion*, ou *de la répercussion de l'air*; reste donc à *dénombrer* les *quatre dernières espèces*. Le *sujet* de la *quatrième recherche* sera *le mouvement progressif de l'air*; celui de la *cinquième* sera *son mouvement d'ondulation*; celui de *la sixième*, la *lutte* et le *choc de plusieurs vents différens qui soufflent en même temps*; enfin, celui de *la septième* sera *le vent*, ou le *souffle* considéré dans les *machines* et les *instrumens construits par la main de l'homme*.

MOUVEMENS DIVERS DES VENTS.

22. Tout *corps* qui a un *mouvement progressif, part* nécessairement *de quelque terme, de quelque point*. Il faut *recueillir* avec soin toutes les *observations* et toutes les *relations* qui peuvent nous mettre en état de *déterminer* la *région*, le *lieu d'où soufflent les différens vents*, et qui est comme leur *source* ou leur

foyer; car les *vents,* semblables en cela à *la renommée,* quoique parcourant à *grand bruit des espaces immenses,* ne laissent pas de *cacher leur tête dans les nuages.*

23. *Autre recherche* à faire sur *le progrès même de ces vents;* par exemple, tâchez de savoir s'il est vrai qu'*un vent qui se fait sentir aujourd'hui à telle heure dans la ville d'York,* se fera sentir à *Londres, deux jours après.*

24. Vous ferez d'*autres recherches* non moins *exactes* relativement au *concours* et *au combat de plusieurs vents différens qui soufflent en même temps,* afin de savoir, en premier lieu, s'il est vrai que *plusieurs vents originels puissent souffler dans le même temps;* et de savoir, en second lieu, au cas que le fait soit réel, *quels euripes* (*quels flux et reflux*) peuvent résulter *de ce concours et de ce combat;* 3°. enfin, *quel genre de condensation,* et, en général, d'*altération* ils peuvent *occasionner dans le corps de l'atmosphère.*

25. *Autre question.* Est-il vrai qu'*en même temps que certains vents soufflent dans la région supérieure de l'atmosphère, un vent tout différent se fasse sentir à la surface de la terre?* Car on s'est assuré, par l'observation, que *les nuages se meuvent quelquefois selon une direction toute opposée à celle qui est indiquée par les girouettes;* et qu'on voit aussi quelquefois *des nuages qui ont un mouvement très rapide, tandis qu'il règne un calme parfait dans la région inférieure.*

26. *Autre recherche* à faire sur *la manière dont les vents donnent l'impulsion aux vaisseaux*, par le moyen de leurs voiles.

27. *Recherche* du même genre sur *la manière dont le vent donne l'impulsion aux ailes des moulins,* par le moyen des *toiles* dont elles sont revêtues. On fera aussi quelques *recherches* sur *le vol des éperviers*, et, en général, des *oiseaux*, sans dédaigner *les faits plus communs* et *plus connus*, même ceux qu'on peut tirer

de la considération *de certains jeux ;* par exemple, ceux que présentent *le mouvement ondoyant des enseignes, des pavillons, ou des flammes déployées ; les dragons volans* (1), *les combats de cerfs-volans.*

On passera ensuite à la *recherche* qui a pour objet *les actions, les effets* et *l'influence des vents ;* afin de savoir :

INFLUENCE ET EFFETS DES VENTS.

28. Quelle peut être et quelle est en effet l'*influence des vents sur les courans et les marées ; comment et jusqu'à quel point* ils peuvent *arrêter, ralentir, ou précipter le cours des fleuves,* et quelquefois même *occasionner des inondations ?*

29. Quelle est *leur influence* sur les *plantes* et les *insectes ;* par exemple : en

---

(1) Les *Chinois*, même dans l'âge viril, s'amusent, comme nos *écoliers*, à *élever des cerfs-volans*, dont la plupart ont la forme *du dragon fabuleux ;* il se peut que les *Anglois* en aient, ou en aient eu de même forme.

amenant *des légions innombrables de sauterelles*, en *multipliant excessivement les chenilles*, ou en occasionnant *des rosées destructives ?*

30. Comment ils peuvent *purifier* ou *infecter l'air*, être un *principe de peste*, occasionner *des maladies* ; enfin, *affecter* les *animaux* d'une *infinité de manières ?*

31. Comment *ils influent sur la transmission des espèces* que nous qualifions *d'immatérielles*, telles que *les sons*, *les rayons lumineux*, etc. ?

Une *autre recherche* non moins nécessaire, c'est celle qui a pour objet *les pronostics qu'on peut faire* relativement aux *vents* ; non-seulement à cause de *l'utilité immédiate* qu'on peut tirer de *ces prédictions*, mais aussi parce qu'*elles conduisent* ensuite à la découverte *des causes.* Car *les indications* d'où se tirent *ces pronostics, montrent*, avant que les *choses* mêmes se soient *effectuées* et *réalisées, la manière* dont elles se *préparent* ; et avant qu'elles soient devenues *sensibles, leurs ébauches, leurs premiers degrés, leurs foibles commencemens.*

PRONOSTIC SUR LES VENTS.

32. On recueillera donc avec soin *des pronostics* de toute espèce relativement *aux vents* (sans compter les *observations* des *astrologues* en ce genre, et dont nous parlions plus haut en avertissant de ne les adopter qu'après y avoir fait un choix), soit que *ces pronostics* se tirent de *l'observation* des *météores*, de *l'inspection* des *eaux*, de *l'instinct des animaux* et d'autres sources semblables.

Enfin, on terminera cette *longue recherche* par des *observations précises* et *judicieuses* sur *les imitations de vents*, soit *naturelles*, soit *artificielles*.

IMITATION DES VENTS.

33. D'abord sur *les imitations naturelles de vents*, telles que ces *flatuosités*, ces *coliques* ou *tranchées*, etc. produites par différentes causes *dans le corps d'un*

animal; ou ces vents qui se forment *dans les vaisseaux qu'on emploie pour les distillations* (1).

34. Puis sur les vents *artificiels*, tels que celui d'*un soufflet*, ou encore ce *vent léger* qu'on peut exciter dans *une salle à manger*, à l'aide d'un ventilateur, etc.

Tels sont les *principaux points de considération* relativement à cette *recherche sur les vents.* Parmi ces différentes ques-

---

(1) Ce ne sont pas seulement *des imitations de vents*, mais même *des vents proprement dits*, de *moindres vents ;* et comme *de grandes causes excitent de grands vents,* de *petites causes en excitent de petits.* Sénèque a observé avec raison que *les mêmes causes* qui produisent, dans le *corps humain*, des *coliques, des tranchées*, etc. excitent *des vents* et des *ouragans* dans *l'atmosphère,* la *différence* n'étant que *du plus au moins.* Par exemple, *l'eau très froide, très crue et bue en grande quantité*, donne la *colique* à une personne qui a *l'estomac foible ;* et des *pluies froides qui tombent pendant plusieurs jours*, sont ordinairement suivies *de grands vents.*

tions que nous venons de nous proposer, il en est, je l'avoue, auxquelles il nous sera *impossible* de faire *des réponses satisfaisantes*, vu le *petit nombre d'observations* que nous avons sur ce sujet; mais il en est de *ces recherches* comme de l'*instruction d'un procès* : un *habile jurisconsulte*, après avoir mûrement considéré *la nature* et *les besoins* de la *cause*, sait bien à peu près *quel genre de question* il doit faire aux *témoins*; mais il ne peut *savoir d'avance ce que* ces *témoins répondront*. Nous sommes dans le même cas relativement à *l'histoire naturelle*, nous savons assez *de quoi* il faudroit être *instruit*; mais ce qu'il *faudroit savoir*, pour l'*être complètement*, nous ne le savons pas. La *postérité*, sans doute *plus instruite* sur ce sujet, sera en état *de répondre complètement à ces questions* auxquelles nous ne pouvons encore satisfaire (1).

---

(1) Il est un art supérieur à celui de *résoudre des questions déja proposées*, et dont une infinité

HISTOIRE.

NOMS DES VENTS.

Article répondant au premier point de considération.

Au lieu de traduire simplement *les noms* que *les anciens* avoient donnés *aux vents*, nous avons cru devoir *tirer* cette nomenclature, *des degrés* et *de l'ordre même de ces vents*. Ce que nous avons

---

d'autres n'ont pu trouver la solution, c'est celui *de s'aviser le premier de ces questions*, et *d'inventer ainsi des sujets d'invention* : Newton, lorsqu'il demandoit à son propre génie *pourquoi une pomme qu'il voyoit tomber d'un arbre, ne se portoit pas de bas en haut*, fut peut-être *plus grand*, qu'au moment où, d'après *un petit nombre de déterminations*, il achevoit *l'ellipse de la comète de 1681*. Appercevoir d'un coup d'œil ce qui est nécessaire et échappe à tous, en les avertissant de ce qu'ils doivent chercher, et leur apprenant à sentir leurs vrais besoins, tel est l'art propre au vrai génie et créateur de tous les autres. Ce dernier art fut propre aussi au grand homme que nous interprétons; c'est en quoi il n'a point eu d'égaux; et cet ouvrage même en est une

fait, afin de rendre notre *exposé plus intelligible*, et *ces noms, plus faciles à rappeller*. Cependant *aux noms modernes* nous avons eu soin de *joindre les noms anciens*, pour rendre hommage aux écrivains de l'antiquité, dont nous avons emprunté (mais avec une sorte d'*inquiétude* et de *timidité*) un assez grand nombre d'observations, qu'on ne pourra guère reconnoître ici que par

---

nouvelle preuve. Ses raisonnemens sont presque toujours extrêmement foibles; mais il fait sans cesse des rapprochemens. Avant d'attaquer la place, il commence par la reconnoître lui-même, en courant tous les risques; il fait le tour entier de son sujet; il l'envisage par toutes ses faces, il en compare toutes les parties entre elles et à la destination du tout; il en montre toutes les différences et toutes les analogies; et ces rapports, s'il ne les saisit pas, du moins il les cherche; en les cherchant, il nous avertit qu'il faut les chercher; et c'est ainsi que, dans le cas même où la vérité lui échappe, il nous met sur la route qui y conduit; enfin, lorsqu'il voit trop peu pour nous éclairer complètement, il voit toujours assez pour nous apprendre à voir plus que lui.

l'emploi même des noms par lesquels ils les désignoient et que nous avons conservés, en exposant ces observations. Cette *division des vents*, que nous avons adoptée, est *tirée de la division ordinaire de l'horizon*, qu'on est dans l'habitude de *diviser et subdiviser toujours par deux*; ce qui forme en tout *trente-deux divisions*.

Cela posé, nous appellons *vents cardinaux*, ceux qui soufflent *des quatre points de même nom*, et qui répondent aux quarts de l'horizon ; *sémi-cardinaux*, ceux qui répondent aux huitièmes ; *moyens majeurs* (1), ceux qui répondent aux seizièmes, et *moyens mineurs*, ceux qui répondent aux trente-deuxièmes.

---

(1) Le texte original dit *médians, majeurs et mineurs*; mais quoique les *géomètres* emploient cette dénomination au *féminin*, pour désigner *la moyenne proportionnelle, faisant partie d'une ligne coupée en moyenne et extrême raison*, je n'ai osé risquer ce mot *au masculin*; ce qui n'empêche aucun de nos lecteurs de préférer ce dernier au premier.

Cardin.	Nord-Boreas (*Borée*).
	Nord ¼ Nord-Est.
Moy. maj.	Nord-Nord-Est (*Aquilon*).
	Nord-Est ¼ Nord (*Meses*).
Semi-card.	Nord-Est (*Euro-Boreas*).
	Nord-Est ¼ Est.
Moy. maj.	Est-Nord-Est (*Cæcias*).
	Est ¼ Nord-Est.
Cardin.	Est (*Subsolanus*).
	Est ¼ Sud-Est.
Moy. maj.	Est-Sud-Est (*Vulturnus*).
	Sud-Est ¼ Est.
Semi-card.	Sud-Est (*Euro-Auster*).
	Sud-Est ¼ Sud.
Moy. maj.	Sud-Sud-Est (*Phœnicias*).
	Sud ¼ Sud-Est.
Cardin.	Sud (*Auster, Notus*).
	Sud ¼ Sud-Ouest.
Moy. maj.	Sud-Sud-Ouest (*Libonotus*).
	Sud-Ouest ¼ Sud.
Semi-card.	Sud-Ouest, etc. (*Lybs*).
	Sud-Ouest ¼ Ouest.
Moy. maj.	Ouest-Sud-Ouest (*Africus*).
	Ouest ¼ Sud-Ouest.

Cardin.	Ouest (*Zephyrus, favonius*).
	Ouest ¼ Nord-Ouest.
Moy. maj.	Ouest-Nord-Ouest (*Corus*).
	Nord-Ouest ¼ Ouest.
Semi-card.	Nord-Ouest. (*Zephyro-Boreas.*)
	Nord-Ouest ¼ Nord (*Thrascias*).
Moy. maj.	Nord-Nord-Ouest (*Circius*).
	Nord ¼ Nord-Ouest.

Les anciens désignoient encore quelques-uns de ces vents par *d'autre noms* tels que ceux-ci : *Apheliotes, Argestes, Olympias, Scyron, Hellespontius, Japyx;* mais un tel objet ne mérite pas de fixer notre attention, et n'est-ce pas assez d'avoir pris pour *base* de *notre nomenclature, les divisions ordinaires de l'horizon?* D'ailleurs, nous n'attachons pas beaucoup d'importance à une traduction fidelle de ces auteurs anciens, où nous avons trouvé peu d'observations vraiment importantes sur ce *sujet.*

VENTS LIBRES ET VARIABLES,

Article répondant au sixième point de considération.

1. De ces 32 *rhumbs* (ou *aires de vent*), il n'en est aucun *d'où le vent ne souffle quelquefois* : de plus, supposons que *l'horizon* soit *divisé en tous ses degrés*, et que du centre de ce cercle, on tire des lignes à toutes ces divisions : cela posé, il n'est aucune des directions marquées par ces lignes, qui ne soit quelquefois celle du vent régnant.

2. Il est telle région entière (tel *quart de l'horizon*), d'où le vent n'amène jamais, ou presque jamais de *pluie*; mais, comme nous venons de le dire, il n'en est point d'où le vent ne souffle, et même fréquemment.

VENTS GÉNÉRAUX OU CONSTANS,

Répondant au second point de considération.

Nous ne trouvons dans les auteurs anciens, que très peu d'observations *sur ces vents généraux :* ce qui nous paroît d'autant moins étonnant, qu'ils regardoient toutes ces *contrées situées entre les tropiques, comme inhabitables*, et comme *occupées par une sorte de chaos.*

1. On s'est assuré par une infinité d'observations, que tous les navigateurs qui cinglent *entre les deux tropiques, dans une mer libre*, y trouvent *un vent constant et perpétuel*, auquel les *marins* donnent le nom de *brise*, et qui *souffle d'orient en occident* (1); quoique ce vent ne soit pas *très fort*, il ne laisse pas d'avoir *assez de force* pour que *son impulsion* même, jointe à *celle* des *courans* dont il détermine *la direction*, mette ceux qui vont *au Pérou*, dans l'impossibilité de revenir par la même route.

2. Dans les *mers de l'Europe*, lorsque *le temps* étant très *serein* et très *sec*, au-

---

(1) Il est quelquefois *interrompu par des calmes ou des orages*; et d'ailleurs il *varie un peu dans les deux hémisphères*; savoir, *au nord de la ligne, depuis l'est jusqu'au nord-est et au sud de la ligne, depuis l'est jusqu'au sud-est.*

cun vent particulier ne se fait sentir, on sent *un léger souffle* dont *la direction est de l'est à l'ouest*, et qui semble *suivre le cours du soleil*.

3. Suivant une opinion commune et fondée sur des observations multipliées, *les nuages les plus élevés se portent* ordinairement *d'orient en occident;* et cela dans le temps même où règne *près de la surface du globe*, ou *un calme parfait*, ou *un vent tout différent :* que, s'ils ne suivent pas toujours cette direction, on peut attribuer cette *variation* aux *vents particuliers* qui règnent quelquefois *dans la région supérieure*, et qui surmontent, *couvrent* en quelque manière *ce vent général*.

AVERTISSEMENT.

S'il existe en effet *un vent général* de cette nature, et qui se *rapporte si exactement* au *mouvement de toute la sphère céleste*, comme il n'est pas *d'une grande force*, il est clair qu'il doit *céder aux vents particuliers;* il doit être *plus sen-*

sible entre les tropiques, où les *cercles qu'il décrit*, sont *plus grands*; il doit *l'être* aussi *davantage* dans la *région supérieure*, par la même raison et parce que *son cours* y est *plus libre* : en conséquence, si l'on veut s'assurer par soi-même *de l'existence de ce vent général*, et en avoir *la sensation dans nos zônes tempérées* et près *de la surface de la terre; zône et région* où il est beaucoup *plus foible*, il faut dans un *temps de calme*, se placer dans *un air libre* et *sur de hautes montagnes*. N'employez, pour cette expérience, que *des corps très mobiles*, et faites-la *dans l'après-midi*, temps où *le vent d'est particulier souffle plus rarement, et est très foible*.

DIRECTION.

Ainsi, à l'aide de *girouettes* ou d'autres *corps* aussi *mobiles*, placés *sur le sommet d'une tour, d'un temple, etc.* et dans un temps de *calme*, tâchez de vous assurer de ce fait par vous-même, et de savoir si le *peu de vent* qui reste alors, *souffle* en effet *de l'est à l'ouest.*

Phénomène oblique, (observation indirecte).

4. C'est un fait constaté par une continuelle expérience, que *le vent d'est en Europe* est éminemment *dessiccatif,* (doué de la propriété de *dessécher*), et a une *acrimonie* très marquée; et qu'au contraire le *zéphyre* (le *vent d'ouest*) est un *vent humectant* et *calmant;* ce qu'on peut expliquer ainsi; en supposant que l'air ait en effet *un mouvement général d'orient en occident,* dès-lors *le vent d'est particulier* qui se porte dans le même sens, doit nécessairement *atténuer* et *raréfier l'air atmosphérique;* ce qui le rend *plus sec* et *plus mordicant:* au lieu que *le zéphyr* poussant *l'air occidental contre celui qui vient de l'orient,* et *rapprochant* ainsi les unes des autres *les parties* de ce *fluide,* doit le rendre *plus dense, plus grossier,* et enfin *plus humide.*

Autre observation indirecte.

5. Faites des observations exactes sur *les eaux des mers les plus vastes*, afin de savoir si elles ont aussi *un mouvement général d'orient* en *occident;* car si *les deux extrêmes :* savoir, *le ciel* et *l'océan* ont en effet *un tel mouvement*, il est assez probable que *l'air atmosphérique placé entre deux, participe aussi de ce mouvement.*

AVERTISSEMENT.

Je qualifie d'*obliques*, les deux phénomènes précédens, parce qu'ils ne montrent pas *directement* ce qu'ils *indiquent*, mais *médiatement* et par la voie d'un *raisonnement;* conséquences toutefois que nous ne laissons pas de saisir avec une sorte *d'avidité*, lorsque les *observations directes* viennent à nous *manquer* (1).

----

(1) *Monitum, mandatum, phenomenon obliquum*, à quoi bon tout ce *jargon*, tout ce *charlatanisme*, et encore pour se tromper à la fin? Quand ce qu'on *affirme d'un sujet peut être observé dans*

DIRECTION.

Que cette *brise*, ou ce *vent général d'orient en occident* souffle réellement *entre les tropiques*, le fait est certain et suffisamment constaté, mais *la cause est un peu incertaine;* et il y a ici *une équivoque :* car, pour rendre raison de ce fait, on peut dire, 1°. que *l'air* ayant en effet *un mouvement général et semblable à celui de la sphère céleste*, ce

---

ce *sujet même*, une *observation de ce genre* doit être qualifiée de *directe*, et alors elle devient une preuve directe ou *immédiate de la chose affirmée*. Mais quand on *le conclut seulement d'un autre fait* (c'est-à-dire, d'une *observation faite sur un autre sujet que celui de la question*) et par la voie d'un *raisonnement* dont l'*analogie* est ordinairement la *base*, cet *autre fait* est une *observation indirecte ;* la *preuve* à laquelle il sert de *fondement*, est également *indirecte* ou *médiate ;* et il n'en résulte qu'une *probabilité :* que fait là le *phénomène oblique ?* Ce n'est pas lui qui est *oblique*, car *tout fait est direct* quant à lui; mais c'est *la preuve qu'on en tire*, qui, dans le dernier cas, n'est plus que *médiate et indirecte*.

mouvement est presque *imperceptible hors des tropiques*, et *dans les zônes tempérées*, où *les cercles* qu'il décrit, sont *plus petits*; mais qu'il est *plus sensible entre les tropiques* et *dans la zône torride* où ces *cercles* sont *plus grands*. En second lieu, *la chaleur*, peut-on dire encore, *dilate toute espèce d'air*, et *cet air*, ainsi *dilaté*, *occupe un plus grand espace*. Or, *cet air tendant à occuper un plus grand espace, pousse* nécessairement *l'air contigu*; *impulsion* d'où naît cette *brise* dont nous parlons, et qui doit en conséquence *se porter dans la même direction que le soleil*; cette *dilatation* dont elle est *l'effet*, ayant lieu successivement dans tous les points du cercle que cet astre décrit en vingt-quatre heures : de plus, cette *brise* doit être *plus sensible dans la zône torride* où *le soleil* est *plus ardent*; *et moins sensible dans les zônes septentrionales*, en vertu de la *cause contraire*. Il semble qu'il y ait ici un *exemple de la croix*, qui pourroit servir à lever *l'équivoque*, et qu'il suffiroit pour cela de s'assurer si *cette brise souffle durant la nuit*, ou non : car *le mouvement général de l'air subsiste durant la nuit*, et il n'en est pas de même de la *chaleur* (1).

6. Or, il est certain que *cette brise ne souffle pas durant la nuit*, mais seulement *le matin*, ou tout au plus lorsque *le jour* est *un peu avancé*. Enfin cet exemple même ne suffiroit pas pour décider la question ; car cette *condensation de l'air* qui a lieu *durant la nuit* (sur-tout dans les *régions* où *les jours* et *les nuits,* quoique *égaux* ou *presque*

---

(1) Quand cette *brise* seroit *l'effet de la chaleur* et *du mouvement diurne* (soit *réel*, soit *apparent*) *du soleil*, il ne seroit pas nécessaire, pour *qu'elle se fît sentir* dans une contrée, *que le soleil y fût encore sur l'horizon* ; car cet astre dilatant l'air dans les lieux qu'il éclaire encore, et le mouvement de l'air une fois excité par cette dilatation, se communiquant au loin, la brise qui est l'effet de cette dilatation, peut donc se faire sentir encore dans les lieux que cet astre n'éclaire plus.

égaux, par rapport à leur *durée*, ne laissent pas de *différer beaucoup* par leur *températare*), pourroit *affoiblir* et *faire disparoître* ce *mouvement naturel de l'air*, lequel par lui-même est déja extrêmement *foible*.

7. Si *l'air participe* en effet du *mouvement général de la sphère céleste*, il s'ensuit que non-seulement le *vent d'est concourt avec le mouvement naturel et général de l'air*, et que le vent d'ouest *est opposé à ce mouvement ;* mais encore que *le vent de nord* doit *souffler comme d'en haut*, et le *vent de sud comme d'en bas :* du moins, *dans notre hémisphère, où le pôle antarctique* est *abaissé sous l'horizon*, et *le pôle arctique élevé au dessus* ; c'est une observation que les anciens avoient faite aussi, mais d'une manière obscure, et comme en hésitant : quoi qu'il en soit, elle est parfaitement d'accord avec les observations des modernes ; car *cette brise* qu'on peut, avec quelque probabilité, regarder comme *un effet du mouve-*

ment général de l'air, ne souffle pas précisément de *l'est*, mais du *nord-est* (1).

DES VENTS RÉGLÉS OU PÉRIODIQUES.

Réponse à la question de l'article 3.

Si, dans la *recherche sur les vents généraux*, les hommes ont eu la *vue* pres-

---

(1) Ce qui s'explique, d'une manière très satisfaisante, dans la seconde de ces deux suppositions. Lorsque *le soleil*, après avoir *dilaté l'air* dans un point du globe, s'en éloigne, cet *air* se *contracte;* il *occupe un moindre espace;* et toutes les colonnes d'air environnantes se portent vers ce point de contraction. Or, *l'air septentrional, plus froid, plus dense, plus pesant* et *plus élastique,* a ainsi *un avantage naturel* sur *cette partie de l'air méridional,* qui n'est plus *bandée par la dilatation,* et d'autant plus d'avantage, qu'on se trouve *plus au nord.* Ainsi, dans notre hémisphère, la direction du vent alizé doit tenir un peu du nord, et en tenir d'autant plus, que la région où l'on se trouve est plus septentrionale; conclusion qui est parfaitement d'accord avec l'observation. D'ailleurs, ce *vent alizé* s'explique aussi fort bien *par le mouvement diurne de la terre d'occident en orient.* L'air étant un *fluide très rare* et *très léger,* il ne peut

que entièrement *offusquée*, il semble que, dans celle qui a pour objet *les vents périodiques*, ils aient été saisis d'une sorte de *vertige*; car ne disant rien des premiers, ils parlent au hazard sur les derniers, soutenant les contradictoires alternativement et variant sans cesse dans leurs opinions sur ce sujet : en quoi ce-

---

être aussi *adhérent* au *globe terrestre*, que le seroit un *fluide beaucoup plus dense* et *plus pesant*, tel que l'eau. Il se peut donc qu'*une partie de l'atmosphère*, sur-tout *sa partie supérieure*, n'ayant jamais toute la vitesse du globe, reste toujours un peu en arrière. Or, si *l'air atmosphérique ne se porte pas d'occident en orient avec autant de vitesse que le globe terrestre*, c'est pour nous la même chose que s'il se portoit d'orient en occident avec une vitesse égale seulement à l'excès de la vitesse du globe sur la sienne ; ce qui doit produire un *vent apparent d'orient en occident*. Ainsi *les deux causes* en question *agissant dans le même sens, et concourant à l'effet*, il n'y a plus ici d'équivoque, ni de *question à décider*, ni d'*exemple de la croix*. Mais notre auteur veut que le *soleil* et *toute la sphère céleste tournent autour du globe terrestre ; préjugé* qui est la vraie *source de cette équivoque* qu'il croit trouver ici.

pendant ils paroissent d'autant plus excusables, que ce sujet est, à certains égards, susceptible d'une grande diversité ; car *les vents réglés ne sont pas les mêmes par-tout, ils changent comme les lieux;* et *autres* sont ceux qui soufflent *en Égypte; autres* ceux qui se font sentir *en Grèce, en Italie,* etc.

1. Qu'il y ait *dans un lieu quelconque des vents réglés;* c'est ce que *cette dénomination même semble prouver,* ainsi que ce *nom* de *vents Étésiens:* dénomination qui semble *désigner des vents anniversaires, et qui reviennent tous les ans dans la même saison ou partie de saison.*

2. Les anciens prétendoient qu'une des principales *causes* des *inondations du Nil,* étoient les *vents Étésiens* (*vents du nord*), qui souffloient *dans le temps même de cette inondation,* et qui, selon eux, empêchoient les eaux de ce fleuve de se jeter dans la mer, les faisoient ainsi *refluer* et *remonter vers la source.*

3. On trouve quelquefois *en mer des courans* qui dépendent absolument des

vents périodiques, et qu'on ne peut attribuer ni *au mouvement naturel et général de l'océan*, ni aux *eaux* qui *se précipitent des montagnes les plus élevées*, ni à un *canal* où elles se trouvent *resserrées* comme dans certains *détroits*, ni aux *caps* des *promontoires* qui s'avancent beaucoup dans la mer, mais qui dépendent absolument *des vents périodiques*.

4. Ceux qui prétendent avec assez peu de fondement, que *Christophe Colomb* ne dut point à la relation positive et circonstanciée d'un *pilote espagnol*, cette opinion si ferme et si constante où il étoit de l'*existence réelle des Indes occidentales*; mais à une *tradition obscure* et *vague* de *l'antiquité*, ajoutent, pour appuyer leur sentiment, que ce navigateur *conclut de certains vents périodiques qui se faisoient sentir sur les côtes de Portugal*, qu'il devoit y avoir dans l'ouest un continent : conjecture d'autant moins probable, du moins à cet égard, que les *vents* ne peuvent *franchir* de *si grands espaces*. Quoi qu'il

en soit, une telle assertion, si elle étoit fondée, ne pourroit que faire honneur à cette recherche même dont nous sommes actuellement occupés; car il s'ensuivroit que le *genre humain auroit dû une découverte aussi grande et aussi importante que l'est celle du nouveau monde, à la judicieuse application d'un seul principe, et d'une seule observation tirée de cette science même que nous traitons*, et *qui en embrasse un si grand nombre.*

5. *De tous les lieux* où se trouvent *des montagnes très élevées et couvertes de neiges*, soufflent *des vents périodiques, dans le temps même de la fonte de ces neiges.*

6. Je penserois même que tous *les grands marécages,* sur-tout *les terres qui se trouvent couvertes d'eau durant tout l'hiver,* doivent *produire aussi des vents périodiques* qui s'élèvent *dans le temps même où le soleil commence à dessécher ces marais;* mais je n'ai aucune observation positive et directe sur ce sujet.

7. On peut tenir pour certain, que par-tout où il se forme *une grande quantité de vapeurs*, et *dans certains temps*, se forment aussi *des vents périodiques* qui commencent à souffler *dans le temps même* où ces *vapeurs* se rassemblent.

8. Lorsque *des vents périodiques* soufflant dans quelque lieu, l'on ne trouve dans le voisinage aucune cause capable de les produire, on doit penser qu'ils viennent d'ailleurs et de fort loin.

9. On s'est assuré par l'observation, que *les vents périodiques ne soufflent point ordinairement durant la nuit*, mais ne s'élèvent que *vers la troisième heure après le lever du soleil;* ce qui n'est pas difficile à expliquer : car, lorsque l'air du lieu en question est condensé par la fraîcheur des nuits, ces vents affoiblis par le grand espace qu'ils ont parcouru, n'ont plus assez de force, soit pour déplacer ce fluide et le mettre en mouvement, soit pour s'y frayer un passage : au lieu que deux ou trois heures après le lever du soleil, cet air qui

est alors devenu beaucoup plus rare, leur faisant moins obstacle, ils peuvent surmonter sa résistance, et lui donner l'impulsion, ou s'y faire jour peu à peu.

10. Généralement parlant, *tous les vents périodiques*, à l'exception de ceux qui viennent d'un lieu très voisin, sont *assez foibles*.

11. Il est beaucoup de *vents périodiques* qui ne se font point sentir, ou qu'on n'observe point, par la raison même que nous venons de dire, parce qu'étant *très foibles*, ils sont *masqués* par *les vents libres* qui ont ordinairement *plus de force* : aussi les premiers ne sont-ils point sensibles en hiver ; saison où *les vents libres* sont *plus fréquens* et *plus forts* ; mais ils le sont davantage *durant l'été*, temps où ces *vents libres* et *variables* sont *plus foibles* et *moins fréquens*.

12. *En Europe* et dans les *contrées voisines, les vents périodiques* les plus communs et les plus connus sont les suivans : l'*aquilon* (le *vent* de *nord* ou de *nord-nord-est*), *après le solstice* (d'*été*), vent

HISTOIRE DES VENTS.

qui souffle tantôt avant, tantôt après le lever de la canicule (1); le vent d'ouest, après l'équinoxe d'*automne* (2); le *vent d'est* ou de *nord-est*, après celui du printemps (3). Quant au *solstice d'hiver*, il est inutile d'en parler relativement à *ces vents périodiques*, vu les grandes et

---

(1) Qu'est-ce que le *lever de la canicule ?* C'est sans doute de *Sirius* qu'il veut parler ; étoile qui, ainsi que toutes les autres, se lève tous les jours durant toute l'année, et tantôt à une heure, et tantôt à une autre.

(2) C'est ce que les habitans de la côte de *Bretagne*, et sur-tout les marins de profession, appellent le *coup de vent de la saint François*; c'est ce vent qui ramène dans les ports de *Bretagne* ou de *Normandie*, les *vaisseaux de Terre-Neuve*; du moins ceux qui reviennent de cette île en ligne directe, et auxquels on donne le nom de *sacs* ou de *saques*.

(3) C'est cette *bise* qui souffle ordinairement vers le temps de *Pâques* : en *1785*, un *Météologiste Suédois* prédit la semaine où il devoit souffler; prédiction dont la justesse a étonné toute l'Europe, et nous a déterminés nous-mêmes à faire quelques recherches de ce genre.

fréquentes *variations* qui ont lieu *dans cette saison* (1).

13. Les vents *ornithiens* (2), qui ont tiré leur nom de ces *oiseaux de passage*, qu'ils aident à se transporter des pays froids dans les pays chauds, situés au-de-

---

(1) Cependant il y a ordinairement *vers Noël*, soit avant, soit après, c'est-à-dire vers le temps du *solstice d'hiver*, une *grande gelée* qui est nécessairement accompagnée d'un *vent de nord, tenant plus ou moins de l'est*. Ainsi ce *même vent règne à trois des quatre plus grandes époques de l'année;* observation d'autant plus importante, que le *vent de sud-ouest*, qui est diamétralement opposé à celui dont nous parlons, est, *dans nos contrées, le vent dominant;* ce qu'on peut attribuer à *leur situation par rapport à la mer atlantique*, qui se trouve à peu près au sud-ouest.

(2) Ce mot vient d'*ornix*, *ornidos*, ou *ornithos*, qui, en *grec*, désigne un *oiseau*. Je suis obligé de conserver cette *étymologie*; car il n'y a pas moyen de dire, les vents *oiseaniques* ou *oiseauiens*, ni *aviques* ou *aviens*, ni *volucriques* ou *volucriens*; il semble que, lorsqu'on se trouve obligé de forger un mot *barbare*, il soit *d'autant moins choquant*, qu'il est *tiré de plus loin*.

là des mers. Ces vents, dis-je, n'ont rien de commun avec ceux dont nous parlons dans cet article ; car leur retour n'est rien moins que *périodique ;* ces oiseaux, attendant ordinairement que ces vents commencent à souffler et en profitant également, soit qu'ils soufflent plutôt ou plus tard. Il arrive même quelquefois que ces vents, après avoir soufflé pendant quelque temps, venant à tomber, ou faisant place à d'autres vents, les oiseaux de passage ne peuvent plus se soutenir et se noient dans la mer, quelquefois même tombent sur les vaisseaux.

14. On ne connoît *aucun vent périodique qui revienne précisément au même jour et à la même heure,* comme *le flux et le reflux de la mer.* Quelques auteurs néanmoins sont assez hardis pour désigner le jour même où, selon eux, ce retour doit avoir lieu; mais c'est plutôt d'après des *conjectures* très *hazardées* et des *suppositions gratuites,* que d'après des *observations directes, positives* et bien *constatées.*

VENTS FAMILIERS (1).

Réponses aux questions des articles 4 et 5.

Cette *dénomination de vents familiers* est de notre invention Nous l'avons créée afin que les *observations* qu'on a faites sur les *vents de cette espèce* ne fussent *pas perdues*, et pour empêcher qu'on ne les *confondît* avec d'autres; voici quel en est le sens : supposons qu'on divise l'année en trois, quatre ou cinq portions, et pour telle contrée; si l'on

---

(1) *Vents d'attache, vents locaux, vents propres, vents particuliers, vents fréquens, vents familiers* : de ces six dénominations, je ne trouve que la sixième qui puisse s'ajuster à tous les n°s. de cet article, et remplir parfaitement notre objet. J'avoue cependant que l'association de ces mots me choque quelque peu moi-même, et j'en découvre aussi-tôt la raison; comme je n'ai jamais vu ensemble ces deux mots, leur association ne m'étant pas encore *familière*, elle doit me *choquer*; car je suis *homme d'habitude* : mais, quand je les aurai vus ainsi associés dans une vingtaine de n°s.

trouve que *tel vent souffle* dans cette contrée, *durant deux, trois ou quatre de ces parties d'année*, et que le *vent contraire n'y souffle qu'une seule fois*, je dis que le premier de ces deux vents, savoir, *celui qui y souffle le plus fréquemment, est familier à ce pays*; il en est de même *des temps*.

1. Les *vents* de *nord* et de *sud* sont comme *familiers par rapport au monde entier*; les *vents* qui soufflent, soit du *nord* ou *du sud* même, soit *des rhumbs voisins de ces deux rhumbs principaux*,

---

alors je serai *familiarisé* avec cette *association*, et elle ne me choquera plus; sans compter qu'il s'agit ici de *certains vents*, et non de *certains mots*, et que, parmi les *associations de mots* qui aujourd'hui nous plaisent le plus, il n'en est aucune qui n'ait choqué la première fois qu'elle s'est présentée. *Les vents familiers* sont ceux *qui sont propres à certains lieux et à certaines espèces de temps; ceux qui soufflent fréquemment chaque année, dans un même lieu, ou qui soufflent fréquemment et en différentes années, mais dans les parties semblables de ces années.*

étant beaucoup plus fréquens par toute la terre que ceux qui viennent, soit de l'*est*, soit de l'*ouest*, ou des *rhumbs voisins* de l'un ou de l'autre.

2. *Tous les vents libres* et *non les vents périodiques*, sont *plus fréquens en hiver qu'en été*; et *plus fréquens encore en automne* et *au printemps, qu'en hiver.*

3. *Tous les vents libres et variables* sont *plus familiers aux zônes tempérées qu'à la zône torride et aux zônes glaciales*; et cela d'après notre définition même; attendu qu'ils *soufflent plus fréquemment dans les premières que dans les dernières.*

4. On peut dire de plus, que *tous les vents libres*, sur-tout *les plus forts*, *soufflent plus fréquemment et avec plus de force le matin et le soir, qu'à midi et à minuit.*

5. Dans les pays où la *terre* est *poreuse* et *remplie de cavités*, les *vents libres* sont *plus fréquens* que dans ceux où la *terre* est *plus massive, plus ferme* et *plus solide.*

DIRECTION.

On n'a pas encore fait jusqu'ici assez d'observations sur ces *vents familiers aux différentes contrées;* observations pourtant qui, étant bien faites et suffisamment multipliées, auroient pu conduire à une infinité de conséquences et d'applications utiles; en voici une de ce genre. J'ai connu un *négociant,* homme instruit et prudent, qui avoit conduit une petite colonie dans *l'île de Terre-Neuve,* où il avoit hiverné : comme je lui demandois un jour pourquoi le froid étoit si grand dans cette île, quoique le climat en fût par lui-même assez doux; il me fit cette réponse : « Le *fait* est un
» peu *exagéré;* quant à ce qu'il a de
» *réel,* ce *grand froid* peut être attribué
» à *deux causes;* l'une est *cette multi-*
» *tude immense de glaces énormes que*
» *les vents et les courans portent de la*
» *mer glaciale dans ce parage* (1). »

---

(1) Dans mon voyage *à Terre-Neuve* en *1771,* nous trouvâmes le commencement de *la banquise*

L'autre, que je regarde comme la principale, est que le *vent d'ouest règne beaucoup plus fréquemment et plus long-temps dans cette île, que le vent d'est;* vent qui est aussi plus fréquent dans nos contrées ; mais comme, dans l'*île de Terre-Neuve,* il *vient du continent,* il y est *très froid;* au lieu que, *dans nos contrées,* où *il vient de la mer,* il est *assez chaud.* Si le *vent d'est* étoit *aussi fréquent* en *Angleterre, que le vent d'ouest* l'est dans l'île dont nous

---

(*assemblages de glaces*), à 80 lieues de l'île. On reconnoît qu'on en est proche par une *ligne bleuâtre* qu'on voit à l'horizon. Nous mouillâmes, le premier de mai, dans le *havre de la petite île du Quairpont;* nous y trouvâmes plusieurs collines encore couvertes de neige, ainsi que dans la grande île. Au mois de *juin*, nous vîmes une de ces glaces qui étoit échouée à 45 brasses; au mois d'*août* elle se fendit par la moitié, avec un bruit égal à celui de l'explosion de vingt pièces d'artillerie ; et ces deux moitiés, en se renversant, produisirent un *houle* (*mouvement d'élévation et d'abaissement alternatifs des eaux*) qui se fit sentir à des bateaux de pêcheurs fort éloignés.

parlons, nous y aurions un *froid* beaucoup plus âpre que celui qui s'y fait sentir ordinairement, et il seroit au moins égal à celui qui règne à *Terre-Neuve* (1).

6. Le vent d'*ouest* semble être *familier aux heures de l'après-midi ;* car, dans les temps où le soleil baisse de plus en plus (soit dans l'*année,* soit dans la *journée*), les *vents d'ouest* sont *plus fréquens* (et *plus forts*) que les *vents d'est.*

7. Le vent de *sud* (ou des *rhumbs voisins*) semble *être familier et propre au temps de la nuit;* car, durant *la nuit* il est ordinairement *plus fréquent et plus fort que durant le jour.* Il faut dire le contraire du *vent de nord.*

8. Il est beaucoup de *différences très*

―――――――――――――

(1) Le cap de Grate, qui est la pointe la plus septentrionale de la petite île du Quairpont, située au nord-est de la grande île de Terre-Neuve, n'est que par 53 degrés de latitude boréale, c'est-à-dire seulement de quatre degrés dix minutes plus septentrional que Paris.

sensibles à observer entre les *vents familiers à la mer et les vents familiers aux continens.* La principale est celle dont la judicieuse application conduisit *Christophe Colomb* à la découverte du nouveau monde ; cette différence consiste en ce que *les vents marins sont rarement périodiques, au lieu que les vents terrestres le sont presque toujours* (1), différence qu'on peut expliquer ainsi. Une partie de la surface des eaux de l'océan s'élève continuellement en vapeurs, par l'action des vents et du soleil; *vapeurs* qui, *se formant* dans *tous les parages* indifféremment, *se trouvent par-tout.* Les *vents produits par ces vapeurs,* qui en sont comme la *matière première,* doivent donc *se former* aussi *par-tout* et

---

(1) Cette assertion semble être démentie par ce que j'ai observé à *St. Domingue,* où *la brise de dehors* est *périodique,* comme *celle de terre;* et il paroît que *ces deux brises luttant l'une contre l'autre,* et *se succédant alternativement, l'une* ne peut *être périodique,* sans que *l'autre le soit aussi.*

prendre *toutes sortes de directions indistinctement*; ensorte qu'il est impossible d'*assigner* avec *certitude* et *précision* leurs *origines locales* et leurs *sources*; au lieu que, *sur les continens*, la *matière des vents* ne se trouvant *pas en égale quantité dans toutes les contrées*, elles ont, par la *nature* même de leur *sol*, *plus ou moins d'aptitude à engendrer ou à renforcer les vents*. Ainsi, *sur les continens, les vents* doivent *venir le plus souvent des lieux où se trouvent leurs foyers, leur matière première*; et c'est la *situation* même *de ces lieux* qui doit le plus ordinairement *déterminer* la direction de ces vents.

9. *Acosta*, dans ce qu'il a avancé sur ce sujet, nous paroît n'être pas trop bien d'accord avec lui-même : il prétend qu'au *Pérou* et *sur les côtes de la mer du sud*, le *vent de sud* règne durant toute l'année; et il dit ailleurs que *les vents les plus fréquens*, dans *cette* même *contrée* et sur ses *côtes occidentales*, sont *les vents marins*. Cependant *le vent de sud* est un

vent terrestre pour les *Péruviens*, ainsi que le *vent de nord* ou le *vent d'est ;* et le seul qui soit *marin* par rapport à eux, est le *vent d'ouest.* Il faut nous en tenir à ce qu'il dit de plus certain sur ce sujet; savoir : que le *vent de sud* est *familier* (1) *à ces contrées.* Il se peut toutefois que ce *nom de mer australe,* ou de *mer du sud,* qu'on donne ordinairement à *la mer pacifique,* ait mis un peu de confusion dans ses idées, et ait jeté de l'équivoque dans ses expressions. Peut-être, par ce nom de *vent de sud,* entend-il *le vent d'ouest,* et veut-il dire que, dans ces contrées, durant toute l'année, *le vent vient de la mer du sud.* Or, cette mer, *vulgairement appellée mer du sud, n'est pas réellement au sud, mais à l'ouest.* C'est une sorte de *second océan occidental,* attendu qu'elle est *située*

---

(1) Le texte dit : *austrum esse ventum asseclum et familiarem earum regionum;* ainsi *familier* est le *terme propre* pour désigner les *vents* dont il parle dans cet article.

nord et sud, à peu près *comme la mer atlantique*.

10. On sait que les *vents marins* sont ordinairement *plus humides que les vents terrestres*. Cependant ils sont *plus homogènes et plus purs que les vents de terre*; pureté qui les met en état de s'incorporer plus parfaitement avec d'autre air également pur. *Les vents terrestres*, au contraire, sont presque toujours *fumeux* (*fuligineux*), et composés de principes imparfaitement combinés. Il seroit inutile d'objecter que les *vents marins* doivent être *plus grossiers*, à cause du *sel* dont les eaux de la mer sont chargées; eaux d'où s'élèvent les *vapeurs* qui sont *la matière première* des *vents* de cette espèce; car, le *sel* étant de *nature terrestre*, il ne peut *s'élever* en *vapeurs*.

11. Les *vents* de mer sont *tantôt chauds, tantôt froids*; leur *température variant à raison de la proportion suivant laquelle ces deux qualités, l'humidité et la pureté, se trouvent combinées dans l'air dont ils sont composés*. Par leur *hu-*

midité, ils *diminuent le froid* (1), l'effet de la *sécheresse* étant d'*augmenter l'intensité du chaud* ou *celle* du *froid indifféremment*; et par leur *pureté*, ils *refroidissent*. Aussi sont-ils *chauds hors des tropiques*, et *froids entre les tropiques*.

12. Je suis persuadé que les *vents marins* sont *familiers à toutes les contrées, sur-tout aux contrées maritimes*, et que, dans toutes, c'est du côté même où se trouve la mer, que les vents soufflent le plus fréquemment; ces *vapeurs qui s'élèvent de la mer*, et *dont se forment les vents marins*, étant en beaucoup plus grande quantité que les exhalaisons dont se forment les vents terrestres. On peut en *excepter* toutefois *tel vent* qui *vient de terre*, et qui est *produit* par quelque *cause particulière* et *locale*. Mais on ne doit pas *confondre les vents périodiques avec les vents familiers*, ces der-

---

(1) Ils le *diminuent* durant *l'hiver*, et *l'augmentent* durant *l'été*.

niers étant *par-tout plus fréquens* que *les premiers*. Cependant ils ont cela de *commun*, qu'ils *viennent* également *du lieu* où se trouve leur *aliment*.

13. Les *vents marins* sont ordinairement *plus forts que les vents terrestres;* avec cette circonstance toutefois que, lorsque les *premiers* viennent à *tomber,* il règne un *calme plus parfait en pleine mer, que près des côtes*. Aussi voit-on que les navigateurs (dans les temps et dans les lieux où il ne règne que des vents foibles) aiment mieux *ranger les côtes,* et en *suivre* toutes les *sinuosités*, au risque d'*alonger leur route,* que de *cingler en pleine mer;* ce qu'ils font pour *éviter* ces grands *calmes*.

14. Il est une sorte de *vents qui se portent* de la *mer vers la terre,* et que je qualifierois volontiers de *vents versatiles;* car, après avoir parcouru un certain espace, *ils se retournent,* pour ainsi dire, *tout à coup*, et prennent la *direction opposée*. Il y a, *entre* les *vents de mer et les vents de terre,* une sorte de

répercussion; lorsqu'ils sont à peu près *égaux,* ils *se repoussent réciproquement;* et quand l'*un prévaut* sensiblement *sur l'autre,* il le *force* à *rétrograder:* mais le plus souvent leurs *forces* sont très inégales. Or, *toute inégalité sensible* qui a lieu dans l'*air,* est un *principe de vent* (1). Les *parages* où l'on voit le plus de *ces conversions subites,* de *ces flux et reflux de vents,* sont ceux où la *mer s'enfonce* fréquemment dans des *golfes* ou dans des *baies,* et où les *côtes* ont de fréquentes *sinuosités.*

15. *Dans le voisinage des eaux qui couvrent de grands espaces,* on *sent toujours quelque léger souffle,* sur-tout le

---

(1) Le *vent* n'est autre chose que *l'air même mis en mouvement;* c'est *un air mu :* or *les parties d'un fluide ne peuvent être toutes en repos qu'autant qu'agissant les unes sur les autres, avec des forces parfaitement égales, il règne ainsi entre elles un parfait équilibre;* dès que *la plus petite inégalité a lieu dans l'air,* cet équilibre est rompu; *l'air se met en mouvement,* et le *vent commence* à s'élever.

matin, mais plutôt *près des fleuves qu'en mer ;* parce que, dans le premier cas, il y a *une cause de plus ;* savoir : *la différence entre les émanations terrestres et les émanations aqueuses.*

16. *Dans les lieux peu éloignés de la mer, les arbres se penchent et se courbent du côté opposé à celui où elle se trouve ;* phénomène qui semble devoir être attribué à une sorte d'*antipathie pour ces émanations qui viennent de la mer.* Cependant un tel effet n'auroit pas lieu dans un *calme parfait ;* et pour expliquer cette *inclinaison*, on doit plutôt considérer que les *vents marins*, à cause de leur *humidité* et de leur *densité*, sont, en quelque manière, *plus pesans que les vents terrestres.*

QUALITÉS, EFFETS ET INFLUENCES DES VENTS.

Réponses aux questions des articles 7, 27, 28, 29, 30 et 31.

Les observations qu'on a faites jusqu'ici *sur les qualités* et l'*influence des vents*, ne sont ni *assez variées*, ni *assez exactes;* ainsi nous aurons l'attention d'y faire un *choix*, en n'adoptant que ce que nous y trouverons de *plus certain*, et rejetant celles qui auront *moins de poids*, afin que le vent même les emporte.

1. Le *vent de sud* est naturellement *pluvieux*, et le vent de *nord* amène le *beau temps :* le *premier rassemble* et *nourrit* même les *nuages;* le dernier les *écarte* les uns des autres, les *raréfie* et les *dissipe.* Aussi les *poëtes,* dans leurs *fables* et leurs *allégories* sur le *déluge,* ont-ils feint qu'alors *Borée* fut étroitement *emprisonné*, et Notus (*le vent de midi*) expédié avec les pouvoirs les plus amples.

2. *Zéphyre,* ou le vent d'*ouest*, étoit jadis regardé, dans nos contrées, comme le *vent propre à l'âge d'or;* vent qui régnoit avec *un printemps perpétuel, caressant,* pour ainsi dire, *les fleurs,* et les *fécondant par sa douce haleine.*

3. L'*école de Paracelse,* qui cher-

choit une place pour ses *trois principes* dans le *temple de Junon* (qui représente l'*air*), ainsi que par-tout ailleurs, est parvenue à y placer *trois des vents principaux*; mais elle n'a pu y trouver de *place* pour le *vent d'est*, comme on en peut juger par ce passage d'un poëte que nous traduisons ici :

Notus (*le vent du midi*) *voiture dans nos contrées les vapeurs humides et les principes mercuriels.*

Zéphyre humecte doucement nos campagnes, et les féconde par les riches veines de souffre dont il est chargé.

Et Borée, en répandant ses principes salins qui resserrent et glacent tout, répand la tristesse en tous lieux.

4. Mais, en *Angleterre*, ce *vent d'est* est regardé comme *pernicieux*; opinion consignée dans ce proverbe: *Jamais vent d'est ne fit de bien ni à homme ni à bête*.

5. Dans *notre hémisphère*, le *vent de sud* a pour cause la présence du soleil; et le vent de nord a pour cause son ab-

sence (1). Le *vent d'est suit le mouvement général de l'air; le vent d'ouest ayant une direction diamétralement op-*

---

(1) C'est-à-dire, dans notre hémisphère, le *vent de sud* a pour *cause* la *chaleur excessive* de la *zône torride*, et le *vent de nord* a pour *cause le froid excessif* de la *zône glaciale*. L'air de la *zône tempérée* se trouvant perpétuellement *entre deux puissances opposées* qui lui *donnent l'impulsion alternativement*, si ces *deux puissances* étoient *toujours parfaitement égales, cet air* seroit *toujours immobile*, et un *calme parfait* (du moins à cet égard) *y régneroit éternellement*. Mais ces *deux puissances* ne sont *presque jamais égales, l'égalité réelle*, même dans le monde physique, *étant beaucoup plus rare que l'égalité idéale*. Ainsi *l'air de la zône tempérée est presque toujours en mouvement; il y a presque toujours du vent; et ce vent souffle presque toujours suivant l'une ou l'autre de ces deux directions dont parle l'auteur*, ou *suivant des directions qui s'en éloignent peu;* parce que les *deux principales causes des mouvemens de l'air de la zône tempérée sont situées nord et sud par rapport à cette zône*. On peut faire un semblable raisonnement pour *l'hémisphère austral*, et pour la *zône tempérée de cet hémisphère*, mais *en changeant tous les noms*.

*ré*gions, est *très ardent*; et c'est en vertu de cette seule cause que ces *vents* sont accompagnés de *pluie*. Lorsqu'ils soufflent *des lieux* où le *sol* est *fort sec* et où il se forme *peu de vapeurs aqueuses*, ils amènent le *beau temps* ; mais, dans ce cas-là même, ils sont tantôt *purs* et *frais*, tantôt *étouffans* et chargés de *miasmes*.

10. Les *vents* de *sud* et d'*ouest* semblent *se rapprocher par leurs qualités, ainsi que par leurs directions;* car ils sont *l'un et l'autre chauds et humides*. Dans la partie opposée, se trouvent les *vents* de *nord* et d'*est* qui, en vertu d'une cause semblable, sont *tous* deux *froids* et *secs*.

11. Les *vents* de *nord* et de *sud*, comme nous le disions plus haut, sont *plus fréquens* que les *vents d'est* et d'*ouest*, parce qu'il y a, et doit y avoir *beaucoup d'inégalité*, soit pour la *quantité*, soit pour la *force*, entre les *vapeurs* qui *se forment* dans l'une des deux premières régions, et celles qui se forment dans l'au-

tre; *inégalité* qu'on peut attribuer à *la présence du soleil dans l'une, et à son absence dans l'autre*. Quant aux *vents d'est* et *d'ouest*, comme le *soleil* agit *également* sur les parties *orientales* et sur les parties *occidentales, l'action* de *cet astre* ne doit occasionner entre elles *aucune différence sensible*, par rapport aux *vents*, et il doit avoir peu d'influence sur ceux qui soufflent de ces deux rhumbs.

12. Le *vent* de *sud*, venant *de la mer*, est *très salubre ;* mais, lorsqu'il vient *d'un continent*, alors c'est *un principe fécond de maladies ;* au contraire, le *vent* de *nord*, soufflant de la partie où se trouve *la mer*, est regardé comme *insalubre*. Le *premier* de ces *deux vents* est aussi *favorable aux grains*, aux *arbres fruitiers* et, en général, *aux productions de la terre*, qu'il *préserve* de la *rouille* et de beaucoup d'autres *maladies*.

13. Lorsque le *vent* de *sud* a *peu de force*, il rassemble peu de nuages et quelquefois même il est accompagné d'un

temps serein, sur-tout s'il est *de courte durée* ; mais, lorsqu'il est *très fort* et de *très longue durée*, il est ordinairement accompagné d'*un temps nébuleux* qui se termine tôt ou tard par *de la pluie* ; ce qui toutefois arrive plutôt lorsqu'il *tombe tout-à-fait* et a déja *perdu* toute *sa force*, que dans le *temps* où *il commence à souffler*, ou est *dans sa plus grande force*.

14. Soit que le *vent* de *sud s'élève* ou *tombe*, et dans ces deux cas également, il y a presque toujours *un changement de temps ou de température* ; le *temps* alors, s'il est *beau*, devenant *nébuleux*, et s'il est *chaud*, devenant *plus froid*, ou éprouvant les deux changemens contraires dans les deux cas opposés ; au lieu que le *vent* de *nord s'élève* ou *tombe* souvent, sans occasionner *aucun changement sensible* de *temps* ou de *température*.

15. A des *gelées*, ou même à des *neiges de longue durée*, succède rarement un autre vent que celui du sud direct ou presque direct. Il semble qu'alors *la concoction du froid* étant achevée, *tout*

se détende (1). Cependant il ne faut pas croire pour cela que le *temps* devienne toujours *pluvieux*, lorsque le *vent* de *sud commence à souffler;* car il souffle également lorsque le *dégel* est accompagné de *beau temps.*

16. Le *vent* de *sud* souffle *plus fréquemment* et avec *plus de force* durant *la nuit*, que durant *le jour*, sur-tout en *hiver :* au contraire, lorsque le *vent* de *nord* s'élève durant la nuit (ce qui est

---

(1) Voilà une fort mauvaise explication. Le *dégel* a ordinairement pour cause *le vent de sud.* Ainsi il n'est pas fort étonnant *que le vent de sud règne ordinairement lorsqu'il dégele.* D'ailleurs, ce *vent de sud* vient nécessairement tôt ou tard. A mesure que l'*air septentrional* se porte *vers le sud* par tous les méridiens, celui qu'il laisse derrière lui, *se raréfie*, et l'*air méridional* contre lequel il pousse de nouvel air, *se condense.* Ainsi l'*air* du *nord perd* de plus en plus *son avantage.* De plus, *au midi*, sur-tout *dans la zône torride*, il trouve un *ressort toujours tendu*, savoir *la grande chaleur qui dilate l'air de cette zône*, et qui en *pousse une partie vers le nord.* Mais, *plus l'air septentrional agit contre cet air méridional,*

assez rare), il dure rarement plus de trois jours.

17. Lorsque la *mer est agitée* par un *vent* de *sud*, il s'y forme de plus *grosses vagues*, que lorsqu'elle l'est par un *vent* de *nord*; en supposant même que le premier de ces deux vents n'ait pas plus de force que le dernier, et même qu'il en ait un peu moins.

18. Par un *vent* de *sud*, les *eaux* de la *mer* sont *plus transparentes* et d'une *couleur* qui tire davantage sur le *bleu*;

---

plus la force qui dilate celui-ci réagit contre celle qui détermine l'air à se porter vers le *midi.* Ainsi il est clair que *tôt ou tard l'air méridional l'emportant sur l'air septentrional, le vent passera au sud, et amenera le dégel*; et s'il s'agit de *gelées tardives*, il y aura ici *une cause de plus*, savoir *l'élévation du soleil et la durée de son séjour sur l'horizon, qui vont en augmentant de plus en plus*. Aussi les vents de nord et de sud sont-ils presque toujours de moins longue durée à la fin de l'hiver, ou au commencement du printemps, qu'au commencement de l'hiver, ou à la fin de l'automne ; ce qui donne encore plus de force et de probabilité à notre explication.

au lieu que, par un vent de *nord*, elles sont d'une *couleur plus obscure,* et *plus opaques.*

19. Lorsque le *temps* devient *tout à coup chaud* et *mou*, c'est ordinairement un *signe de pluie.* Cependant le *refroidissement subit* de la *température* est quelquefois aussi une *annonce de pluie; différence* qui dépend de *la nature* du *vent* alors *régnant;* car, si le *vent* étant au *sud* ou à l'*est,* le temps s'adoucit tout à coup, la pluie n'est pas éloignée ; mais si le vent est au *nord* ou à l'*ouest,* alors le refroidissement subit de la température annonce la pluie.

20. Lorsque le *vent* de *sud* se fait sentir, il est presque toujours *seul;* au lieu que les *vents* de *nord* ou *tenant du nord,* mais sur-tout les *vents d'est-nord-est* et d'*ouest-nord-ouest* (*Caecias* et *Corus*), sont presque toujours accompagnés de *vents différens* et même *contraires* (1);

----

(1) Ces vents, différens, ou contraires, soufflent apparemment dans la région supérieure, ou dans

et alors ces vents simultanées se combinant ensemble, ou luttant les uns contre les autres, il en résulte de grandes variations dans la direction ou la force du vent dominant, et de fréquens changemens de temps.

21. Le *vent* de *nord* est *nuisible* dans le temps des *semailles*, et le *vent* de *sud* n'est *pas favorable* aux greffes.

22. Les *feuilles des arbres tombent plus vite du côté du midi que des trois autres côtés* (1). Mais, dans *les vignes*,

---

les lieux voisins de celui dont il s'agit; autrement il y auroit ici une contradiction, à moins qu'il ne veuille dire que ceux dont il parle, sont fréquemment interrompus par des vents différens ou même contraires, et soufflent de nouveau.

(1) C'est probablement parce que, dans nos contrées, les vents de *sud*, ou *tenant du sud*, et principalement le *vent de sud-ouest*, sont ceux qui *soufflent le plus fréquemment* et le *plus longtemps*, ou parce que le *soleil dessèche plus vite* les *feuilles* du côté *du midi*; ou parce que la *pluie* et, en général, l'*humidité*, les *pourrit plus promptement* de ce côté-là; ou encore parce que les feuilles poussant plutôt de ce même côté, elles doivent

les *sarmens à fruits poussent plus vîte, plus vigoureusement du côté du midi*, et sont ordinairement presque tous de ce côté-là (1).

23. Dans les *pâturages fort étendus et environnés de montagnes* (dit *Pline*), les bergers doivent avoir soin de *mener* leurs *troupeaux* du côté du *nord*, afin que les *moutons*, en *paissant*, se trouvent *à l'exposition du midi;* car, lorsqu'ils se trouvent *long-temps* exposés *au nord*, ils deviennent *foibles* et *chassieux*, ils

---

aussi mourir plutôt; ou par le concours de plusieurs ou de la totalité de ces quatre causes ; ou par quelque autre cause que je n'apperçois pas, et agissant seule, ou combinée avec une, plusieurs ou la totalité de celles que j'apperçois; ou enfin (comme auroit dit le *bon Plutarque*) parce que cela n'est peut-être pas vrai.

(1) Il doit y avoir *toujours une différence sensible pour les cultivateurs, entre le côté septentrional d'une plante ou d'un arbre quelconque, et son côté méridional; deux côtés sur lesquels le soleil, la pluie et le vent agissent très inégalement; ce qui pourroit fournir à un observateur attentif une sorte de boussole.*

ont des *diarrhées*, etc. Il prétend même que le *vent* de *nord diminue* leur *vigueur* pour la *génération* et en *affoiblit* le *produit* : que, si les *brebis*, au moment de l'*accouplement*, se trouvent à cette exposition, elles ne donnent ensuite que *des femelles*. Mais comme *Pline* ne fait que *transcrire* ces observations qu'il rapporte, il n'est pas bien d'accord avec lui-même.

24. Les *vents* peuvent être *nuisibles dans trois temps différens* ; savoir, au *commencement* ou à la *fin* de *la floraison* et dans le temps où les *grains* sont *mûrs* (ainsi que les *fruits*) ; car, dans les deux premiers cas, ils *arrêtent* ce *développement* d'où résulte *la floraison*, ou *abattent* les *fleurs;* et dans le *troisième cas*, à force d'*agiter* les *épis*, ils *abattent* les *grains*.

25. Lorsque le *vent* est au *sud*, *l'haleine* de l'homme est *plus fétide*, tous les *animaux* ont *moins d'appétit*, les *maladies contagieuses se manifestent*, il y a *beaucoup* de *rhumes*, les *hommes*

sont plus *paresseux*, plus *pesans*, *moins gais* et *moins ingénieux*. Au contraire, lorsque le *vent* est au *nord*, on est plus *sain*, plus *vigoureux*, plus *agile*, plus *gai*, on a plus d'*appétit*, plus d'*esprit* (sur-tout plus *de jugement*) etc. (1). Cependant le *vent* de *nord* est *contraire* aux *phthisiques*, aux personnes attaquées *de toux fréquentes*, aux *goutteux*, et généralement à tous les individus atteints de *maladies* qui sont l'*effet* de l'acrimonie des *humeurs*.

26. Le vent d'*est* est *sec*, *âcre*, mordi-

---

(1) J'observe, depuis plus de 25 ans, que *ma pensée est claire*, *ou nébuleuse*, *comme le temps*, lorsque je *me* laisse *maîtriser par les causes physiques*; ce qui vient de ce que l'*humidité*, en relâchant la *fibre*, et *diminuant* la *quantité* des évacuations nécessaires, obstrue ainsi toute la machine, et nommément le *cerveau*. Mais il y a des moyens pour concevoir plus nettement, par un temps pluvieux, que les autres ne conçoivent par un beau temps; ces moyens sont en général ceux qui peuvent *dégager* le *ventre* et le *cerveau*, en *divisant* et *atténuant* le sang au degré convenable.

cant, insalubre; le vent d'*ouest*, au contraire, est *humectant, calmant, adoucissant, salutaire.*

27. Le *vent d'est*, continuant à souffler lorsque le *printemps* est déjà *un peu avancé*, est un *vrai fléau* pour les *arbres à fruits;* il *multiplie excessivement les vers*, ainsi que *les chenilles*, et bientôt on ne voit *presque plus de feuilles;* il ne fait pas non plus trop de bien aux *grains;* au contraire, le *vent d'ouest* est *favorable* aux *herbages*, aux *plantes à fleurs*, à tous les *végétaux*. Cependant le *vent d'est* même soufflant *vers l'équinoxe d'automne*, est *assez salutaire* aux *animaux* et aux *végétaux*.

28. Le *vent d'ouest* a ordinairement beaucoup *plus de force* que le *vent d'est;* il *courbe davantage* les *arbres;* et à force de les *tourmenter*, il leur fait prendre quelquefois une *mauvaise forme.*

29. Un *temps pluvieux*, qui *commence* par un *vent d'est*, est ordinairement de *plus longue durée* que celui qui *commence* par un *vent d'ouest;* et dans le

premier cas, il *pleut* quelquefois *durant une journée entière* sans interruption.

30. Le *vent* d'*est*, même direct, et le *vent* de *nord*, une fois qu'ils ont commencé à souffler, sont quelquefois de très longue durée ; au lieu que les *vents* de *sud* ou d'*ouest* durent ordinairement beaucoup moins et sont plus variables.

31. Lorsque le *vent* est à l'*est*, tous les *objets visibles* paroissent *amplifiés* ; mais lorsqu'il est à l'*ouest*, les *sons* paroissent *plus forts* et ils se *portent* aussi *à de plus grandes distances*.

32. Le *vent* de *nord-est* (ou plus exactement de l'*est-nord-est, Caecias*), semble *attirer à lui les nuages*. Cette observation avoit même passé en proverbe parmi les *Grecs*. Ils comparoient *ce vent* aux *usuriers* qui, *en prêtant de l'argent, attirent celui des emprunteurs et l'absorbent à la longue*. Quoique ce vent occupe de grands espaces et ait beaucoup de force, il paroît néanmoins qu'il

n'en a pas encore assez (1), puisqu'il ne peut, en pousssant les nuages devant lui, les éloigner et les dissiper assez promptement pour les empêcher de réagir contre lui et de rétrograder; phénomène qu'on observe aussi dans les grands incendies où la flamme, poussée d'abord par le vent qui l'anime et augmente son activité, réagit contre lui et gagne avec plus de force du côté même d'où vient ce vent.

33. Les *vents cardinaux* et les *vents sémi-cardinaux* sont *moins orageux* que les *vents moyens* (2).

───────────

(1) Le texte original semble dire : *ce vent a tant de force et de violence, qu'il ne peut, en chassant les nuages,* etc.

(2) Il s'est fait, par rapport aux *vents*, une *nomenclature* particulière que j'ai cru devoir abandonner, pour suivre celle qui est reçue depuis long-temps parmi nos marins et nos physiciens.

Il appelle *vents cardinaux*, ceux qui *soufflent des quatre points cardinaux*, nord, sud, est et ouest.

Vents *sémi-cardinaux*, ceux qui *viennent du*

34. Les *vents moyens* qui soufflent des rhumbs situés entre le nord et le nord-est, du nord-ouest, du *sud-est*, et du *sud-ouest*.

Vents *moyens*, tous ceux qui soufflent des rhumbs situés entre le *nord* et le *nord-est*, entre le *nord-est* et *l'est*, entre le *nord* et le *nord-ouest*, ou entre le *nord-ouest* et l'*ouest*, et de même dans *la moitié australe*.

Vents *moyens-majeurs*, ceux qui soufflent *des rhumbs situés au milieu précis entre les points cardinaux et les points sémi-cardinaux* ; par exemple, les vents de *nord-nord-est*, d'*est-nord-est*, de *nord-nord ouest*, d'*ouest-nord-ouest*, et de même dans *la moitié australe*.

Enfin, vents *moyens-mineurs*, ceux *qui soufflent des rhumbs situés au milieu précis entre les points cardinaux et les rhumbs des vents moyens, ou entre les rhumbs des vents moyens et les rhumbs des vents sémi-cardinaux* ; par exemple, *entre le nord et le nord-nord-est*, entre *le nord-nord-est et le nord-est*, entre *le nord-est et l'est-nord-est*, entre *l'est-nord-est et l'est*, et de même pour les trois autres quarts :

Nomenclature défectueuse et incommode ; il seroit plus naturel de donner à ces vents *des noms tirés des divisions mêmes de l'horizon ;* par exemple, de les appeller *cardinaux*, ou $\frac{1}{4}, \frac{1}{8}, \frac{1}{16}, \frac{1}{32}$, etc.

nord-est, sont ordinairement *accompagnés de beau temps*; mais *les vents moyens, venant des rhumbs situés entre le nord-est et l'est*, sont *plus orageux*. De même *les vents qui soufflent des rhumbs situés entre l'est et le sud-est*, sont *accompagnés d'un temps serein*; et les *vents soufflant des rhumbs situés entre le sud-est et le sud*, sont *plus orageux*; de même encore ceux qui viennent *des rhumbs situés entre le sud et le sud-ouest*, sont accompagnés de *beau temps*, et ceux qui viennent *des rhumbs situés entre le sud-ouest et l'ouest* le *sont d'orages*; de même enfin ceux qui soufflent *des rhumbs situés entre l'ouest et le nord-ouest*, sont accompagnés *de beau temps*, et ceux qui soufflent *des rhumbs situés entre le nord-ouest et le nord*, sont *orageux*; ensorte que, si l'on considere successivement *les quatre quarts de l'horizon et en suivant le cours du soleil (c'est-à-dire, en allant de gauche à droite*), on trouve que *les vents soufflant de tous les rhumbs si-*

tués dans le premier demi-quart, ont une disposition naturelle à amener le beau temps; et les vents du second demi-quart, une disposition à amener des orages, et en général, du mauvais temps (1).

35. Le *tonnerre*, les *éclairs* et les *grains*

---

(1) On peut expliquer ainsi *la première moitié* de ce fait : *les vents venant des rhumbs situés dans un demi-quart quelconque, doivent amener le plus souvent un temps analogue à celui qui accompagne ordinairement le vent cardinal, dont ils sont le plus proche.* Or, le vent de *nord* est ordinairement accompagné de *beau temps*, et le vent de *sud* l'est ordinairement de *pluie*. Donc les *vents du premier demi-quart*, savoir, *du nord au nord-est*, doivent être accompagnés de *beau temps*, et ceux du *demi-quart* compris *entre le sud-est* et *le sud*, doivent l'être de *mauvais temps*. Par la raison contraire, les *vents du second demi-quart du premier de ces deux quarts*, doivent amener le *mauvais temps*, et les *vents du premier demi-quart du second quart* doivent avoir *le même effet*. Quant à *la seconde moitié de ce fait*, qui ne quadre point du tout avec le principe servant de base à mon explication, je l'expliquerai (comme tout *physicien*

viennent ordinairement des rhumbs d'où soufflent les vents froids et tenant du nord; par exemple, de *l'ouest-nord-ouest* (Corus); du *nord-ouest ¼ nord* (*Thrascias*); du *nord ¼ nord-ouest* (*Circius*); du *nord-est ¼ nord* (*Meses*) et de *l'est-nord-est* (*Caecias*) (1). Aussi les

---

un peu méthodique le fait ordinairement) en soutenant que ce demi-fait n'est pas vrai. Car il est faux *que les vents soufflant des rhumbs situés entre le sud et le sud-ouest, soient moins pluvieux que ceux des rhumbs situés entre le sud-ouest et l'ouest*; il l'est aussi que ceux qui viennent *des rhumbs situés entre le nord-ouest et le nord*, le soient plus que ceux qui soufflent *des rhumbs situés entre l'ouest et le nord-ouest* : deux propositions absurdes qui seroient une conséquence de son principe; au lieu que le nôtre est d'accord avec l'observation.

(1) J'ai eu soin de *joindre* aux *noms français* de ces vents, leurs *noms latins*, les livres que je consulte n'étant *pas d'accord ensemble* par rapport à ces dénominations, et j'ai eu l'attention de me conformer à la nomenclature d'après laquelle notre auteur a dressé la table placée dans le *premier article*.

éclairs et le *tonnerre* sont-ils souvent accompagnés de *grêle*.

36. Les *vents*, qui *amènent* la *neige*, viennent aussi assez ordinairement des *rhumbs qui tiennent du nord*, mais seulement de ces *rhumbs moyens* qui ne sont *pas orageux*, tels que le *nord-est ¼ nord* (*Meses*) et l'*ouest-nord-ouest* (*Corus*).

37. Ainsi les principales causes auxquelles on peut attribuer la *nature* et les *qualités* des *différentes espèces de vents* se réduisent à cinq. Ces causes sont :

1°. L'*absence* ou la *présence* du *soleil*;

2°. L'*accord* ou l'*opposition* de ce *mouvement particulier de l'air*, qui *les constitue*, avec *le mouvement naturel et général de l'atmosphère terrestre*;

3°. La *diversité des matières* dont ils *se forment*, et qui sont comme leur *aliment*; telles que celles des *mers*, des *marais*, des *neiges*, etc.

4°. La *nature* et les *qualités particulières* des *régions* qu'ils *traversent*;

5°. *Leurs origines locales*, soit qu'ils viennent *de la région supérieure*, de *l'intérieur de la terre* ou *de la région moyenne entre ces deux extrêmes :* toutes choses qui seront mieux expliquées dans les articles suivans.

38. *Tous les vents* ont la propriété de *dessécher,* ils l'ont même *à un plus haut degré que le soleil;* car le *soleil élève, pompe,* en quelque manière, les *vapeurs* et *provoque leur formation;* mais, à moins qu'il ne soit *très ardent,* il *ne les dissipe pas* (1). Cependant le *vent* de *sud* est celui qui produit le moins sensiblement cet effet, et même pour peu

---

(1) *Il* est même souvent une *cause médiate de pluie;* par exemple, au *printemps,* ou en *automne,* si, *après plusieurs jours de pluie, le temps vient à s'éclaircir, le soleil, lorsqu'il commence à s'élever, dans la matinée des jours suivans, relève ces vapeurs, et le temps se couvre;* puis, dans *l'après-midi, lorsque cet astre commence à baisser,* il *lâche ces vapeurs,* et *il pleut.* Mais, si les *vapeurs* ainsi *relevées tombent* presque *aussitôt,* sous la *forme* de *brouillard* ou de *pluie,* il fait *beau* durant *le reste du jour;* ce double phénomène est universellement connu.

qu'il souffle pendant quelque temps, les *pierres* et le *bois suent* plus sensiblement que *dans un temps calme.*

39. Les *vents du mois de mars dessèchent plus promptement* et *plus complètement* que les *vents d'été;* aussi voit-on que les *luthiers* attendent ordinairement ce mois pour faire *sécher* la *matière* de leurs *instrumens;* ce qui rend en effet le *bois plus poreux* (plus *creux*) et plus *sonore.*

40. *L'effet commun* de *tous* les *vents* est de *purifier l'air* et de le *préserver* de la *putréfaction;* on a même observé que les *années les plus venteuses* sont aussi *les plus salubres.*

41. Il en est de l'*influence du soleil* sur les *vents,* comme du *pouvoir* que les *princes* exercent sur *leurs sujets.* Or, on sait que, dans un *vaste empire,* les *sujets des provinces éloignées* sont beaucoup *plus soumis* à leurs *gouverneurs respectifs,* que *ceux des provinces du centre* ne le *sont aux leurs,* et qu'ils leur obéissent mieux qu'au prince mê-

me. C'est ainsi que les *vents*, quoique tirant *leur origine* et tout *leur pouvoir* (*de l'action*) du *soleil*, ne laissent pas d'exercer *un plus grand empire*, et d'avoir une *plus puissante influence* sur la *température* et la *constitution* de l'air, que cet *astre* même qui en est la *cause première*. Par exemple, au *Pérou*, où le *voisinage de la mer*, de *grands fleuves*, de *montagnes très élevées et couvertes* de *neiges éternelles*, qui est une *triple et inépuisable source de vapeurs*, est en conséquence *un principe fécond de vents de toute espèce*, la *température* ne laisse pas d'être *aussi douce* et *aussi fraîche qu'en Europe*.

42. Quand tous ces puissans effets, qu'on attribue ordinairement aux *vents*, ne seroient point *exagérés*, ils n'auroient rien de fort *étonnant*, les *vents d'une grande force* pouvant être regardés comme *d'immenses vagues*, des *torrens* ou des *inondations d'air*. Mais, pour peu qu'on envisage les choses de plus près, on trouvera que ces effets, qui étonnent

à la première vue, se réduisent à fort peu de chose. A la vérité, les *vents* peuvent *renverser des arbres*; mais c'est en quoi leur action est beaucoup *aidée* par le *poids* de la *touffe* de ces grands végétaux, qui tend aussi à les renverser. De plus, le *grand volume* de cette *touffe* en fait une espèce de *voile* qui donne *beaucoup de prise au vent* : voilà donc déja *deux causes* qui *favorisent* beaucoup *leur action*. Les *vents* peuvent aussi *renverser des édifices peu solides*; quant aux *édifices* construits *plus solidement*, et qui ont plus de masse, ils ne peuvent les ébranler, à moins qu'ils ne soient *accompagnés* de *tremblemens de terre*. Ils *détachent* aussi quelquefois et *précipitent du haut des montagnes de grandes masses de neige*, tout à la fois, et en si grand volume, qu'elles *comblent* les *vallées* et les *plaines* situées au dessous (1), comme l'éprouva *Soliman*, avec son ar-

---

(1) C'est ce qu'on appelle en Suisse des *avalanches*.

mée, dans les plaines de *Sultanie*. Enfin, les *vents* occasionnent quelquefois de *grands débordemens* et de *vastes inondations*.

43. Quelquefois aussi les *vents mettent un fleuve à sec*, et au point d'*en mettre le fond à découvert*; effet qui n'est pas difficile à expliquer. Car si, après une grande sécheresse, un vent très violent, et dont la direction est parallèle au cours du fleuve, vient à souffler pendant quelques jours, on conçoit aisément qu'alors, ce vent balayant, pour ainsi dire, les eaux de ce fleuve, et les précipitant dans la mer beaucoup plus vîte qu'il ne feroit sans cela, en même temps qu'il empêche les eaux de la mer de remonter dans le lit du fleuve, il doit ainsi le mettre à sec en beaucoup plus d'endroits qu'il ne le fait ordinairement.

AVERTISSEMENT.

Actuellement, *changeant de pôle et d'hémisphère,* renversons toutes les conditions et les circonstances supposées dans les observations précédentes, je m'explique : toutes ces observations que nous venons de faire sur les *vents* qui soufflent *dans l'hémisphère boréal*, où le *pôle* de même nom est *élevé sur l'horizon*, faisons-les aussi sur ceux qui soufflent *dans l'hémisphère austral* (où c'est le *pôle opposé* qui est *élevé sur l'horizon*), et en *changeant* seulement *tous les noms*. Car, l'*absence* et la *présence* du *soleil* étant *les deux principales causes des vents*, les *effets* de ces *deux causes* doivent *varier* à raison du *pôle* qui se trouve *élevé sur l'horizon*. Cependant, un fait qui peut passer pour bien constaté, c'est qu'il y a *beaucoup plus de mer* et, en général, *d'eau vers le midi*, et *beaucoup plus de terres vers le nord;* ce qui doit aussi avoir beaucoup d'*influence sur les vents* (1).

----

(1) A quoi l'on peut ajouter que, *durant l'été*, dans l'*hémisphère boréal*, le *soleil* est *apogée*; au lieu qu'il est *périgée*, durant *l'été*, dans *l'hémisphère austral*, et par conséquent *apogée*, du-

Les vents peuvent se former d'une infinité de manières; ensorte que, dans un sujet si varié et si compliqué, il est difficile de trouver quelque *principe fixe* (1). Cependant ceux que nous venons de poser, peuvent passer pour *certains*, et ont peu d'*exceptions*.

---

rant l'hiver, dans ce dernier hémisphère; et *périgée*, durant l'*hiver*, dans le premier; ce qui doit aussi occasionner, dans les deux saisons opposées de chaque hémisphère, quelques *différences* par rapport à *l'influence de l'action du soleil sur les vents*.

(1) Il est *possible* et même *facile* de *trouver* et d'*établir* des *principes* ou des *règles fixes*, lorsqu'on a soin de *joindre* à leur *énoncé* ces deux expressions *restrictives*; toutes choses égales d'ailleurs et entre certaines limites, (telle cause produit tel effet, ou tel moyen mène à tel but) *restrictions* qui donnent aux *principes* ou aux *règles* toute l'*étendue* ou la *généralité* possibles, dans les *limites marquées*, ou *annoncées*, et suppriment ainsi toutes les exceptions. Voyez le *supplément* placé à la fin du *Novum Organum*.

ORIGINES LOCALES DES VENTS.

Réponses aux questions du huitième article.

Il est difficile d'assigner avec *certitude* et *précision* les *origines locales* des *différentes espèces de vents*; l'Écriture sainte ayant même déclaré qu'il n'est *pas facile de dire d'où ils viennent, ni où ils vont*. Or, il n'est pas question ici des *sources* ou *origines des vents particuliers* (sujet qui sera traité ci-après), mais de celles *des vents pris en général*; en un mot, de leurs *matrices communes*. Ces *matrices*, les uns les placent *dans la région supérieure*, les autres *dans les profondeurs de la terre*; quant à la *région moyenne* où ils *se forment le plus ordinairement*, personne ne s'avise de *chercher là leur origine*; la plupart des hommes étant dans l'habitude de *chercher* ce qui est *loin d'eux*, en dédaignant ce qui *se trouve sous leur main* : du moins est-il évident que, dans tous les cas, ces *vents* sont ou *indigènes*, ou *exotiques* (*étrangers, venus d'ailleurs*), je veux dire qu'ils *se sont formés*, ou *dans le lieu même où ils se font sentir*, ou *ailleurs*. Car les *vents*, semblables à des *négocians* qui font le *commerce en grand*, rassemblant d'abord les *vapeurs* sous la forme de *nuages*, dans certaines contrées, les *importent* ensuite dans d'autres contrées, d'où ils *exportent d'autres vapeurs*, dont se forment d'autres vents qui *se portent* quelquefois *dans les lieux mêmes d'où les premiers étoient venus;* chaque contrée, par une sorte d'échange, rendant ainsi aux autres l'équivalent de ce qu'elle en a reçu : mais traitons d'abord des *vents natifs*, de ceux, dis-je, qui *se sont formés dans le lieu même où ils soufflent* : car, ces vents mêmes qui viennent d'ailleurs, peuvent aussi être qualifiés de *natifs;* ils l'étoient du moins dans les *lieux où ils se sont formés*. Ainsi, les *origines locales* des vents peuvent se réduire *à trois* : ou ils *transpirent et jaillissent, pour ainsi dire, du sein de la terre*, ou ils *sont précipi-*

tés de la région supérieure, ou ils *se forment dans la région de l'atmosphère la plus voisine de nous :* ceux qui viennent d'*en haut* peuvent avoir encore *deux origines différentes :* ou ils viennent de *la région supérieure*, avant que l'*air en mouvement*, dont ils sont *composés*, se soit *condensé* au point de *former* des *nuages*, ou ils *se sont formés après coup* de *nuages raréfiés* et *dissipés*. Passons actuellement à l'*histoire*, aux *faits* relatifs à ces *différentes origines*.

1°. Les poëtes de l'antiquité plaçoient l'empire d'*Éole* dans les *antres* et les *cavernes*, en un mot, dans les *cavités souterraines*, espèces de *prisons* où leur *souverain* les tenoit *resserrés*, et qu'il leur *ouvroit* de temps en temps en les *lâchant* dans le monde.

2. Il est aussi des écrivains (tout à la fois *théologiens* et *philosophes*) qui, prenant dans le *sens propre et physique*, ces paroles de l'Écriture sainte : *Celui qui produit les vents et les tire de ses trésors*, s'imaginent, d'après ce texte, que

la *source des vents* est en effet *dans les lieux* où se trouvent *les plus riches trésors;* savoir, *dans le sein de la terre* où sont les *mines métalliques*. Mais cette application du texte sacré ne peut se soutenir; car les livres saints parlent aussi *des trésors de la neige et de la grêle,* quoique l'une et l'autre se forment manifestement *dans la région supérieure.*

3. Il n'est pas douteux qu'il n'y ait *une très grande quantité d'air renfermé dans le sein de la terre,* air tantôt *transpirant insensiblement,* tantôt *sortant en masse;* ce qui varie nécessairement à raison de la *nature* et de la *puissance* des *causes* de son *émission.*

4. *Durant les grandes sécheresses* et vers le *milieu* de *l'été,* temps où la *terre se fend* et se crevasse en une infinité d'endroits, on voit souvent dans les *lieux* les *plus arides*, *d'abondantes éruptions d'eaux* qui *se font jour à travers les terres* et *les sables.* Or, si l'eau, *fluide dense et grossier,* peut bien *se faire jour quelquefois à travers un sol desséché,* il

est probable que l'*air, fluide* beaucoup *plus rare* et *plus subtil,* s'y *ouvre encore plus fréquemment* un *passage.* Lorsque *cet air,* qui sort de l'*intérieur* de la *terre, transpire peu à peu,* et se fait jour *çà et là,* il est d'abord *peu sensible;* mais, lorsque *toutes ces petites émanations,* ces espèces *de petits jets d'air* viennent à *se réunir,* il en résulte *un vent sensible,* à peu près comme les *ruisseaux,* en se *réunissant, forment* les *rivières;* explication qui n'est rien moins qu'une simple conjecture; car, les anciens se sont assurés par l'observation, que *la plupart des vents,* au moment où ils *commencent* à souffler et dans les *lieux* où sont leurs *sources,* sont *d'abord très foibles;* mais qu'ensuite, à *mesure* qu'ils *avancent,* ils *s'enflent* et se *renforcent par degrés ,* à peu près comme un *fleuve,* en *s'éloignant* de sa *source, grossit par degrés en recevant les eaux des ruisseaux et des petites rivières qui s'y jettent successivement.*

5. On voit quelquefois *en mer,* dans

certains parages et dans certains *lacs*, sur les continens, *l'eau se gonfler* et *se soulever* d'une manière sensible, quoiqu'*aucun vent* ne se *fasse sentir*; *gonflement* qui, selon toute apparence, a pour *cause* quelque *vent souterrain*.

6. Il faut que cet *air souterrain* soit *en très grande quantité*, pour qu'il puisse ébranler la terre et y faire de grandes ouvertures, comme il le fait quelquefois; mais il en faut *bien peu* pour *soulever les eaux*. Aussi *les tremblemens de terre* sont-ils *assez rares*, au lieu que ces *gonflemens* ou *soulevemens des eaux* sont *assez fréquens*.

7. On a aussi observé en différens lieux que les *eaux* se *gonflent* et se *soulèvent* quelque peu *avant les tempêtes*.

8. Cet *air souterrain* et *rare*, qui *transpire çà et là*, est d'abord peu sensible à la surface de la terre, et ne le devient qu'au moment où *ses portions se réunissent en assez grande quantité* pour *former un vent proprement dit*. C'est la *porosité* de la *terre* qui fait que les *parties*

de ce *fluide*, dans cet état de *dispersion* où elles se trouvent *d'abord*, ne sont *pas encore sensibles*. Mais, lorsqu'il se fait jour dans *cette partie* de la *surface* de la *terre* qui est *sous les eaux*, alors, en *les soulevant* plus ou moins, il *devient sensible*. Nous avons dit, dans un des articles précédens, que les *vents*, *soufflant* des *régions* où il y a *beaucoup* de *cavités souterraines*, sont *familiers à ces régions* ; d'où il semble qu'on puisse conclure que les *vents de cette espèce* doivent être *aggrégés* à la *classe* de *ceux* dont la *source* est dans l'*intérieur* de la *terre*.

9. Le *vent souffle plus fréquemment et se fait sentir plutôt sur les montagnes d'un grand volume, et où se trouvent beaucoup de rochers*, que *dans les vallées ou les plaines situées au dessous*. Or, il n'est point de *montagnes* ni de *rochers* qui n'aient *des cavités*.

10. Dans le *comté de Denby* en *Angleterre*, pays *montueux* et *hérissé de rochers*, on observe fréquemment *des érup-*

tions de vents qui *sortent* de certaines *grottes* ou *cavités*, avec tant de *violence*, que si l'on y jette des *vêtemens*, des *pièces d'étoffe, du linge*, etc. ces *corps* sont aussi-tôt *repoussés* avec une *force prodigieuse*, et *élevés dans les airs* à une grande hauteur.

11. A *Aber-Berry*, près de *Sabrine*, dans le pays de *Galles*, se trouvent certains *rochers en pentes* où l'on voit quantité d'*ouvertures*; lorsqu'on *applique l'oreille à un de ces trous*, on *entend* un *bruit sourd* et *continuel*, accompagné d'autres *sons* très *diversifiés*, qui paroissent être *produits* par des *vents souterrains*.

OBSERVATION INDIRECTE.

La ville de la *Plata* et celle de *Potosi*, au Pérou (suivant la remarque d'*Acosta*), ne sont pas très éloignées l'une de l'autre ; elles sont toutes deux situées dans un pays élevé et montueux ; et à cet égard, elles ne diffèrent point l'une de l'autre : cependant à *Potosi*, la *tempé-*

rature est *très froide* et analogue à celle de l'*hiver*; au lieu qu'à *la Plata*, elle est fort douce et il y règne *un printemps perpétuel*; ce qu'on doit, selon toute apparence, attribuer aux *mines d'argent* qui se trouvent près de *Potosi*: double fait qui prouve que la *terre* a des espèces de *soupiraux* par lesquels le *chaud* et le *froid transpirent* également.

12. S'il est vrai que la *terre* soit le *premier froid*, comme le prétend *Parmenide* (opinion qui mérite d'autant plus de fixer l'attention, que ces deux choses, *froid* et *densité*, sont *unies* par des *relations très étroites*), il est également probable que les vapeurs repoussées et *élevées à la surface du globe par le froid central* (1), sont *plus chaudes* que celles qui sont *repoussées* et *précipitées par le froid de la région supérieure de l'atmosphère*.

---

(1) Voilà une hypothèse diamétralement opposée à celle des physiciens de notre temps, sur-tout à celle de M. *de Buffon*.

13. Au rapport de quelques auteurs anciens, on voyoit, dans la *Dalmatie* et dans la *Cyrénaïque*, tel *puits* où l'on pouvoit *exciter une sorte de tempête, en y jetant une pierre*. Il semble que cette *pierre*, en tombant, *brisoit une espèce de couvercle* qui *fermoit la cavité* où ces *vents* étoient comme *emprisonnés*.

AUTRE OBSERVATION INDIRECTE.

L'*Ethna* et beaucoup d'autres *montagnes vomissent des flammes*. Il est naturel de penser qu'il y a aussi des *éruptions d'air* qui *se dégage avec violence*, surtout lorsqu'il est *dilaté* et *mis en mouvement* par cette *chaleur* si *active* qui règne dans *certaines parties* de l'intérieur du globe.

14. Dans les *tremblemens de terre*, certains *vents* extraordinaires et *nuisibles* se font sentir *avant et après l'éruption*; à peu près comme des *fumées de peu de volume* s'élèvent *avant et après un grand incendie*.

AVERTISSEMENT.

Cette *éruption de l'air renfermé dans le sein de la terre* peut être *déterminée* par *différentes causes; ces causes* sont, tantôt quelque *grande masse de terre* dont les *parties latérales* étoient *mal soutenues*, et qui *tombe tout à coup* dans quelque *grande cavité;* ou des *eaux* qui *s'engouffrent* dans le *sein de la terre*, ou l'*expansion de l'air dilaté tout à coup par les feux souterrains*, et tendant à occuper un plus grand espace ; ou enfin *une masse de terre* qui auparavant *étoit solide* et dont les *parties se soutenoient réciproquement* comme celles d'une *voûte;* mais qui, ensuite étant *réduite en cendres par les feux souterrains*, et ne pouvant plus se *soutenir, s'écroule tout à coup*, etc.

Telles sont les observations relatives à l'*origine locale* de ces *vents* dont la *source* est *dans le sein de la terre;* nous allons traiter de *ceux* dont l'*origine locale* est dans cette *région de l'atmos-*

phère, vulgairement appellée la *moyenne région de l'air*.

AVERTISSEMENT.

Nous ne disconvenons pas qu'il n'y ait d'*autres vents formés* par les *vapeurs* qui s'*élèvent* de la *terre* ou de la *mer;* et ce seroit fort mal entendre tout ce que nous venons de dire, que de nous attribuer un autre sentiment. Notre dessein étoit seulement de parler en premier lieu de *ces vents* qui *sortent* tout *formés du sein de la terre*.

15. Souvent un *murmure* se fait entendre dans les *bois*, un peu avant qu'aucun *souffle se fasse sentir;* observation assez commune, d'où l'on peut conclure que les *vents de cette espèce* viennent de *la région supérieure;* c'est ce qu'on observe aussi *sur* les *montagnes :* mais ici la *cause* est *plus incertaine*, et il y a une *équivoque,* ce *murmure* pouvant venir *des vents renfermés dans les cavités* de ces *montagnes*.

16. *Des étoiles qui filent* (pour user

d'une expression vulgaire), sont un *signe de vent*, et ce *vent* qu'elles *annoncent*, *souffle* ordinairement *de la partie d'où vient cette lumière* ; observation d'où l'on peut inférer que l'*air* est quelquefois *agité* dans la *région supérieure*, avant que *son mouvement* devienne *sensible à la surface* de la *terre*.

17. Lorsque le *ciel se découvre*, les *nuages se dissipant assez promptement*, c'est encore un *signe de vent* ; autre phénomène annonçant des vents qui ne se font pas encore sentir dans la région inférieure, et nouveau fait qui prouve, comme les précédens, que la *source* de certains *vents* est *dans la région élevée*.

18. Les *petites étoiles disparoissent* quelquefois *avant* même qu'*aucun vent se fasse sentir*, et quoique le temps soit encore *serein* : ce qui paroît venir de ce qu'alors l'*air se condense* et devient *moins transparent* à cause de cette *grande quantité de vapeurs* dont il est *rempli*, et qui, après s'être dissoutes dans le corps de l'atmosphère, produisent des *vents*.

19. On voit quelquefois *un cercle blanc ou coloré* (un *halo*), *autour du disque de la lune*, et quelquefois aussi celui du *soleil* paroît *d'un rouge de sang*, au coucher de cet astre. La *lune* paroît ordinairement *fort rouge* à son *quatrième lever*. Il est beaucoup *d'autres pronostics* de ce genre relativement aux vents déja régnant dans la partie supérieure de l'atmosphère (sujet que nous traiterons ci-après), tous signes qui annoncent que la *matière du vent se prépare et se ramasse déja dans cette région élevée*.

20. Les phénomènes que nous venons d'exposer, nous donnent *une idée précise des deux différentes manières dont les vents peuvent se former dans la région supérieure* et dont nous parlions plus haut ; ils peuvent, disions-nous, se former, ou *avant que les vapeurs se réunissent assez pour former des nuages*, ou *après cette réunion et cette formation*. Car ces pronostics, tirés des *halos*, qu'on voit quelquefois *autour du*

soleil ou de la *lune*, et ces *couleurs* dont ces deux astres paroissent teints, supposent *des nuages* ou du moins *des vapeurs déjà formées* et *sensibles*; au lieu que *ces étoiles qui filent*, ou *cette disparition des petites étoiles*, sont des phénomènes qui se présentent quelquefois *dans un temps serein*.

21. Lorsque le *vent* provient d'*un nuage déjà formé*, ou ce nuage *se dissipe entièrement* et se *convertissant en air*, ne donne que du *vent*, ou il se *résout, en partie, en pluie* et *en partie en vent*, ou *s'ouvrant tout à coup*, il donne *un vent violent*, et telle est ordinairement la cause de ce qu'on appelle un *grain* (1).

22. On trouve par-tout dans la nature *une infinité de faits indirects* relativement à *la répercussion occasionnée par le froid*. Ainsi ce *froid âpre* qui règne

---

(1) Un *grain* proprement dit est un *nuage de peu d'apparence* qui donne *tout à coup beaucoup plus de vent ou de pluie, ou de l'un et de l'autre, qu'on ne l'auroit présumé de son volume et de sa couleur*.

dans la région moyenne de l'air, étant un fait constaté, on conçoit aisément qu'une *grande partie* des *vapeurs* flottantes dans l'atmosphère, *ne pouvant franchir cette région*, elles se *coagulent* et sont ensuite *lancées vers la région inférieure*, comme le pensoient aussi les anciens, dont l'opinion sur ce point nous paroît fondée.

La *troisième origine locale* est celle des *vents* qui se forment *dans la région inférieure de l'atmosphère* et *plus près de la surface du globe*; vents que nous attribuons *au gonflement, à la dilatation* de ce *fluide*, occasionnée par une *surabondance de matière*.

EXPLICATION.

La *génération* de ces *vents qui se forment dans la région inférieure* de l'air, n'a rien d'*abstrus* ni de *mystérieux*; au fond son *explication* se réduit à la *proposition suivante : lorsque l'air, nouvellement formé d'eau ou de vapeurs atténuées et dissoutes, étant ajouté à l'air préexistant, le tout ne peut plus être contenu dans l'espace qui auparavant suffisoit à ce dernier; alors il se dilate, se développe, se met en mouvement pour occuper un plus grand espace, et se porte en partie au-delà de ses anciennes limites;* proposition toutefois qui a *pour bases deux suppositions;* l'une, qu'une goutte d'eau convertie en air (quoi qu'aient pu dire certains philosophes *de la proportion décuple des élémens*) (1), *occupe un espace au moins cent fois plus grand que celui qu'elle occupoit auparavant* (2); l'autre, *qu'une très pe-*

---

(1) Quelques physiciens, comme nous l'avons dit dans une note du précédent ouvrage, prétendoient que *la terre étoit dix fois plus dense que l'eau; l'eau dix fois plus dense que l'air; et l'air dix fois plus dense que le feu* : car le calcul des décimales étant *plus facile* que *tous les autres*, et un *systématique bien conformé ayant dix doigts*, il est évident que *la nature a dû arranger ainsi les choses, et* pour notre commodité.

(2) *Au moins 800 fois*, en supposant que cette conversion ait réellement lieu.

tite quantité d'air nouveau et mise en mouvement, étant ajoutée à l'air préexistant, suffit pour ébranler et mettre en mouvement toute la masse. C'est ce dont on voit un exemple frappant dans ce vent *si peu volumineux* et *si foible* qui se fait jour *par les fentes des portes ou des fenêtres*, et qui, tout *foible* qu'il paroît, est pourtant *assez fort* pour *mettre en mouvement tout l'air d'un appartement*, comme le prouve assez l'*agitation* de la *flamme* des *chandelles*.

23. De même que *la rosée* et les *brouillards* qui *se forment près de la surface de la terre*, ne deviennent jamais de *vrais nuages* et ne s'*élèvent* point jusqu'à *la région supérieure* de l'*atmosphère*, on doit penser qu'il est aussi une infinité de vents qui *ne s'élèvent pas non plus à cette région élevée*.

24. *Près de la mer et des eaux d'une grande étendue*, on *sent toujours un léger souffle*, qui n'est autre chose qu'un vent extrêmement foible et provenant du mouvement d'un *air nouvellement formé*.

25. L'*Iris*, qui, de tous les *météores*, est le *moins élevé* et qui *se forme près de la surface de la terre*, n'est *pas toujours entier*; il paroît quelquefois comme *écourté*; il n'en reste plus alors que *des morceaux*, et ce sont ordinairement *les extrémités inférieures de l'arc* (1). Lorsque le *nuage*, qui produit *ces couleurs*, *se résout* et *se dissipe*, il donne *du vent*, ainsi que de la *pluie*, et même plus fréquemment *du vent*.

26. On a observé que, *dans les contrées séparées par de hautes montagnes*, tandis que *telle espèce de vent règne constamment d'un côté de ces montagnes, un autre vent, tout différent, quelquefois même contraire, souffle aussi constamment du côté opposé* (2). Ce qui

---

(1) C'est ce que les *marins*, dans leur langage grossier, appellent *un cul-de-chien*; ils le regardent comme *un signe de vent*.

(2) C'est ce qu'on observe principalement sur les côtes de *Malabar* et de *Coromandel*, séparées par de telles montagnes.

prouve clairement que *ces deux vents se forment dans une région moins élevée que les sommets de ces montagnes* (1).

27. Il est une infinité de *vents* qui se font sentir par *un beau temps*, et même *dans des contrées où il ne pleut jamais; vents qui se forment dans l'endroit même où ils soufflent,* qui ne proviennent point de *nuages dissous,* et qui ne *s'élèvent point jusqu'à la région supérieure.*

OBSERVATION INDIRECTE.

Si-tôt qu'on sait qu'*une vapeur (aqueuse) peut aisément se résoudre en air;* que *l'atmosphère est remplie d'une quantité immense de vapeurs; qu'une goutte d'eau convertie en air acquiert un vo-*

---

(1) Cette conséquence n'est rien moins qu'évidente ; car ne se pourroit-il pas que, des deux côtés, la source du *vent* étant *plus élevée que les sommets de ces montagnes,* et *les directions de ces vents étant inclinées à l'horizon,* chacun de ces deux *vents* se portât vers ces *montagnes* par une *ligne* dont *l'extrémité la plus éloignée de sa source fût beaucoup plus basse que ces sommets?*

lume infiniment plus grand (comme nous le disions plus haut); *enfin, que l'air ne se laisse comprimer que très peu, sans se mettre en mouvement;* dès-lors on conçoit aisément, on conclut même avec *certitude*, qu'il *peut se former des vents dans toute cette partie de l'atmosphère, qui s'étend depuis la surface du globe jusqu'à la région la plus élevée;* car il *ne se peut qu'une grande quantité de vapeurs,* lorsqu'elles commencent *à se dilater et à s'élever vers la région supérieure, ne surchargent l'atmosphère* et *n'y occasionnent quelque agitation très sensible,* et *par conséquent ne produisent du vent* (1).

―――――――――

(1) Une autre *cause* ou *source de vent* qu'on peut ajouter à celles qu'il vient d'assigner, c'est *cette grande quantité de vapeurs, d'exhalaisons, d'air et de substances aériformes,* qui, *dans certaines saisons, parties de saisons, ou parties de jour, se dégagent des végétaux,* ou *des animaux, ou sont absorbées par ces êtres organisés.*

Générations accidentelles des vents.

Réponses aux questions du neuvième article.

Par *générations accidentelles des vents*, nous n'entendons pas *celles* d'où résulte *une nouvelle impulsion donnée à l'air* et *un vent nouveau;* mais celles qu'on peut attribuer à des *causes* qui, en *comprimant ce fluide*, déja mis en mouvement par d'autres causes, augmentent sa *vitesse*, ou qui occasionnent dans l'atmosphère des *mouvemens de fluctuation, d'ondulation* et *d'autres, suivant des lignes sinueuses;* enfin des espèces de *vagues*, de *torrens* et d'*inondations* : tous phénomènes qu'on ne doit attribuer qu'à des *causes extérieures,* et sur-tout aux *situations respectives des différentes parties des lieux où ces vents se font sentir.*

1. Dans les *lieux* où se trouvent des *collines peu élevées* et au *pied* desquelles sont des *vallées*, ou *au-delà* des-

quelles se trouvent *des montagnes plus élevées, l'agitation* de l'air est *plus grande* et *le vent plus sensible que sur les montagnes* et *dans les plaines.*

2. Dans les *villes* où se trouvent *des endroits très spacieux*, dont les *issues* sont fort *étroites*, ou encore *aux points d'intersection des places ou des rues qui se croisent,* le *vent* est toujours *plus sensible* que *par-tout ailleurs*, et il n'y règne presque jamais *un calme parfait.*

3. Dans beaucoup d'*édifices l'air* est fréquemment *rafraîchi* par des *ventilateurs naturels ou artificiels;* effet qui a lieu sur-tout lorsque l'air, ayant un *libre cours, entre par un côté* et *sort par le côté opposé,* et qui est encore plus sensible, lorsque l'air, *entrant par différens côtés tout à la fois et suivant des directions qui font angle, trouve ensuite une issue au point où concourent toutes ces lignes;* ou encore dans les *salles voûtées,* et en général d'*une forme arrondie,* où l'air, mis aussi en mouvement, est répercuté, tant par le pla-

fond que *par les murs, suivant un grand nombre de directions différentes et concourant à peu près aux mêmes points.* La *courbure* et les *sinuosités* des *portiques* et des *dégagemens* d'un *édifice*, produisent *des effets semblables;* et lorsque ces parties de l'édifice ont *une telle forme*, le *mouvement de l'air* y est *plus sensible* que lorsqu'elles sont *en ligne droite;* car lorsque l'*air, mis en mouvement,* se porte *suivant une seule ligne droite*, il *serpente moins*, il a *moins de mouvemens de fluctuation et d'ondulation* que lorsqu'il est répercuté par des *parois* de forme *angulaire* ou *tortueuse,* etc. ou par des *voûtes*, etc. *suivant des directions concourantes.*

4. *Après une grande tempête, au vent originel,* lorsqu'il est tout-à-fait *tombé, succède un vent accidentel* produit par *le houle* et le *mouvement d'ondulation des vagues qui frappent l'air et l'agitent.*

5. On observe aussi assez souvent dans les *jardins* que le *vent* y est *répercuté*

par les *murs*, par les *édifices*, par des *buttes de terre*, par des *matériaux entassés*, et l'est quelquefois au point qu'il *paroît venir du côté opposé à celui d'où il souffle réellement*.

6. Dans un *pays plat et environné de montagnes*, lorsque le vent souffle de la plaine contre une de ces montagnes, il est *répercuté*; et l'effet de cette *répercussion* est de donner, ou de la *pluie* lorsque cet *air* est *chargé* de *vapeurs aqueuses*, ou au moins *un autre vent*, dont la *direction* est *diamétralement opposée* à celle du *vent originel*, mais de *courte durée*.

7. Enfin les navigateurs, après avoir doublé un cap, trouvent quelquefois au-delà un vent tout différent de celui qui souffloit en deçà.

Des vents extraordinaires et subits.

Réponses aux questions de l'art. 10.

Un grand nombre d'auteurs parlent aussi *de vents extraordinaires et subits*, tels que les *ouragans*, les *grains*, les *tourbillons*, les *typhons*, les *dragons*, ceux des *trombes*, etc. à quoi il faut ajouter *ces vents brûlans* que nous trouvons désignés dans les auteurs *latins*, par le nom de *Prester;* mais ils n'entrent dans aucun détail sur ce sujet, et ne décrivent point avec assez d'exactitude les phénomènes de ce genre : reste donc à chercher ces *descriptions* dans les *histoires de différentes nations* et dans *les relations de voyages*.

1. Ces *vents subits et violens* ne soufflent pas ordinairement *par un beau temps*, mais seulement lorsque le *temps* est *chargé* ou *pluvieux;* ils paroissent être l'*effet* d'une sorte d'*éruption* et d'un *choc violent donné à l'air ou aux eaux*.

2. Les *coups de vent*, accompagnés de *brume* ou d'*obscurité*, et qui ont pour cause un *nuage semblable à une colonne presque perpendiculaire* (en un mot, les *trombes*), ont des effets terribles et sont un vrai *fléau* pour les *navigateurs*.

3. Les *typhons* (ou *tourbillons*) d'une

grande force, et qui, agissant *dans un espace notable,* font *pirouetter* tous les *corps* qu'ils peuvent *saisir,* puis les *élèvent dans les airs,* sont des *phénomènes* assez *rares;* mais ces *petits tourbillons,* où le *vent* semble *jouer avec les plumes,* les *pailles* ou autres *corps légers,* sont *assez fréquens.*

4. Tous les *grains,* les *tourbillons* et les *typhons d'une grande violence* ont plus que toute autre espèce de vent, un *mouvement* manifeste *de haut en bas;* ils semblent être *lancés de la région supérieure, se précipiter* comme des *torrens, couler dans une sorte de canal,* et être ensuite *répercutés par la surface de la terre.*

5. On voit quelquefois dans les *prairies* des *meules de foin élevées dans les airs* par un *vent violent,* et y formant alors une sorte de *pavillon.* C'est ce qui arrive aussi quelquefois *dans les champs* aux *gerbes de bled,* aux *tiges* et aux *cosses* de *pois,* de *feves,* etc. souvent aussi des *linges* qu'on a étendus pour les

faire *sécher*, étant *pris en dessous* par un *tourbillon*, sont élevés dans les *airs*, à la *hauteur* des *arbres* ou des *édifices*, même dans *des temps* où aucun *vent* d'une grande force ne se fait sentir.

6. On voit aussi d'*autres tourbillons légers et occupant très peu d'espace*, même dans un *temps serein* : par exemple, un *cavalier* voit quelquefois la *poussière* ou les *pailles pirouetter* près de lui ; ce qu'on peut attribuer à *deux vents contraires qui se repoussent réciproquement*, et dont le *choc* imprime à l'*air* un *mouvement* de *circulation*.

7. Certains *vents*, comme on s'en est assuré par des observations réitérées, semblent *brûler* et *griller* les *plantes*. Celui que *Pline* désigne par le nom de *Prester* peut être regardé comme une sorte d'*éclair imperceptible* et d'*air ardent*, mais *sans inflammation sensible*. Au reste l'explication de ce dernier phénomène doit être renvoyée à l'article qui traite *ex-professo*, des *éclairs* et de leurs *causes*.

Causes concourantes des vents, des vents originels, dis-je, et non des *vents accidentels* qui étoient *le sujet du pénultième article. Réponses aux articles 11, 12, 13, 14 et 15.*

Les observations que les anciens ont hazardées sur les *vents* et leurs *causes*, sont pleines de *confusion* et d'*incertitude*, la plupart même sont *fausses*. Eh! après tout, est-il donc étonnant qu'ils aient *si mal vu un objet qu'ils regardoient de si loin?* Il semble, à les entendre, que le *vent soit autre chose qu'un air en mouvement.* Les uns attribuent *tous les vents, sans exception*, à des *exhalaisons* qui, selon eux, en *composent toute la substance.* Selon d'autres, la *matière* propre et *commune* de tous les *vents* n'est autre chose qu'*une exhalaison chaude et sèche;* enfin d'autres pensent que les *vents* ont pour *cause* une *portion* de l'*air* atmosphérique, repoussée et précipitée dans la région inférieure par ce froid qui règne perpétuel-

lement dans la région supérieure : toutes opinions fantastiques et dénuées de fondemens solides. Cependant, de ces *fils si foibles*, ils n'ont pas laissé de fabriquer des *toiles* d'un volume immense; mais ce sont de *vraies toiles d'araignées*. La vérité est que *toute impulsion donnée à l'air* produit *un vent;* que les *exhalaisons* qui se trouvent combinées avec ce fluide, *contribuent* plutôt à son *mouvement*, qu'elles n'*entrent* dans *sa composition* et n'*augmentent sa matière;* que les *vapeurs humides* (*aqueuses*) étant *dilatées* par une *chaleur* suffisante, sont *plus propres* que *les exhalaisons* sèches pour produire des *vents* par leur *dissolution et leur conversion en air;* enfin, qu'outre ces *vents*, qui ont pour *cause* un *air repoussé* d'abord par le *froid* de la *région supérieure*, puis *répercuté par la surface de la terre,* il en est beaucoup d'autres qui se forment *dans la région inférieure de l'atmosphère,* et d'autres encore qui proviennent de cet *air* qui *transpire peu à peu de l'intérieur de la terre;* mais ce ne sont encore que de simples *conjectures.* Voyons ce que nous diront les *choses mêmes* mûrement considérées.

1. Le *mouvement naturel et général de l'air* (comme nous l'avons dit dans l'*article* qui avoit pour objet *les vents généraux*), indépendamment de toute *autre cause extérieure*, produit un *vent sensible entre les tropiques; région* où les *cercles* que l'*air décrit* en vertu de ce *mouvement,* sont *plus grands* que dans les *autres zônes.*

2. La *seconde cause* qui se présente après ce *mouvement naturel de l'air,* c'est l'*action du soleil;* mais, avant de parler de *cet astre* (qui est *le père commun de la plupart des vents*), voyons d'abord si la *lune* et les *autres astres* n'auroient pas aussi *quelque influence* sur les *vents.*

3. *Quelques heures avant les éclipses de lune* s'élèvent ordinairement des *vents* d'une grande force, et qui occupent de grands espaces. Par exemple, si la *lune*

doit être *éclipsée* vers *minuit*, ces *vents* se font sentir dans la *soirée précédente*; et si l'*éclipse* doit avoir lieu *le matin*, ils soufflent *vers minuit* (1).

4. *Acosta* nous apprend qu'au *Pérou*, contrée fort *venteuse*, c'est ordinairement *vers le temps de la pleine lune* qu'il *vente le plus*. Des observations bien utiles ce seroient celles qui pourroient servir à déterminer *comment et combien* le *mouvement* et les *différentes phases de la lune* (dont l'*influence* sur les *marées* est un *fait* bien *constaté*) peuvent *influer* et *influent en effet* sur les *vents*,

---

(1) La *lune*, comme on n'en peut douter, *agit sur notre planète*; elle *agit* donc sur notre *atmosphère*. Or, une *éclipse de lune* produit nécessairement *quelque changement dans l'action totale de cette planète sur la terre*. Elle en produit donc nécessairement un dans la partie de cette action qui s'exerce sur notre atmosphère. Elle ne peut produire un *changement* dans *notre atmosphère*, sans y *exciter*, y *augmenter*, y *diminuer*, ou y *détruire* le mouvement (puisque, sans la *production*, l'*augmentation*, la *diminution*, ou la *des-*

afin de savoir, par exemple, si ces *vents* n'ont pas *un peu plus de force,* ou ne soufflent pas *un peu plus fréquemment* vers *le temps des nouvelles* ou *des pleines lunes*, que vers celui des *quadratures*; comme les *marées* sont *plus hautes aux époques* de la *première espèce* qu'à *celles de la dernière;* quoique certains physiciens aient supposé, avec quelque fondement, que l'*influence de la lune* s'exerce principalement sur les *eaux*, et

---

truction d'un *mouvement*, tout *changement* est *impossible*), et par conséquent sans *influer* sur les *vents*. Mais, soit pour décider cette question même, soit pour déterminer le *mode* et l'*intensité* de *l'action* de la *lune* sur *l'atmosphère* (ainsi que sur les *eaux* de *l'océan*), il faudroit, *avant une éclipse totale*, ou du moins *centrale*, de *lune*, envoyer cinq observateurs, en différens points du parallèle où, en s'éclipsant, elle doit se trouver au *zénith*; savoir : un, dans *la mer du sud;* un, sur le continent de *l'Amérique* ; un, dans *la mer Atlantique;* un, en *Afrique*, et un, dans *la mer des Indes* : enfin, *comparer leurs observations*, soit entre elles, soit avec celles de ce genre qu'on a déja faites.

celle du *soleil* ou *des autres astres,* sur *l'air* (1). Cependant il est certain que l'eau et l'air sont *deux fluides très analogues* (2); et qu'*après le soleil,* la *lune* est de tous les *corps célestes,* celui qui influe le plus sensiblement, non-seulement *sur ces deux fluides,* mais même *sur tous les corps terrestres.*

---

(1) Quelques physiciens des derniers temps, en appliquant à cette question la théorie de *Newton,* ont trouvé le même résultat : ce qui devoit être ; car *l'attraction* étant, toutes choses égales, *proportionnelle aux masses des corps qui s'attirent réciproquement,* et l'action des *rayons solaires* devant être beaucoup *plus sensible* sur un *fluide* très rare, que sur un *fluide* très dense, l'*influence* de la *lune,* astre dont la *principale action* est de la *première espèce,* doit être *plus sensible* sur les *eaux* que sur l'*atmosphère,* et l'*influence* du *soleil,* astre dont la *principale action* est de la *seconde espèce,* doit être plus *sensible* sur l'*atmosphère,* que sur les *eaux.* C'est par cette raison que l'*action* de la *lune* sur notre *atmosphère,* assez bien prouvée par les *météorologistes,* paroît encore un peu douteuse à quelques autres physiciens.

(2) A la densité près.

5. Il y a aussi ordinairement *de grands vents vers le temps des conjonctions des différentes planètes;* c'est un fait qui n'a pas échappé aux observateurs.

6. On a de plus observé que, vers *le temps du lever* d'*Orion*, il y a ordinairement de *grands vents* et de *fréquens changemens de temps :* mais ne seroit-ce pas parce que *le temps* de ce *lever* coïncide avec la *saison* où la *constitution* de l'air est le *plus disposée à la génération des vents,* et l'*apparition* de *cet astre* ne seroit-elle pas alors plutôt un *phénomène* simplement *concomitant,* qu'une *cause* proprement dite? observation et distinction qu'il faut appliquer aussi à l'*influence présumée* du *lever* des *pléiades* ou de celui des *hyades,* sur les *pluies,* ou à celle du lever d'*Arcturus* sur les *tempêtes*.

7. De toutes les *causes efficientes* de la plupart des *vents,* la *première* et la *plus puissante* est sans contredit le *soleil* même, dont la *chaleur* agit sur *deux espèces de matières :* savoir, l'*air* et les *vapeurs* ou les *exhalaisons*.

8. Lorsque le *soleil* est dans sa plus grande force, il *dilate* l'*air* même, l'*air pur* et sans aucun mélange de *vapeurs*; au point que le *volume* de ce fluide *augmente d'un tiers*; augmentation dont les effets doivent être fort sensibles. Ainsi la simple *dilatation* de l'*air* atmosphérique doit nécessairement produire quelque *vent* dans cette *route* que *parcourt le soleil*, et sur-tout *durant les grandes chaleurs*: effet qu'il doit produire plutôt *deux ou trois heures après son lever*, que vers l'*aurore*.

9. En *Europe*, les *nuits* sont le temps où, proportion gardée, la *chaleur* se fait le *plus sentir* (durant l'*été*): au Pérou, les *trois premières heures de la matinée* sont le temps de son *maximum* (1); *augmentation* qui, dans ces

---

(1) A *St. Domingue*, ce maximum a lieu *vers neuf ou dix heures du matin*, c'est-à-dire *entre les deux brises*, ou un peu après que la brise de terre a cessé, et un peu avant que celle de dehors se soit élevée.

deux contrées si éloignées l'une de l'autre, est néanmoins *l'effet d'une seule et même cause*, mais *agissant dans deux temps différens* : savoir, *la cessation de toute espèce de vent, aux heures respectives*; heures qui ne sont pas les mêmes dans les deux contrées.

10. Dans ce *thermomètre* qui est surmonté d'une *boule de verre* (celui de *Drebbel*), l'*air* de cette boule, en se *dilatant*, fait baisser la liqueur qui se trouve au dessous, comme le feroit un vent qui souffleroit de haut en bas; mais dans cet autre genre de *thermomètre* qui est surmonté d'une *vessie*, et qui ne contient que de l'*air*; cet *air*, en *se dilatant, enfle la vessie*, comme le feroit un *vent* proprement dit.

11. Nous avons fait nous-mêmes *une expérience* sur les *vents* de cette nature, à l'aide d'une espèce de *tourelle* fermée de tous côtés : nous avons établi dans le milieu, un *réchaud* rempli de *charbons* bien allumés, afin qu'il s'en élevât *moins de fumée* : à côté de ce réchaud, et à

une très petite distance, nous suspendîmes, à l'aide d'un *fil, une petite croix de plumes,* corps très léger et très mobile, dont la destination étoit de rendre sensibles les moindres mouvemens de l'air; après quelques minutes, l'air renfermé dans cette *tourelle* s'étant échauffé et dilaté, nous vîmes la petite croix et son fil s'agiter très sensiblement, et se mouvoir dans tous les sens; puis nous étant avisés de faire un trou à la petite fenêtre de cette tourelle (1), nous sentîmes l'impression d'un petit vent qui sortoit par ce trou; vent qui n'étoit pas *continu,* mais *intermittent* ou *alternatif,* et formoit des espèces d'*ondulations*.

12. L'*effet* de la *contraction* de l'air succédant à sa *dilatation,* peut aussi produire un vent de cette espèce, mais plus foible; le *froid* ayant moins de

---

(1) Il y avoit donc un carreau de vitre à cette fenêtre : sans quoi, la tourelle étant, comme il le dit, fermée de tous côtés, il auroit été impossible d'observer ce qui se passoit au dedans.

force et d'influence à cet égard que la *chaleur*. Par exemple, au *Pérou*, lorsqu'on se tient à l'ombre (en supposant même que cette ombre occupe très peu d'espace), on sent non-seulement une *fraîcheur* beaucoup plus grande que celle qu'on éprouveroit en pareil cas dans nos contrées ; fraîcheur qui est l'effet de *l'antipéristase* (du contraste des deux températures), mais même un vent caractérisé et produit par cette contraction que l'air éprouve, en passant de l'espace échauffé par les rayons solaires, à l'espace ombragé.

Tels sont les *vents* qui peuvent être produits par la *simple dilatation*, ou la *simple contraction* de *l'air*.

13. Les *vents* produits par le seul mouvement de *l'air pur* et sans aucun *mélange de vapeurs*, sont ordinairement *très forts*. Il faut faire aussi des observations, pour déterminer les forces respectives des vents qui sont des *produits de la dilatation des vapeurs ;* car la force des vents de cette dernière espèce doit

l'emporter sur celle des précédens, en proportion que la dilatation d'une goutte d'eau convertie en air l'emporte sur celle de l'air déja formé. Or, comme nous l'avons dit dans un des articles précédens, le volume que cette goutte d'eau acquiert par cette dilatation et cette conversion qui en est l'effet, est beaucoup plus grand que celui de l'air dilaté.

14. La *cause efficiente* des *vents* produits par des *vapeurs*, n'est autre que le *soleil* même et sa *chaleur* supposée au degré convenable, et la *cause matérielle*, ou *l'aliment* de ces *vents*, n'est autre *qu'une grande quantité de vapeurs* et *d'exhalaisons dissoutes et converties en air;* en air, dis-je, et non *en tout autre fluide spécifiquement différent;* cet *air* toutefois étant d'abord *moins pur* que *l'air commun.*

15. Lorsque la *chaleur* du *soleil* est *foible,* elle n'élève point de *vapeurs,* et par conséquent elle ne produit point de *vents.*

16. Quand la *chaleur* de cet astre est

au degré moyen, elle provoque sans doute la formation des vapeurs, mais elle ne les dissipe pas sur-le-champ; et alors si les vapeurs sont en très petite quantité, leurs parties se rapprochant les unes des autres, et se réunissant, elles forment des *pluies*, ou seules, ou accompagnées de *vents;* mais si cette quantité est petite, il n'en résulte que du *vent*.

17. Lorsque la *chaleur* du *soleil* va *en croissant,* elle produit *plutôt* des *vents* que *des pluies;* et lorsqu'elle va en *décroissant, des pluies, plutôt que des vents.*

18. Quand cette chaleur a *beaucoup d'intensité et est de longue durée,* son *effet* est *d'atténuer* les *vapeurs* et de les *dissiper,* en *les élevant* jusqu'à la *région supérieure;* mais en même temps elle les *combine* et les *incorpore avec l'air,* en les distribuant peu à peu dans tout le corps de l'atmosphère : dans ce dernier cas, l'*air* demeure *tranquille,* et le *temps serein.*

19. Lorsque la *chaleur* de cet *astre* est

continue, uniforme, et toujours à peu près la même, alors elle a *moins de disposition* et *d'aptitude* à la *formation* des *vents* ; au contraire, elle y est *plus disposée*, lorsqu'elle est *inégale*, cette *chaleur* et le *froid se succédant alternativement*. Aussi, dans *les mers de Russie* et *durant l'été*, est-on moins incommodé des vents, que dans la *Manche (de Bretagne)* ; les jours alors étant beaucoup plus longs, dans le premier de ces deux parages, que dans le dernier ; au lieu qu'au *Pérou*, qui est *sous la ligne équinoxiale*, et où *la température* est beaucoup *plus inégale, à cause de la succession alternative de jours et de nuits de durées presque égales*, les *vents* sont *très fréquens* (1).

---

(1) Dans *nos contrées*, la *différence* entre la *température du jour* et celle de la *nuit*, est *beaucoup plus grande* au *printemps* et en *automne*, qu'elle ne l'est *en hiver* et *en été*; or, les *vents* sont aussi beaucoup *plus forts* et *plus fréquens dans les deux premières saisons, que dans les deux dernières*. De plus, la *différence entre la température du*

20. Dans les vapeurs il y a deux choses à considérer : savoir, leur *quantité*

---

jour et celle de la nuit est beaucoup plus grande à *St. Domingue*, qu'elle ne l'est *en France* : ce dont je me suis assuré par mes propres observations, moi qui, étant chargé de faire presque tous les *recouvremens*, et ne faisant qu'aller et revenir du vaisseau à *Galifet*, à *Limonade*, à *Jaquezy*, à *Caracol* et au *Fort-Dauphin* (soit dans les *canots*, soit dans des *acons*), étois obligé de me munir, pour la nuit, *d'une redingote de grosse pluche*, qui m'avoit servi, *l'année précédente*, en traversant *la banquise de Terre-Neuve*. Or, à *St. Domingue, les vents* sont beaucoup *plus fréquens* qu'ils ne le sont *en France*, puisqu'on y a *tous les jours* (presque sans exception) *deux brises*, savoir, *celle de terre, durant la nuit*, et *celle de dehors, durant le jour*, les *calmes* y étant beaucoup *moins longs* qu'ils ne le sont *en France*, surtout *durant* les *grandes gelées* et les *grandes chaleurs*. De ces deux faits, et de ceux que l'auteur vient de citer pour exemples, il semble qu'on puisse conclure avec certitude que *la source la plus féconde et la plus commune des vents* est *la différence entre la température du jour et celle de la nuit*, ou, ce qui est la même chose, *la succession alternative de la dilatation diurne et de la contraction nocturne, de l'air atmosphérique*.

et leur *qualité*. Une *petite quantité* de *vapeurs* ne produit que des *vents foibles*; une *quantité moyenne*, des *vents beaucoup plus forts*; mais une *très grande quantité* de *vapeurs* surchargeant, pour ainsi dire, l'*atmosphère*, et rendant *l'air beaucoup plus dense*, forme ainsi des *pluies* accompagnées, tantôt de *calmes*, tantôt de *vents*.

21. Les *vapeurs* qui s'élèvent de la *mer*, des *rivières*, des *marais* et des *terres inondées*, produisent des *vents plus forts* et *plus fréquens*, que ne le peuvent faire les *exhalaisons* ou *émanations terrestres*. Cependant les *vents* formés par les *émanations* de la *terre*, dans les *régions sèches*, ont *plus* de *tenue* et de *durée* : ce sont principalement les *vents* de cette espèce qui soufflent *de la région supérieure* (1), et l'opinion des anciens

---

(1) Parce que ces *exhalaisons* étant *plus légères* que les vapeurs simplement *aqueuses*, et s'élevant davantage, montent jusqu'à la région supérieure, où elles sont *condensées* par le *froid* très

sur ce point nous paroît assez fondée ; mais en l'adoptant, nous n'adoptons point du tout cette espèce de *partage* qu'ils avoient fait, en attribuant aux *vapeurs*, la *formation* des *pluies*, et aux *exhalaisons*, celle des *vents* ; toutes conjectures qui peuvent figurer dans un discours ou un écrit, mais qui ne peuvent être d'aucune *utilité* dans la *pratique*.

22. Les *vents* qui sont le *produit* de la *fonte* des *neiges*, dont certaines montagnes sont couvertes, *tiennent presque le milieu* entre les *vents aquatiques* et les *vents terrestres*. Cependant ils *tiennent un peu plus des premiers*, avec cette différence toutefois qu'ils ont *plus de vîtesse* et *d'acrimonie*.

23. Les *vents* produits par la *fonte* de ces *neiges*, dont certaines montagnes sont couvertes et dont nous venons de parler, *soufflent* ordinairement *de la partie mé-*

âpre qui y règne en tout temps, puis *précipitées* en vertu de l'*augmentation* de leur *pesanteur spécifique*, occasionnée par cette *condensation*.

me où se trouvent ces montagnes à neige.

24. On croit communément que ce *vent de nord* (ou plus exactement de *nord-nord-est* et de *nord-est* (*l'aquilon*), qui commence à souffler *vers le temps du lever de la canicule,* vient de la *mer glaciale* et des *régions circompolaires,* régions où la *fonte* des *neiges* et des *glaces* est beaucoup *plus tardive* que dans nos contrées, et n'a lieu que *sur la fin de l'été.*

25. Ces *masses énormes de glaces,* que le *vent* et les *courans portent* de la *mer glaciale* vers les *côtes du Canada* et de *l'île de Terre-Neuve,* produisent plutôt des *émanations froides,* que des *vents* proprement dits, qui puissent parcourir un grand espace.

26. Les *vents* provenant *des terres sèches, sablonneuses et remplies de craie,* sont *rares, foibles* et *secs;* lorsque les vents de cette espèce se forment dans des contrées où la *chaleur est très grande,* ils sont *étouffans, fuligineux* et *brûlans.*

27. Les *vents* formés par les *vapeurs de la mer,* sont *plus disposés* que tous

ceux qui ont une toute autre origine à *se convertir* de nouveau en *eau*, et à former des *pluies*, les *vapeurs aqueuses* dont ils sont *composés* ou *chargés*, obéissant ainsi à leur *tendance naturelle*, et *tendant à retourner à leur état primitif*, ou si cette *conversion* n'a pas lieu, alors ces *vapeurs s'incorporant* avec *l'air* atmosphérique, il n'en résulte *aucun vent:* mais les *vapeurs terrestres, fuligineuses* et *onctueuses*, dont la *dissolution* est plus *difficile*, ont des mouvemens plus violens, s'élèvent beaucoup plus haut, et parvenant quelquefois jusqu'à la région moyenne de l'atmosphère, y sont la *cause matérielle* de certains *météores ignées*.

28. Quelques historiens prétendent que, dans le temps où la *Guyenne* étoit encore au pouvoir des *Anglois*, les habitans de *Bordeaux* et des *cantons voisins* présentèrent une requête au roi d'Angleterre, pour l'engager à défendre à ses sujets des *Comtés de Sussex* et de *Hampton*, de *mettre le feu aux bruyères*, sur

la fin d'avril, comme ils le faisoient ordinairement ; opération d'où résultoit, disoient-ils, un *vent* qui étoit *très nuisible* à leurs *vignes* (1).

29. La *rencontre* et la *lutte de deux vents différens* et *un peu forts*, qui viennent à *s'entre-choquer*, produit des *vents* d'une plus *grande force*, et quelquefois des *tourbillons* ; mais s'ils sont *foibles* et *chargés* de *vapeurs aqueuses*, ils donnent de la *pluie*, et alors le *vent tombe*.

30. Les *vents* peuvent être *appaisés par cinq causes*, et *s'affoiblir* ou *tom-*

---

(1) Dans cette vaste plaine située entre la ville de *Rome* et les *montagnes*, les *cultivateurs* sont aussi dans l'habitude de *mettre le feu aux chaumes*, après *la moisson* ; ce qui remplit de *fuliginosités*, pendant quinze jours ou trois semaines, l'*air* que respirent les *Romains*, et le rend *très étouffant* ; on voit ces fumées passer au dessus de la ville avec une extrême rapidité. Mais profitent-ils, pour cette opération, d'un vent déjà formé ; ou *ce vent* est-il *produit*, ou du moins *nourri* et *continué* par cet *incendie* ? c'est une question que je ne puis décider.

ber tout-à-fait *dans cinq espèces de cas différens*.

1°. Lorsque l'*air d'abord chargé de vapeurs humides* (*aqueuses*) qui *l'agitent*, s'en trouve *débarrassé*; ces particules *aqueuses se rapprochant* alors les unes des autres, et *se réunissant en gouttes sensibles*, forment de la *pluie*.

2°. Lorsque les *vapeurs divisées* et *atténuées s'incorporent parfaitement avec l'air*, et demeurent *en repos* avec ce fluide.

3°. Lorsque les *vapeurs* de ce genre étant *sublimées*, *s'élèvent assez haut* pour ne plus *troubler le repos de la partie inférieure de l'atmosphère*; ce qui dure jusqu'à ce que ces *vapeurs repoussées par le froid* qui règne dans la *région moyenne de l'air*, en soient *précipitées*, ou jusqu'à ce qu'elles puissent *pénétrer dans cette région*.

4°. Lorsque les *vapeurs*, en *se réunissant* et formant des *nuages*, que des *vents* régnant dans une région plus élevée, transportent ensuite dans d'autres contrées, cessent ainsi de *troubler l'atmosphère* du lieu où elles étoient d'abord.

5°. Ou enfin, lorsque les *vents*, après avoir parcouru de grands espaces, *s'affoiblissant par degrés (faute d'un nouvel aliment)*, à mesure qu'ils s'éloignent de leur source, viennent en quelque manière *expirer et mourir peu à peu* dans le lieu en question.

31. Assez ordinairement la *pluie abat le vent*, sur-tout *un vent orageux*, et en général *un vent subit* : réciproquement un *vent un peu fort* empêche la *pluie* de *tomber*, ou la *dissipe*.

32. Les *vents se tournent en pluie* (ce qui est *la première des cinq causes dénombrées qui* peuvent *les appaiser*), ou par la *grande quantité et le poids même des vapeurs* dont l'atmosphère se trouve surchargée ;

Ou par *la rencontre* et *le choc* de *deux vents contraires*, mais d'une force médiocre ;

Ou par *la résistance* que *leur* opposent des *montagnes ou des promontoires* (des *caps*) qu'ils rencontrent; *obstacles qui, les arrêtant, les répercutant et poussant l'air du vent réfléchi contre celui du vent direct, rapprochent ainsi les parties de ce fluide,* et le condensent *peu à peu* (1).

33. Les *vents légers* et *foibles s'élèvent* ordinairement *le matin*, et *tombent* au *coucher du soleil;* la condensation de l'air opérée par la fraîcheur de la nuit suffisant alors pour les faire tomber, et détruisant ce foible mouvement que la dilatation diurne avoit excité; car l'air se laisse comprimer jusqu'à un certain point, sans réagir avec violence.

34. On croit communément que *le son des cloches* peut *éloigner les orages*, mais peut-il produire *le même effet sur*

---

(1) On voit que la possibilité de la conversion de l'air en eau est ici affirmée positivement et directement. Voyez à ce sujet l'antépénultième note de l'ouvrage précédent, note commençant par ces mots: *si l'air s'assimilant continuellement.*

les vents (ou l'*effet contraire*)? C'est une question que l'observation n'a pas encore décidée.

AVERTISSEMENT.

Voyez à ce sujet l'article où nous traitons *des pronostics relatifs aux vents*, les signes des phénomènes ayant toujours quelque relation avec leurs causes (1).

35. *Pline* prétend qu'on peut *dissiper un tourbillon* (de vent), *en faisant des aspersions de vinaigre du côté d'où il vient,* et au moment où il commence à se faire sentir.

LIMITES DES VENTS.

Réponses aux questions des articles 16, 17 et 18.

1. On lit dans quelques auteurs anciens le fait suivant, qui prouve que *les limites des vents sont plus étroites qu'on ne seroit naturellement porté à le penser.*

---

(1) Nous avons fait voir dans la note répondant aux pages 171, 172 et 173 du IXe. volume, *en quoi consistent ces relations.*

Ceux d'entre les Grecs qui sacrifioient tous les ans sur les autels érigés *ad hoc au sommet du mont Athos*, traçoient des lettres avec leur doigt dans la cendre des sacrifices, et l'année d'après, ils retrouvoient ces lettres dans l'état où ils les avoient laissées; elles étoient aussi nettes et aussi distinctes qu'au moment où ils les avoient tracées, quoique ces autels ne fussent pas *dans un temple*, mais *en plein air*; fait qui prouve que *sur le sommet de cette montagne, il n'y a jamais ni vent ni pluie.*

2. Les voyageurs qui ont été jusqu'au *sommet du Pic de Ténériffe* et des *Andes* du *Pérou*, rapportent qu'on n'y voit de *neige* que sur la *partie moyenne de leur penchant*, et qu'au *sommet* on n'y trouve qu'un *air toujours calme*, mais tellement *raréfié* et *atténué*, qu'il *suffit à peine pour la respiration* (1): *air* qui

---

(1) Un physicien de Genève (je crois que c'est M. *Deluc*) a fait une observation à peu près semblable sur le *Mont-Blanc*.

a aussi une telle *acrimonie*, qu'il *excite des nausées* par l'*irritation* qu'il occasionne à *l'orifice de l'estomac*, et *pique* les *yeux* qu'il rend *humides* et *rouges*.

3. Il paroît que les *vents* provenant des *vapeurs*, ne s'élèvent pas à une très grande hauteur; cependant il est probable que quelques-uns soufflent dans une région plus élevée que celle où la plupart des *nuages* peuvent monter.

Après avoir considéré la *hauteur* à laquelle les vents peuvent s'élever, considérons les *espaces* qu'ils peuvent *occuper* (1) (et les *distances* qu'ils peuvent *franchir*).

4. Les *espaces* que les *vents* peuvent *occuper*, sont susceptibles d'une très grande variété; ces *espaces* sont tantôt *immenses*, tantôt *très courts* et *très étroits*. Tel *vent*, par exemple, qui se fait sentir actuellement dans tel lieu, souf-

---

(1) Le texte original dit *eorum latitudinem*; mais cette dénomination n'embrasse pas toutes les déterminations considérées dans cet article.

flera quelques heures après dans un lieu éloigné de plusieurs centaines de milles.

5. Les *vents qui occupent de grands espaces* (ce qu'on ne doit entendre que des *vents libres*); ces *vents*, dis-je, sont ordinairement *d'une grande force*; ils sont aussi *de longue durée*, ce qui peut aller *jusqu'à près de vingt-quatre heures*, ils sont rarement accompagnés de *pluie*; au contraire, les *vents qui occupent de petits espaces*, sont ordinairement *foibles* ou *orageux*, mais *toujours de courte durée*.

6. *Les vents réglés se portent à de grandes distances*, et *occupent* quelquefois *des espaces immenses*.

7. Les *vents orageux* et les *grains* ne s'étendent pas fort loin; cependant ils se font toujours sentir un peu au-delà du lieu où ils se sont formés.

8. Les *vents marins* peuvent *être resserrés dans des limites beaucoup plus étroites que celles de tous les vents terrestres*, et si étroites, qu'on voit quelquefois en mer un vent assez fort ré-

gner dans certaines parties (ce dont on s'apperçoit en voyant l'eau *friser* (ou se *crisper*), *et prendre une teinte plus sombre,* quoiqu'il règne par-tout ailleurs, *un calme parfait* qui rend la surface de la mer aussi unie que celle d'un miroir (1).

9. Les *petits tourbillons* qu'un cava-

---

(1) Quelquefois même trois ou quatre vents foibles et tous différens soufflent en même temps, dans l'espace qu'on peut découvrir en regardant autour d'un vaisseau, de dessus la vergue du *grand perroquet;* mais voici un fait encore plus frappant qui peut être rapporté tout à la fois à ce n°. et au suivant. Dans les mois de *février et de mars 1772,* le vaisseau le *Saint-Pierre* (de *St. Malo*) où j'étois, fut retenu dans la *méditerranée* par des vents de *ouest-nord-ouest,* qui l'empêchoient de *débouquer,* et forcé de louvoyer entre *Gibraltar et Malaga* pendant plus de *six semaines.* Un jour, dans l'après-midi, nos hommes de devant (sur-tout le *Bosseman*) nous crièrent: *amène, amène tout, voilà un dragon :* alors trente voix s'élevèrent toutes à la fois, et je n'entendis plus rien ; mais je vis, *par le bossoir de tribord,* l'eau jaillir dans un espace fort étroit, et à quelques pieds du vaisseau : dans l'instant même, ce tourbillon nous pre-

lier courant à toute bride voit quelquefois devant lui, et qui semblent *jouer avec les corps légers*, occupent un bien petit espace (comme nous l'observions dans un des articles précédens), et peuvent être comparés *au vent d'un soufflet* (1).

Reste à considérer *la durée des vents*.

10. Lorsque *les vents* qui soufflent *en mer*, ont *beaucoup de force*, ils sont aussi *de très longue durée;* parce qu'ils y trouvent *une quantité suffisante de vapeurs* pour *les nourrir*. Ceux qui souf-

---

nant pardevant, emporta *nos deux focs* (voiles triangulaires établies sur le *beaupré*), et ne laissa que les *ralingues* (les *ourlés*); cependant nos mâts ne furent point endommagés, quoique nous portassions les huniers tout haut. L'honnête homme qui s'est emparé de nos journaux, y pourra lire ce fait.

(1) Quelquefois aussi, durant l'été, et un peu avant le coucher du soleil, lorsqu'on marche un peu vite, on voit devant soi un grand nombre de *moucherons* qui, ayant tout à la fois *un mouvement progressif* et *un mouvement circulaire*, décrivent une espèce de *cycloïde,* mouvement qui

flent *sur les continens, durent rarement plus d'un jour et demi.*

11. Rarement un *vent très foible dure plus de trois jours*, soit *sur mer*, soit *sur terre*.

12. Non-seulement le *vent d'est* est ordinairement *de plus longue durée que le vent d'ouest* (comme nous l'avons observé ailleurs), mais même *un vent* quelconque, qui *s'élève le matin*, est de *plus longue durée* que celui *qui s'élève le soir.*

13. Il est hors de doute que les *vents*

---

n'est sans doute que celui même de l'air où voltigent ces insectes, et qui peut être comparé à ceux qu'on voit dans le *sillage* d'un *vaisseau*, ou d'un *bateau;* car, à mesure qu'un corps qui se meut dans un fluide, s'y ouvre un passage, les colonnes postérieures et les colonnes latérales de ce fluide se portant toutes à la fois dans le vuide que le mobile laisse derrière lui, il doit résulter de *ces deux mouvemens d'angles droits, un mouvement circulaire ou elliptique,* comme de ceux qui sont *produits par les forces centripètes et projectiles des planètes.*

s'élèvent et *se renforcent* ordinairement *par degré* (à l'exception toutefois d'un *vent d'orage* et de celui *d'un grain* ou *d'une trombe*), mais qu'ils *s'affoiblissent beaucoup plus promptement*, et quelquefois même *tombent tout à coup.*

Succession des vents envisagée, soit par rapport à d'autres vents, soit par rapport à la pluie.

Réponses aux questions 19, 20 et 21.

1. Lorsque le *vent change de direction*, s'il *suit le mouvement du soleil*, je veux dire s'il passe de *l'est* au *sud*, du *sud* à *l'ouest*, de *l'ouest* au *nord*, ou du *nord* à *l'est, il revient rarement au rhumb où il étoit d'abord*, ou *s'il y revient, il n'y reste pas long-temps*; mais si, dans ses *changemens de direction*, il *suit le tour opposé au cours du soleil ;* par exemple, s'il passe de *l'est* au *nord*, ou *du nord* à *l'ouest*, de *l'ouest* au *sud* et *du sud* à *l'est, il revient ordinairement à son premier rhumb*, du

moins *avant d'avoir fait le tour entier* (1).

2. Si la *pluie* tombant d'abord, le *vent* s'élève ensuite, lorsque cette *pluie* cessera, le *vent* continuera de souffler : si au contraire le *vent* s'étant d'abord élevé, la *pluie* tombe ensuite, elle fera tomber le *vent*, et ce vent ne soufflera pas une seconde fois, ou, s'il le fait, il pleuvra de nouveau.

3. Si le *vent*, après avoir *varié pendant quelques heures* et comme *en tâtonnant, se fixe enfin à quelque rhumb*, ce dernier vent durera plusieurs jours.

4. Lorsque le *vent* de *sud* souffle le premier et pendant deux ou trois jours, le vent de *nord* lui succède quelquefois tout à coup ; mais si c'est le *vent de nord* qui souffle le premier et pendant le même nombre de jours, on n'aura un vent de *sud* qu'après avoir eu

---

(1) C'est ce que les marins appellent le *mauvais tour*, et c'est le précédent qui est le bon, selon eux.

pendant quelque temps un vent *d'est*.

5. Si, au commencement de *l'hiver*, le *vent* de *sud* ayant régné pendant quelque temps, le vent de *nord lui succède*, on doit s'attendre *à de grandes gelées* et à un *hiver rigoureux* : si au contraire c'est le vent de *nord* qui, ayant soufflé le premier au commencement de l'hiver, est suivi du vent de sud, on peut prédire que *l'hiver* sera *fort doux* (1).

6. Suivant une observation d'*Eudoxe*, cité par *Pline*, les *mêmes vents reviennent au bout de quatre ans, et alors ils se suivent dans le même ordre;* ce qui ne nous paroît nullement probable, les *retours* de cette espèce n'étant pas à beaucoup près *si prompts*. On s'est assuré, par des observations plus multipliées et plus exactes, que *les saisons*, ou les *températures extraordinaires* et *notables*, soit par leur *durée*, soit par leurs *différences spécifiques* (et *autres phénomènes* qui

---

(1) Voyez le supplément, à la fin de la neuvième centurie de l'ouvrage précédent.

n'en sont que des *conséquences*), tels que *grandes chaleurs, grandes sécheresses, neiges abondantes, grandes gelées, hivers très doux, étés froids,* etc. reviennent ordinairement au bout de trente-cinq ans (1).

---

(1) Cette supposition ne s'éloigne pas extrêmement de l'observation; car *Toaldo* a prouvé *qu'il y a aussi dans l'ordre de succession des météores, une période d'environ huit ans et dix mois, relative à la révolution de l'apogée lunaire :* or huit ans et dix mois, multipliés par 4 = 35 ans et 4 mois, ce qui diffère très peu du nombre supposé par l'auteur. N'y auroit-il pas plutôt *une période météorique, relative au cycle lunaire, ou à la révolution des nœuds de la lune, qui est d'environ 19 ans?* Car le *soleil* et la *lune* étant probablement *les deux causes principales des vents et des grands météores*, il doit y avoir *des retours de plusieurs espèces, aux époques où le cours de la lune coïncide avec celui du soleil.* C'est ce qu'il seroit facile de vérifier, à l'aide des observations multipliées, suivies et assez exactes qui se trouvent consignées dans *le journal de Paris* et autres ouvrages *périodiques.*

MOUVEMENS DES VENTS.

Réponses aux questions des articles 22, 23, 24, 25, 26 et 27.

La plupart des hommes, si l'on doit juger de leurs pensées par leur langage, semblent regarder le *vent* comme une *espèce particulière de corps*, subsistant par lui-même, qui, donnant l'impulsion à l'air, le chasse devant lui; et lorsque le *vent change de lieu*, ils semblent croire que c'est le *même vent individuel qui se transporte dans un autre lieu :* du moins tel est le langage du vulgaire, et les philosophes, qui ne l'adoptent que trop souvent, ne font rien pour détruire de tels préjugés; ils balbutient eux-mêmes sur ce sujet, et nourrissent les illusions qu'ils devroient dissiper (1).

---

(1) Si les *philosophes critiqués balbutient* sur ce sujet, je connois un *philosophe critique* qui *radote* sur ce même sujet, et refuse aux autres l'indulgence dont il auroit grand besoin pour lui-même. Car enfin qu'est-ce que ce titre : *mouvemens des vents;* expressions d'ailleurs que je trouve à

1. Ainsi nous devons considérer, en premier lieu, les *causes* qui *excitent* dans l'air ces *mouvemens d'où résultent les vents*, et ceux qui *changent* leurs directions ; car nous avons traité de *leurs origines locales* dans un autre article. Or, dans les vents *qui ont le principe de leur mouvement* dans la première *impulsion* (où l'air conserve la première impulsion qu'il a reçue); par exemple, dans ceux qui soufflent *de la région supérieure*, ou *de l'intérieur de la terre*, la *cause* qui *excite le vent* (*productive du vent*), est *manifeste* ; les uns, lorsqu'ils commencent à souffler, se portent

---

chaque ligne dans cet article? Le *vent*, d'après la définition de l'auteur même, n'est autre chose *que de l'air en mouvement, ou de l'air mu* : actuellement substituez *dans le titre la définition au défini*, et vous aurez cet autre titre : *mouvement des airs en mouvement*. Si le lecteur trouve notre observation juste, il peut substituer mentalement à ce titre le suivant : *mouvemens de l'air qui constituent les vents, ou qui changent leurs directions*.

de haut en bas, et les autres de bas en haut : puis, forcés par la résistance de l'air à changer fréquemment de direction, ils serpentent, pour ainsi dire, dans l'atmosphère (*sur-tout selon les angles de leur violence* (1)), en se portant davantage dans la direction déterminée par la plus forte impulsion donnée à l'air. Quant à ceux qui se forment *dans la région inférieure de l'atmosphère,* et dans tous les points indifféremment, leurs causes sont plus difficiles à découvrir, quoique les observations de ce genre n'aient rien que de très commun, comme nous le disions dans cette explication qui faisoit partie du huitième article.

2. Nous sommes parvenus à *imiter en petit les vents* de *cette espèce,* à l'aide de cette *tourelle* que nous avons décrite

---

(1) *Maximé secundùm angulos violentiae suae,* quelle physique ! Je traduis mot à mot ces deux passages, afin de justifier la liberté que je prends de changer assez souvent ses expressions.

dans un des articles précédens ; car cette expérience que nous y avons rapportée, nous l'avions faite de *trois manières différentes*.

1°. En employant *ce petit réchaud rempli de charbons allumés*, dont il a été question dans ce même article.

2°. Ayant *ôté ce réchaud, nous y substituâmes une chaudière remplie d'eau très chaude;* mais alors *les mouvemens de la petite croix de plumes étoient beaucoup plus rares et plus foibles; les vapeurs aqueuses flottant alors dans l'air,* parce que la *chaleur* n'avoit plus *assez d'intensité* pour les *atténuer,* au point de *les convertir en air,* et pour produire ainsi un *vent plus sensible*.

Pour faire la troisième expérience, nous mîmes tout à la fois dans la *tourelle* le *réchaud* et le *chaudron;* alors la *petite croix* étoit beaucoup plus agitée, et l'étoit même tellement, que le vent qui la *prenoit en dessous,* l'élevoit dans l'air, comme auroit pu faire un *petit tourbillon,* et la faisoit tourner autour du point fixe où étoit attaché le fil auquel elle étoit suspendue; l'*eau* fournissant alors *une grande quantité de vapeurs aqueuses,* et la *chaleur,* excitée par les *charbons,* ayant assez d'*intensité* pour raréfier les *vapeurs au degré convenable.*

3. Ainsi la vraie *cause* qui *excite* dans l'*air* ce *mouvement,* d'où résultent les *vents,* est sensible ; ce mouvement vient de ce que l'*atmosphère* étant *surchargée* par l'*addition* du *nouvel air* (provenant des *vapeurs raréfiées* et *converties en ce fluide*) à l'*air préexistant,* le tout qui ne peut plus être contenu dans l'espace qu'occupoit ce dernier, avant cette addition, tend à en occuper un plus grand; ce qu'il ne peut faire, sans pousser l'air contigu et le mettre en mouvement. Actuellement considérons la *direction* de ce *mouvement* et les *changemens* de cette *direction.*

4. La *direction* du *mouvement progressif* des *vents* dépend de la *direction de leurs foyers* (du lieu où se trouve

leur aliment), qui peuvent être comparés aux *sources de rivières.* Ainsi *les lieux* où se trouve *rassemblée une grande quantité de vapeurs,* peuvent être regardés comme la *patrie,* la *matrice* ou le *berceau* des *vents.* Puis, lorsqu'un vent déja formé rencontre dans sa route un autre courant d'air qui lui oppose peu de résistance (cas semblable à celui de l'*eau* qui trouve *une surface en pente*), alors il s'approprie tout cet air, et s'enfle par degrés, à mesure qu'il avance, à peu près comme les *fleuves,* dans leur course, *s'enflent de toutes les petites rivières et de tous les ruisseaux qui s'y jettent.* Ainsi nous pouvons regarder comme un *principe fixe* cette proposition : *que les vents soufflent de la partie où se trouve leur aliment.*

5. Dans les *régions où ne se trouve pas une quantité notable de vapeurs fixées dans tel lieu déterminé,* les *vents* sont *plus variables,* et *changent* plus *fréquemment de direction :* c'est ce qu'on

observe, soit en *mer*, soit dans un *pays plat* et *d'une grande étendue*.

6. Lorsque ces *vapeurs* ou ces *exhalaisons*, qui sont la *matière* et la *source des vents*, étant rassemblées en grande quantité dans un même lieu, ces vents, dans leur progrès, ne *rencontrent point de telles matières* qui puissent les *nourrir*, ils ont *d'abord beaucoup de force*, mais ensuite *ils s'affoiblissent peu à peu*. Si, au contraire, ils *rencontrent continuellement dans leur route un nouvel aliment*, ils sont d'abord *assez foibles*, et vont ensuite en *augmentant de plus en plus*.

7. Les vents ont aussi des alimens et des sources mobiles; savoir: les nuages qui sont quelquefois transportés par les vents de la région supérieure dans des lieux fort éloignés de ceux où se trouve l'amas des vapeurs dont ils se sont formés; mais, dans ce cas, la source, ou l'origine des vents, est au point où ces nuages commencent à se dissoudre et à se convertir en air; et alors c'est de ce point même qu'ils soufflent.

8. Cependant le changement de direction des vents ne vient pas de ce que le vent qui souffle d'abord, se transporte dans un autre lieu; mais alors ou le premier vent tombe tout-à-fait, ou un autre vent plus fort le maîtrise et règne seul. Au reste, toutes ces variations dépendent des différentes situations des amas de vapeurs qui sont la source des vents, ou des différens temps où les vapeurs venant des régions où se trouvent ces amas, commencent à se dissoudre, à surcharger l'atmosphère, et à mettre l'air en mouvement.

9. Si ces vapeurs rassemblées, ou ces sources de vents, se trouvent de deux côtés opposés; par exemple, l'une au *nord*, et l'autre au *midi*, il n'en résultera pas deux vents contraires et soufflant en même temps; mais le plus fort prévaudra sur le plus foible, et soufflera seul pendant quelque temps, de manière cependant que le vent le plus foible diminuera quelque peu la force du vent prédominant; phénomène comparable à

celui que présente un fleuve, lorsque la mer y remonte durant le flot ; car alors le mouvement de ces dernières eaux prévaut sur celui des eaux du fleuve, mais celui-ci le ralentit et l'affoiblit toujours quelque peu. Si celui des deux vents qui prévaloit d'abord, devient ensuite le plus foible, aussi-tôt le vent soufflera sensiblement de la partie opposée, région d'où il souffloit déja réellement, mais sans se faire sentir, parce qu'il étoit, pour ainsi dire, masqué par le vent prédominant.

10. Si la *source* du *vent* est, par exemple, au *nord-est*, le vent soufflera aussi du *nord-est*; mais s'il y a deux sources semblables de vent, l'une au *nord*, et l'autre à l'*est*, le vent soufflera d'abord de ces deux parties en même temps, dans un certain espace ; mais au-delà du concours des deux directions et des deux vents, il n'y aura plus qu'un seul vent; savoir : un vent de *nord-est*, si les deux vents originels sont égaux ; direction qui s'approchera plus ou moins du

nord ou de l'*est*, selon que l'un ou l'autre de ces deux vents l'emportera sur l'autre.

11. Si la source d'un vent d'une certaine force étant au *nord*, à la distance de vingt milles, la source d'un autre vent plus foible se trouve à l'*est*, à la distance de dix milles, le vent d'*est* ne laissera pas de souffler pendant quelques heures (1), mais peu de temps après ; savoir, quand le vent de *nord* aura parcouru tout son espace respectif, ce dernier règnera seul.

12. Si un vent venant du *nord* rencontre quelque montagne tournée vers l'*occident*, peu de temps après on aura un vent de *nord-est* (2), c'es-à-dire un

---

(1) Il veut dire, *pendant quelques minutes*.

(2) Si la montagne étoit tournée précisément vers l'*ouest*, le vent de *nord glisseroit* seulement le long de sa surface, et ne seroit pas *réfléchi*. Pour que le vent de *nord*, en se combinant avec le vent réfléchi (ces deux vents étant supposés égaux), produisît un vent de *nord-est*, il faudroit que le vent *réfléchi* soufflât *de l'est vers l'ouest*; et pour que ce vent réfléchi soufflât de l'*est* vers l'*ouest*,

vent *composé du vent direct et du vent réfléchi.*

13. Si cette source de vent étant dans l'intérieur de la terre, du côté du *nord*, le vent qui vient de cette source, suivant une ligne droite et verticale, rencontre la partie *occidentale* d'un nuage *glacial* qui le réfléchisse vers l'*ouest*, alors on aura encore un vent du *nord-est* (1).

---

il faudroit que cette montagne se trouvant à l'*est* de l'observateur, fût située *nord-est* et *sud-ouest*, et par conséquent tournée vers le *nord-ouest*; alors le vent de *nord*, en tombant sur cette surface, feroit avec elle un angle de *45 degrés*; et en supposant que *l'angle de réflexion fût égal à l'angle d'incidence*, le vent réfléchi faisant aussi un angle de *45 degrés* avec la surface qui s'étendroit du *nord-est* au *sud-ouest*, se porteroit directement vers l'ouest, comme il le faudroit.

(1) Il faut appliquer, du moins en partie, à ce second cas, l'observation que nous avons faite dans la note précédente; mais alors la direction du vent composé ne pourra être horizontale; elle sera nécessairement inclinée à l'horizon. Notre auteur a une infinité de vues, grandes et utiles; mais plus

AVERTISSEMENT.

Lorsque les sources des vents se trouvent dans telle partie de la mer ou de la terre, comme alors elles sont stables et fixes, il est plus facile de déterminer les lieux de ces sources et de ces origines; mais, si elles sont dans les nuages, alors ces sources étant mobiles, les vents se forment dans un lieu différent de celui où se trouve leur matière première, ce qui rend la direction de ces vents plus variable, plus incertaine et plus difficile à déterminer.

1. Ces *observations* sur les vents ne sont que de simples *exemples*, mais étendues par l'analogie, elles conduisent à beaucoup d'autres.

Actuellement de cette considération de la *direction des vents*, passons à celle de la *longueur de l'espace* qu'ils par-

---

je le traduis, plus je m'apperçois qu'il lui manque ce que j'appelle *la faculté méchanique*, c'est-à-dire, celle *d'imaginer nettement les formes, les situations et les mouvemens.*

courent, et, s'il est permis de s'exprimer ainsi, de leur *itinéraire* : quoique nous ayons déja en partie traité ce sujet dans un des articles précédens, sous le nom de *latitude* ou de *largeur* (1) de ces vents; cependant il nous paroît d'autant plus nécessaire de le remanier ici, que des lecteurs peu attentifs pourroient prendre la *largeur* pour la *longueur*, dans le cas où la *largeur* de l'espace occupé par les vents seroit plus grande que la *longueur* de la route qu'ils parcourroient.

14. S'il est vrai que *Colomb* étant sur les côtes de *Portugal*, jugea par les vents qui souffloient de l'*ouest*, qu'il devoit y avoir un continent dans cette direction; pour peu, dis-je, que ce fait soit vrai, et que le principe sur lequel il fondoit cette conjecture, le soit également, on en doit

---

(1) Dénomination qui paroît désigner cette dimension de l'espace occupé par les vents, qui peut être représentée par une ligne faisant un angle droit avec celle de leur direction.

conclure que les vents peuvent parcourir des espaces immenses.

15. Si le vent de *nord* qui se fait sentir en *Grèce* et en *Italie*, durant la *canicule*, a réellement pour cause la *fonte des neiges* ou des *glaces*, dans les régions qui bordent la *mer glaciale*, et dans la *Scandinavie*, comme on le croit communément; ce fait prouveroit aussi que les vents peuvent franchir de grandes distances.

16. Actuellement on pourroit demander de combien la vîtesse des nuages, poussés par un vent qui souffle d'*orient en occident* (c'est-à-dire dans le sens du mouvement naturel et général de l'atmosphère), l'emporte sur celle des nuages poussés par le vent d'occident; mais c'est ce qu'on n'a pas encore déterminé par l'observation. A ces considérations sur le *mouvement progressif des vents*, doivent succéder celles qui ont pour objet leurs *ondulations*.

17. Les *ondulations des vents*, prises une à une, sont de très courte durée,

ensorte qu'un vent assez fort peut se renforcer et s'affoiblir alternativement, cent fois au moins dans l'espace d'une heure; fait qui montre assez combien ces mouvemens de l'air, d'où résultent les vents, et qui les constituent, sont *inégaux* et *variables;* car ni les *fleuves* les plus rapides, ni les *courans* les plus forts qu'on puisse trouver en mer, n'ont de telles *ondulations*, et celles des *vents* ne sont rien moins que *constantes* et *uniformes;* semblables au *pouls* d'un *animal*, elles sont tantôt plus lentes, tantôt plus promptes; quelquefois elles cessent tout à coup, d'autrefois elles se raniment subitement.

18. Il est une *différence* très sensible entre les *ondulations de l'air* et celles des *eaux;* cette différence est que les *eaux* de la *mer*, par exemple, après que la vague s'est élevée à sa plus grande hauteur, retombent d'elles-mêmes, en vertu de leur poids, à leur niveau ordinaire; car, quoi que puissent dire les *poëtes* qui, en parlant des tempêtes avec leur exagération ordinaire, prétendent

que les ondes s'élèvent jusqu'aux *cieux*, puis s'abaissent jusqu'aux *enfers*; cependant le fait est que ces eaux, en retombant, ne s'abaissent pas fort au dessous de la surface, ou du niveau ordinaire de la mer, au lieu que, dans les *ondulations de l'air,* où ce mouvement, qui a pour cause la *pesanteur,* n'a pas lieu, ce fluide s'abaisse à peu près autant qu'il s'est élevé.

Nous terminerons cet article par quelques observations sur le *concours des vents différens* et le *combat des vents contraires.*

19. Nous avons déja, en partie, traité de ces *vents* qui *se combattent,* et de ces *courans d'air* qui se *combinent.*

Les vents, sur-tout les plus foibles, peuvent souffler dans toute espèce de temps et de lieux sans exception ; c'est un fait constaté par de continuelles observations ; il n'est point de jour, ni même d'heure, où l'on ne sente du moins quelque léger souffle, dans les lieux bien découverts, et où l'air a un libre cours, vents extrêmement variables, soit pour la force, soit pour la durée; car les vents qui ne proviennent point de quelque grande source, c'est-à-dire de quelque lieu où les vapeurs, qui sont leur aliment, soient rassemblées, en certaine quantité; ces vents, dis-je, n'ont rien de *fixe,* et semblent jouer les uns avec les autres, quelquefois donnant l'impulsion, quelquefois la recevant, et tantôt poursuivant, tantôt poursuivis.

20. On voit quelquefois *en mer deux vents soufflant en même temps de deux parties opposées,* comme le prouve suffisamment l'agitation de la mer dans ces deux parties, et sa surface unie dans l'intervalle: puis, lorsque ces deux vents opposés viennent à se rencontrer, il en résulte tantôt un calme parfait et général, ayant pour cause les forces égales de ces deux vents, qui alors se détruisent réciproquement, tantôt une agitation continue et universelle dans toutes les parties de ce parage; le plus fort des deux vents prenant tout-à-fait le dessus.

21. Des relations dignes de foi nous apprennent que, dans la partie la plus montueuse du *Pérou*, on voit fréquemment deux vents contraires soufflant en même temps, l'un sur les montagnes, l'autre dans les vallées.

22. On voit assez fréquemment dans nos contrées les nuages se porter dans une direction, tandis qu'un vent, dont la direction est toute opposée, souffle près de la surface de la terre.

23. Souvent aussi on voit plusieurs rangées de nuages, les unes au dessus des autres, et ayant des mouvemens différens, quelquefois même tout-à-fait contraires; à peu près comme on voit certains courans d'eau se porter dans des directions opposées.

24. Quelquefois enfin les nuages flottant dans la partie supérieure de l'atmosphère, paroissent immobiles, et conservent long-temps la même figure et les mêmes dimensions, tandis que ceux de la région voisine de la surface du globe sont emportés avec une vîtesse qui semble tenir de la *fureur*.

25. Au contraire, on voit quelquefois, mais plus rarement, régner un calme parfait dans la région inférieure, et les nuages de la région la plus élevée marcher avec une extrême rapidité.

OBSERVATION INDIRECTE.

On voit aussi, soit en mer, soit dans les fleuves, la partie supérieure de l'eau et la partie inférieure se mouvoir avec des vîtesses très inégales, et c'est tantôt la première qui a le plus de vîtesse, et tantôt l'autre. Enfin, l'on observe encore, mais plus rarement, des courans d'eaux assez voisins, et presque contigus, qui ont chacun un mouvement particulier, l'eau dans l'un se portant de bas en haut, et dans l'autre de haut en bas.

26. Il ne faut pas non plus trop dédaigner, relativement aux faits de ce genre, le témoignage du *poëte Virgile*, observateur assez attentif, et qui n'étoit rien moins qu'ignorant en physique.

Le vent d'orient et le vent de midi se déchaînant en même temps, ils accou-

rent, et le vent d'Afrique se joint à eux.

Et dans un autre passage,

J'ai vu tous les vents se choquant dans un même lieu, et s'y livrant des combats terribles.

Nous terminerons ici cette recherche sur les *mouvemens des vents* considérés dans la *nature*, et nous allons traiter de leurs *effets sur certaines parties des machines* construites par la *main humaine*, et sur les *voiles des vaisseaux*.

Mouvemens des vents dans les voiles des vaisseaux (des vents envisagés par rapport à leur action sur les voiles des vaisseaux).

1. Les grands vaisseaux (dans notre marine, que nous croyons devoir prendre pour exemple) ont ordinairement *quatre mâts* et quelquefois *cinq*; ces mâts sont tous sur une même ligne droite (tirée mentalement par le milieu du vaisseau).

2. Ces mâts sont, 1°. le *grand mât*, qui occupe le *milieu* de cette ligne; 2°.

le *mât de misaine,* qui est à l'*avant*; 3°. le *mât d'artimon,* qui est à l'*arrière,* et qui est quelquefois *double*; 4°. enfin, le *mât de beaupré,* qui est encore plus en avant que le *mât de misaine,* et *incliné à l'horizon.*

3. Chacun de ces mâts est composé de plusieurs piéces, dont quelques-unes ; savoir, les plus hautes, peuvent être élevées, abaissées, ôtées, remises (elles sont assemblées et fixées l'une au bout de l'autre, à l'aide de *tenons quarrés* et de *chouquets*) ; les uns sont composés de trois parties, les autres de deux seulement.

4. La partie inférieure du *mât de beaupré* est inclinée vers la mer, mais sa partie supérieure est verticale (1), tous les autres mâts sont dans une situation verticale, selon toute leur longueur.

---

(1) J'ai ouï dire que certains vaisseaux avoient sur le *mât de beaupré*, un petit mât parallèle aux trois autres ; mais je n'ai jamais vu cette construction, quoique j'aie vu plus de dix mille vaisseaux, soit en pleine mer, soit dans une centaine de ports, de rades, et en général de mouillages.

5. A ces mâts s'ajustent dix voiles ; et quand le mât d'artimon est double, douze (1).

---

(1) On en peut placer et l'on en place réellement 25 à 30, lorsque le vent est *grand largue*, c'est-à-dire, a une direction qui fait, avec celle de la route, un angle de 120, 130 ou 140 degrés. Ces voiles sont : sur le beaupré, la *civadière*, la *fausse civadière* (deux voiles *quarrées*); le *grand foc*, le *petit foc* (deux voiles *triangulaires*); au *mât de misaine*, la *misaine*, le *petit hunier*, le *petit perroquet*, un perroquet volant ou cacatois, et deux bonnettes; entre le mât de misaine et le grand mât, la *grande voile d'étai*, la *voile d'étai de hune* (ou *fausse voile d'étai*), et la *voile d'étai de perroquet*; au *grand mât*, la *grande voile*, le *grand hunier*, le *grand perroquet*, un *perroquet volant* et *deux bonnettes*; entre le grand mât et le mât d'artimon, *deux focs* (voiles triangulaires, et même trois); au *mât d'artimon*, l'*artimon* (voile de figure *trapézoïdale*), le *perroquet de fougue*, la *perruche*, un *perroquet volant*; enfin, tout-à-fait à l'arrière, un *tapecu* (voile triangulaire); ce qui fait en tout 26. Je n'ai mis des *bonnettes* que d'un côté, parce que j'ai supposé un vaisseau ayant *vent largue*: s'il avoit *vent arrière*, on pourroit mettre des *bonnettes* des deux côtés;

Le grand mât et le mât de misaine portent chacun trois voiles, les unes au dessus des autres; nous les distinguerons par les noms suivans : *voile inférieure, voile du milieu, voile supérieure* (au *grand mât* sont la *grande voile,* le *grand hunier* et le *grand perroquet ;* au *mât de misaine,* la *misaine,* le *petit hunier* et le *petit perroquet*) ; les autres mâts n'ont que deux voiles chacun, ayant de moins la voile supérieure (1).

6. Ces voiles sont *étendues transversalement* sur leurs mâts respectifs, et s'élèvent presque jusqu'à la partie supérieure de ces mâts. Elles sont fixées, par

---

mais alors on seroit obligé de *serrer*, ou du moins de *carguer* plusieurs voiles de derrière.

(1) Les plus petits vaisseaux français, même les vaisseaux marchands, du port de 300 tonneaux, ont au mât d'*artimon* une troisième voile appellée *la perruche;* et les vaisseaux de moyenne grandeur, sur-tout ceux de la marine angloise, ont, au dessus des perroquets, de petites voiles quarrées, appellées *perroquets volans,* ou *cacatois,* comme nous le disions dans la note précédente.

leur partie supérieure (appellée le *faix*), à des piéces de bois *transversales*, appellées *vergues* (et auxquelles elles sont attachées par le moyen de petites cordes (appellées *rabans de faix*), qui passent dans un *œil* pratiqué au *faix*, et font deux ou trois tours sur la vergue); mais leur partie inférieure n'est fixée que par les *deux angles* (les *deux points*), à l'aide de deux cordes (les *amures* et les *écoutes*); savoir: les *voiles basses*, au bord même du vaisseau, et les *huniers*, ainsi que *les perroquets*, aux vergues des mâts de dessous). On peut aussi les tourner à volonté vers un bord ou vers l'autre, à l'aide des mêmes cordes (1).

---

(1) Ce n'est pas à l'aide des mêmes cordes, mais à l'aide de deux autres cordes (pour chacune) fixées aux deux extrémités de la vergue respective, et qu'on appelle *les bras*; opération qu'on appelle *brasseyer*. Il y a aussi sur chaque vergue deux cordes fixées à la partie supérieure de chaque extrémité, et appellées *balancines*, qui servent à les rendre à volonté *horizontales*, ou un *peu inclinées*, lorsqu'il est nécessaire. C'est sur-tout des

7. La *vergue* de chaque mât est placée *transversalement* par rapport à ce mât et au vaisseau ; mais celle du mât d'*artimon* est *oblique* (et s'étend dans un plan *longitudinal*), et une de ses extrémités est plus élevée que l'autre (on l'appelle la *corne d'artimon*) ; celles des autres sont *horizontales,* et forment, avec leurs mâts respectifs, une figure semblable à un *tau* (T grec).

---

cordes de cette dernière espèce que dépend la vie des matelots : si au moment où vingt hommes sont sur une vergue occupés à prendre un ris, et où l'opération est presque achevée, un officier ou le maître d'équipage criant à un matelot novice, *largue* (lâche) le *palanquin,* qui ordinairement est fixé vers le milieu du vaisseau, le jeune homme *largue la balancine* de dessous le vent, laquelle est fixée sur le vibord, à l'instant la vergue *s'appique,* et elle verse les vingt hommes dans la mer : j'ai moi-même une fois, en partie, commis cette faute ; heureusement une voix terrible m'arrêta : je jurai alors de ne plus toucher à aucune corde, avant d'avoir appris leurs *destinations,* leurs *positions,* leurs *passes,* etc. ce qui fut l'affaire d'une huitaine de jours.

8. Les voiles inférieures du grand mât, du mât de *misaine* et du *beaupré*, sont *quarrées*, et forment des espèces de *parallélogrammes;* les *voiles du milieu* et les *voiles supérieures* (les *huniers*, les *perroquets*, le *perroquet de fougue et la perruche*) vont en *se rétrécissant un peu par le haut;* mais la voile d'*artimon* est d'une forme aiguë à sa partie supérieure, et de forme triangulaire par le bas (sa forme totale est une espèce de *trapézoïde*).

9. Dans un vaisseau de douze cents tonneaux, ayant cent douze pieds de quille et quarante pieds de large, à l'endroit du plus grand renflement, telles étoient les proportions des différentes voiles. La *grande voile* avoit quarante-deux pieds de haut et quatre-vingt-sept pieds de large.

10. La hauteur du *grand hunier* étoit de cinquante pieds, sa largeur à sa base étoit de quatre-vingt-quatre pieds, et par le haut de quarante-deux pieds.

11. *Grand perroquet*, hauteur vingt-

sept pieds; largeur à sa base, quarante-deux pieds : au sommet, vingt-un pieds.

12. *Misaine*, hauteur, quarante pieds; largeur, soixante-douze pieds.

13. *Petit hunier*, hauteur, quarante-six pieds; base, soixante-neuf pieds; sommet, trente-six pieds.

14. *Petit perroquet*, hauteur, vingt-quatre pieds; largeur à sa base, trente-six pieds; au sommet, dix-huit pieds.

15. *L'artimon*, cinquante-un pieds de haut, depuis la base jusqu'à l'extrémité de la corne; largeur, soixante-douze pieds.

16. *Perroquet de fougue*, hauteur, trente pieds; largeur à sa base, cinquante-sept pieds; au sommet, trente pieds.

17. Lorsque le *mât d'artimon* est double, les voiles du mât postérieur doivent être d'un cinquième plus petites que celles du mât antérieur.

18. *Mât de beaupré*; la *civadière*, hauteur, vingt-huit pieds et demi; largeur, soixante pieds.

19. *Fausse civadière*, hauteur, vingt-

cinq pieds et demi ; largeur à la base, soixante pieds ; au sommet, trente pieds.

20. Les proportions des mâts et des voiles varient, non-seulement à raison de la *grandeur des vaisseaux*, mais même à raison de leur *destination*; car, autres sont ces proportions, dans un *vaisseau de guerre*, autres dans un *vaisseau marchand*, autres encore dans une *corvette*, un *courier*, un *yacht*, une *flûte*, etc. mais les dimensions des voiles ne sont nullement proportionnées au *port* des vaisseaux (au *nombre des tonneaux* (de deux milliers pesans, dont chacun est supposé répondre à un cube de quarante-deux pouces de côté) qu'il peut porter dans sa calle); par exemple : la grande voile d'un vaisseau de cinq cents tonneaux, n'est que de quelques pieds plus petite (selon ses deux dimensions) que celle du vaisseau de douze cents tonneaux que nous avons pris pour exemple. Aussi les petits vaisseaux marchent-ils beaucoup mieux que les grands, non-seulement parce qu'ils sont plus légers, mais

sur-tout parce que leurs voiles sont proportionnellement plus grandes ; car, si l'on donnoit aux grands vaisseaux des voiles proportionnées à leur masse et à leur capacité, elles seroient alors si grandes, qu'elles deviendroient trop difficiles à manœuvrer.

21. Comme la partie supérieure de chaque voile (ou le *faix*), laquelle est fixée dans toute sa longueur, à sa vergue respective, est beaucoup *plus tendue* que sa partie inférieure, qui n'est attachée que par *ses angles* (*ses points*), le vent doit nécessairement *enfler* les voiles, et leur faire prendre une *forme arrondie*, sur-tout vers le bas, où elles sont *plus lâches*.

22. Or, les basses voiles s'enflent beaucoup plus que les voiles du milieu et les voiles hautes, non-seulement parce que les premières sont à peu près *quarrées*, tandis que les dernières vont en s'*étrécissant* très sensiblement par le haut, mais aussi parce que les *basses vergues* débordent beaucoup plus le *vibord* du vais-

seau que ne le font les vergues moyennes et les vergues hautes. Ainsi, les *basses voiles* étant nécessairement *plus lâches,* elles doivent faire une espèce de *poche,* et retenir mieux le vent : dans un vaisseau un peu grand, et tel que celui que nous avons pris pour exemple, le milieu de la grande voile ainsi enflée, lorsque le vent est un peu fort, et vient de l'arrière, peut se porter en avant de neuf à dix pieds.

23. Par la même raison, le *bas* de chaque *voile* enflée par le vent forme une espèce d'*arc*, dont le milieu est plus haut que les côtés, et qui, dans le vaisseau dont nous venons de parler, peut excéder la hauteur d'un homme, d'où il suit qu'il doit passer beaucoup de vent par-dessous.

24. Mais l'*artimon* doit s'enfler beaucoup moins que les voiles *quarrées,* soit parce qu'une *surface*, dont un côté est ainsi *aiguisée*, est nécessairement *moins grande* qu'une *surface quadrangulaire,* soit parce que dans la *voile quadrangu-*

laire il y a *trois côtés fort lâches*, au lieu que dans la *voile triangulaire* il n'y en a que *deux*. Ainsi, cette dernière présentant au *vent une surface plus roide*, doit *céder moins* à son *action*, et par conséquent *s'enfler moins*.

25. *Plus les voiles sont en avant* (leurs *surfaces* étant *supposées égales*), *plus l'impulsion* que leur donne le *vent*, tend à faire *avancer le vaisseau*.

Car en agissant sur les voiles de devant, il agit plus près de cette partie du vaisseau (la *guibre* et le *taille-mer*), que sa *forme tranchante* met en état de fendre plus aisément *les ondes*, mais surtout parce que le *mouvement* imprimé aux *parties antérieures*, tend à *tirer le vaisseau*, au lieu que le *mouvement* imprimé à ses *parties postérieures* ne tend qu'à le *pousser*.

26. De même, plus une *voile* est *élevée*, sa *surface* restant *la même*, plus l'*impulsion* que le *vent* lui donne, tend à *porter le vaisseau en avant*; car plus une *puissance* est *éloignée du point*

d'appui, plus elle a d'*avantage* sur *la résistance*, comme on en voit des *exemples* et des *preuves* dans les *leviers* et dans les *ailes* des *moulins*; mais, en vertu de la même cause, ces *voiles hautes* agissant par un *levier plus long*, tendent davantage à *renverser le vaisseau*. Aussi a-t-on soin de les *tailler* de manière qu'elles aillent en *s'étrécissant par le haut*, et de les *serrer* lorsque le *vent* est un peu *fort*, sur-tout les *perroquets*, qu'on ne *met dehors* que par un *beau temps*, et lorsque le *vent* est un peu *foible*.

27. Comme les *voiles* sont placées en *ligne droite* et *les unes derrière les autres*, les *voiles postérieures* doivent *dérober le vent* aux *voiles antérieures*, sur-tout lorsqu'*il est droit en pouppe* : d'où il suit que, si alors on les tenoit *toutes déployées*, le *vent n'agiroit* que sur *celles du grand mât*, et quelque peu aussi sur *celles du beaupré*.

28. Ainsi, la meilleure manœuvre que l'on puisse faire, lorsqu'on a le vent droit

en poupe, c'est de ne déployer et de ne tenir hautes que la *misaine* et le *petit hunier*, ces *voiles antérieures* (comme nous le disions ci-dessus) tendant plus que les *voiles postérieures* à *faire avancer* le vaisseau. On peut aussi, en tenant la *grande voile carguée*, ou même *ferlée*, mettre dehors le *grand hunier*; parce qu'alors le *vent passant pardessous* cette dernière voile, et *parvenant à celles* de *devant*, celles-ci n'en perdent qu'*une partie*.

29. Par la même raison, je veux dire parce que les *voiles postérieures dérobent le vent* aux *voiles antérieures*, lorsqu'il est *droit en pouppe*, un *vaisseau marche* beaucoup *mieux*, lorsqu'il a *vent largue*, que lorsqu'il a *vent arrière*; car, dans le premier cas, *toutes les voiles* étant *obliques*, par rapport au *vaisseau*, et par rapport à la *direction du vent*, *aucune ne fait obstacle à l'autre*, et le vent peut agir sur toutes.

30. De plus, lorsque le *vent souffle latéralement*, les voiles présentent à son

action *une surface plus tendue* et *plus roide;* ce qui, en le comprimant quelque peu, détermine cette action vers la partie de cette voile sur laquelle il doit le plus agir, et par conséquent en augmente l'effet. Les vents les plus favorables sont ceux qui soufflent suivant les directions du quart de cercle compris entre une ligne perpendiculaire au flanc du vaisseau, et une ligne tirée par la poupe perpendiculairement à la première.

31. La *voile inférieure* du *beaupré* (la *civadière*) n'est presque jamais entièrement inutile; comme elle profite et du vent qui passe pardessous les autres voiles, et de celui qui glisse le long des flancs du vaisseau, elle n'est jamais entièrement abritée.

32. Dans l'action que le vent exerce sur un vaisseau, il est deux choses à considérer; savoir: son *impulsion* et sa *direction :* ce genre de *direction*, qui est l'effet de l'action du gouvernail, n'a qu'un rapport assez indirect avec l'objet de la recherche actuelle, et seulement en

tant qu'elle a nécessairement quelque *relation* avec *l'impulsion* que le *vent* donne aux voiles.

REMARQUE.

Comme l'action tendant à *faire avancer* le vaisseau, est *plus sensible à la proue*, l'action tendant à le *diriger* est *plus sensible à la pouppe*. Aussi l'*artimon* est-il d'une grande nécessité pour cette direction, et l'on peut, en quelque manière, le regarder *comme un second gouvernail* (1).

33. Le cercle entier de la *boussole* étant divisé en trente-deux parties égales, et par conséquent le demi-cercle en seize; dans le cas même, où sur les seize

---

(1) Il n'est pas plus nécessaire à un vaisseau pour cette direction, que les *deux focs* (deux voiles triangulaires qui sont sur le *beaupré*), l'artimon tendant à *le faire venir au vent*, et les deux *focs* à le faire *arriver*. Encore dans beaucoup de vaisseaux qui sont *trop ardens* (qui viennent trop au vent), est-on obligé de tenir *l'artimon* presque toujours *serré*.

vents qui peuvent souffler suivant ces seize directions, il y en auroit dix de contraires, et six seulement de favorables, on pourroit faire route (en ligne droite, veux-je dire, et non en louvoyant et courant des bordées, comme on le fait ordinairement, lorsque le vent est tout-à-fait contraire (1)); car lorsque le vent

---

(1) Un vaisseau de moyenne grandeur, dont la vraie route est droit *au sud*, peut tenir constamment le *cap* à cette route, quoique le vent soit à *l'ouest-sud-ouest, ou à l'est-sud-est*. Ainsi sur 32 *rhumbs*, il n'en a que 12 contre lui, et 20 pour lui. Mais, quand il cingle ainsi *au plus près du vent*, il *dérive* : or, cette *dérive*, pour un voilier passable et par un vent de force moyenne, est d'environ *un quart* ou *un rhumb* (11 degrés 15 min.) ainsi c'est encore un *rhumb* à ôter dans chacun des deux demi-cercles; reste donc à 18. De plus, supposons que la direction du vent fasse un plus petit angle avec celle de la route ; par exemple, que le vent étant au *sud-ouest*, le vaisseau (la *dérive* comprise) ne puisse cingler qu'au *sud-est ¼ sud*, il parcourra alors une ligne oblique par rapport à celle de sa vraie route, et la quantité dont il s'éloignera de cette route sera *égale* seulement *au si-*

étant tout-à-fait (ou un peu) contraire, on est obligé de *cingler au plus près,* le plan des voiles est alors très oblique, par rapport à la direction du vent, à la lou-

---

nus de l'angle compris entre la direction de la route qu'il devroit suivre, et la direction de celle qu'il suit réellement : sinus pris dans un cercle dont la ligne exprimant le chemin même qu'il fera suivant la fausse route qu'il suivra, seroit *le rayon.* Ainsi, après lui avoir ôté deux rhumbs (pour la *dérive*), il faut lui en rendre au moins quatre, savoir deux de chaque côté : il y a donc, lorsque le vent n'est pas très fort, ni la *dérive* trop grande, 22 espèces de vents, ou plus exactement un secteur de 247 degrés et demi, comprenant les directions de tous les vents à l'aide desquels un vaisseau peut s'approcher du terme de son voyage ; savoir, un secteur de 202 *degrés et demi,* pour suivre la route directe, et un secteur de *135 degrés* pour suivre une ligne oblique par rapport à cette route. Ces détails peuvent être utiles, non-seulement à cette jeunesse déjà éclairée pour laquelle nous travaillons, mais même aux marins de profession ; notre propre expérience nous ayant appris que leur expérience est fort peu de chose, parce qu'ils ne savent pas joindre à ce *bâton d'aveugle, le micromètre géométrique.*

gueur du vaisseau, et à la route même qu'il suit. Ainsi, alors l'action du vent tendant à faire tourner le vaisseau du côté opposé à celui d'où vient ce vent, l'action du gouvernail, si elle étoit seule, ne seroit plus suffisante pour prévenir cet inconvénient; mais, à l'aide de l'*artimon*, fortement tendu, qui aide cette action du gouvernail (en chassant la pouppe du côté opposé à celui d'où vient le vent, et en faisant venir la proue du côté du vent), l'on tient ainsi le cap du vaisseau tourné vers sa vraie route.

34. Tout *vent agissant* sur les *voiles* d'un *vaisseau*, tend à le *plonger* et à le *renverser;* effet qu'il produit d'autant plus sensiblement, qu'il vient de plus haut, et que les voiles sur lesquelles il agit, sont plus hautes. Aussi, dans une tempête, à mesure que le vent se renforce, prend-on successivement les précautions suivantes : on serre les voiles hautes, et d'abord les perroquets (dont on descend même les vergues, s'il est nécessaire), puis toutes les autres voiles suc-

cessivement, quelquefois même on coupe les mâts. Enfin, on jette à la mer les marchandises, les canons, etc. pour alléger le vaisseau (1), et le mettre en état d'obéir plus aisément à l'action des vagues.

35. A l'aide de cette impulsion que le vent donne aux voiles, un vaisseau, lors-

---

(1) J'ai rencontré beaucoup de personnes qui s'imaginoient que *l'art nautique* étoit assez perfectionné pour que, dans un vaisseau de moyenne grandeur, les dangers de la navigation se réduisissent presque à rien, mais ce n'est qu'un préjugé; car, outre les ennemis réguliers, les pirates, ou forbans, les voies d'eau, les incendies, la foudre, les trombes, les grains, les écueils, ou les vigies, le voisinage de terre, le choc des autres vaisseaux, les mauvaises manœuvres, la famine, le manque d'eau, les maladies, sur-tout le scorbut, etc. on court encore deux espèces de risques. 1°. Un vaisseau ne pouvant plus tenir, même à la cape, sous la misaine, un foc, ou une voile d'étai, et étant obligé de fuir vent arrière, et de veiller la lame, si, au moment où, soit l'officier de quart, soit le pilote, crie au timonnier, *défie bâbord*, ce timonnier se trompe, et tourne la roue du timon à bâbord même, il peut arriver que, le vaisseau tra-

que ce vent est favorable et un peu fort, peut faire cent vingt milles d'Italie, dans l'espace de vingt-quatre heures (je ne parle ici que d'un vaisseau marchand); mais il y a d'autres vaisseaux destinés à porter un *ordre*, un *avis*, etc. construits exprès pour la marche, et auxquels on donne le nom de *caravelles*, de *corvet-*

---

versant au vent, la lame furieuse fonde sur lui, défonce tous ses ponts et remplisse tout le coffre. 2°. Il peut arriver, sans que le vaisseau même coure aucun risque, qu'une lame fondant sur lui enlève la totalité, ou la plus grande partie de cette moitié de l'équipage qui est de quart (de garde). Moi-même qui écris paisiblement ceci, un jour en travaillant à la pompe dans un coup de vent, et le vaisseau étant à la cape sous la misaine, j'ai été pris par une lame, soulevé de plusieurs pieds et lancé contre les haubans, qui m'arrêtèrent : je ne pensois guère alors à traduire Bacon ; mais, sans ce rude apprentissage, je n'aurois pas été en état de traduire cette histoire des vents : à ces dangers je n'ajoute point celui de se noyer, d'être dévoré par des requins, d'être estropié par mille accidens sans cesse renaissans, parce qu'il faut revenir de *Terre-Neuve*, de *l'Amérique* et de *la Chine* à notre sujet.

tes, de *couriers,* d'*yacht,* etc. qui peuvent faire beaucoup plus de chemin dans le même espace de temps (1) : lorsque le

---

(1) Un vaisseau marchand, assez mauvais voilier, et ayant un vent très favorable, fait en 24 heures environ 50 lieues (marines de 20 au degré, de 57060 toises). Un voilier moyen en peut faire 70, et un excellent voilier en peut faire plus de 100, c'est-à-dire, plus de 125 lieues communes de France (de 25 au degré). La fameuse *Sylphide de l'Orient,* presque toujours montée par l'intrépide *Roque,* et qui a si souvent bravé les escadres angloises, a souvent filé 21 nœuds, c'est-à-dire, sept lieues marines par heure, ou près de neuf lieues terrestres (chaque nœud répondant à un tiers de lieue marine, ou à une minute d'un grand cercle) : il en faut dire autant de la *Belle-Poule;* d'un certain *yacht,* bordé *à-clin* (*en recouvrement* comme les tuiles sur un toit). Les marins les plus expérimentés n'ont jamais pu déterminer avec précision toutes les causes qui peuvent accélérer ou ralentir la marche d'un vaisseau : les causes les plus connues de ralentissement sont un flottage trop sale, ou d'une forme trop arrondie, sur-tout pardevant ; un derrière trop peu évuidé, un bord trop haut, un pont, ou un gaillard trop embarrassé, des *haubans* trop serrés, etc.

vent est tout-à-fait contraire, on ne trouve ordinairement d'autre remède à cela, que celui de *louvoyer* (ou de *courir des bordées*); je veux dire qu'on suit une *route oblique* par rapport au *vent*, et qui s'approche de sa direction, autant que cette direction même et la force de ce vent le permettent; puis on *vire de bord*, et l'on suit une autre ligne oblique, et ainsi de suite, en faisant quelquefois beaucoup de chemin, mais en avançant réellement fort peu vers le terme du voyage. A l'aide de cette misérable ressource on fait à peine quinze milles en vingt-quatre heures.

Observations générales et importantes.

1. L'effet de l'*action* du *vent* sur les *voiles* d'un *vaisseau* dépend de *trois conditions*, ou *circonstances*, dont la *connoissance* peut conduire à la *découverte des moyens* nécessaires pour *augmenter l'effet de cette action.*

2. La *première* de ces *conditions*, c'est la *quantité* même du *vent* qui agit sur

les voiles, et leur donne l'*impulsion* ; et personne apparemment ne doute qu'une grande quantité de vent ne produise plus d'effet qu'une petite. Il faut donc tâcher d'abord d'*augmenter* cette *quantité*; but auquel on parviendra, si, à l'exemple des pères de familles (ou maîtres de maison), prudens et vigilans, on sait tout à la fois *économiser* et *se mettre à l'abri du larcin*. Ainsi on n'épargnera aucun soin pour empêcher que le *vent* ne soit *dérobé* aux voiles, ou qu'il ne se *disperse*, ou qu'il ne *glisse* soit *le long de leur surface*, soit *le long des flancs du vaisseau*.

3. Dans le vent qui agit sur un vaisseau, il faut distinguer cette partie qui souffle au-dessus du *vibord*, et celle qui souffle au-dessous, depuis le vibord jusqu'à la surface de la mer. Or, de même que les hommes les plus prévoyans ont soin de porter principalement leur attention sur les petites choses, parce qu'ils savent que les moins attentifs le sont toujours assez pour penser aux grandes,

nous aussi nous allons nous occuper d'abord de ces vents inférieurs dont nous venons de parler, et dont l'effet n'égale certainement pas celui des vents supérieurs.

4. *Recueillir* et *ramasser*, pour ainsi dire, ces *parcelles de vents* qui glissent le long des flancs du vaisseau, ou qui passent furtivement sous les voiles, est l'effet et l'office propre de cette voile qui est sur le *beaupré* (de la *civadière*), qu'on a en effet le soin de tenir inclinée et fort basse, afin qu'il ne se perde point de vent; disposition très utile en elle-même, et qui d'ailleurs ne peut nuire aux autres voiles. Au reste, je ne vois pas trop ce qu'on pourroit imaginer de nouveau pour mieux remplir cet objet, à moins peut-être qu'on ne s'avisât d'établir aussi, vers le milieu de la longueur du vaisseau, et près de ses flancs, d'autres voiles semblables, qui seroient comme des espèces d'*ailes*, des deux côtés également, et à l'arrière ainsi qu'à l'avant, lorsque le vent seroit droit en pouppe.

5. Quant aux précautions nécessaires pour empêcher que les voiles ne se dérobent le vent les unes aux autres; ce qui arrive naturellement, lorsque le vaisseau cingle vent arrière, les voiles postérieures alors abritant les voiles antérieures, je ne vois pas non plus ce qu'on pourroit ajouter de nouveau aux moyens déja imaginés pour parvenir à ce but; cependant ne pourroit-on pas alors disposer les voiles des trois mâts, de manière qu'elles formassent une sorte d'*échelle;* je veux dire qu'on pourroit ne tenir déployées que les trois voiles suivantes : au mât de derrière, l'artimon (1); au grand mât, le *grand hunier;* et au mât de *misaine,* le *petit perroquet,* en tenant toutes les autres voiles serrées. Par ce moyen, les voiles postérieures, au lieu de faire obstacle aux voiles an-

---

(1) Lorsqu'un vaisseau a vent arrière, la forme et la position de l'artimon rendent cette voile inutile, et l'on ne peut alors employer que les voiles quarrées.

térieures, pourroient, au contraire, les aider un peu, en leur transmettant et leur passant, pour ainsi dire, le vent.

6. La *seconde condition* dépend de la *manière* dont le *vent agit* sur les *voiles* et les frappe; car, si l'on trouvoit le moyen de *resserrer le vent*, son *action* alors étant *plus vive*, et son *mouvement plus rapide*, il auroit plus d'effet; au lieu que, lorsqu'il est *plus dilaté et plus raréfié*, il en a moins.

7. Or, pour parvenir à ce but, il faut faire ensorte que les *voiles* ne soient pas *trop tendues*, et qu'elles ne s'*enflent* ou ne s'*arrondissent* pas non plus *excessivement*; car, si elles étoient *tendues* au point d'en être *roides*, elles *répercuteroient* le vent, comme le feroit un mur; et si elles étoient *trop lâches*, *l'impulsion* que le *vent* leur donneroit, seroit *trop foible*.

8. L'industrie humaine s'est encore signalée sur ce point, et y a parfaitement réussi; succès toutefois qu'elle a dû plutôt au *hazard* et au *tâtonnement*,

qu'à la *réflexion* et à la *méthode;* car, lorsque la *direction* du *vent* est *latérale*, on a soin de tendre et de contracter, autant qu'il est possible, cette partie de la voile qui est opposée au vent; et, par ce moyen, on détermine son action vers la partie sur laquelle il doit agir le plus (1). Tels sont et le *but* où l'on vise, et le *moyen* qu'on emploie pour y parvenir. Mais un autre effet de cette disposition, et dont on ne se doute peut-être pas, c'est que, par ce moyen, le *vent* étant

---

(1) On fait alors quatre opérations. 1°. On *brasseye*, c'est-à-dire, qu'à l'aide des deux cordes placées aux deux extrémités de chaque vergue, on amène l'une le plus en avant, et l'autre le plus en arrière qu'il est possible. 2°. On borde la voile autant qu'on le peut, c'est-à-dire, qu'à l'aide d'une corde, appellée *l'écoute*, on tire le plus en arrière qu'il est possible, l'*angle* ou le *point* de la voile qui est sous le vent. 3°. On tire aussi en avant le point qui est au vent, à l'aide d'une autre corde appellée l'*amure*. 4°. A l'aide d'une corde à trois branches, qu'on appelle la *bouline*, et qui est fixée par ses trois extrémités sur la *ralingue* (l'ourlé.)

plus resserré, et son *action* plus *vive*, il donne ainsi à la voile un *coup plus sec* et une *plus forte impulsion*. Il ne seroit pas non plus facile d'inventer quelque chose de nouveau en ce genre; on pourroit toutefois, jusqu'à un certain point, changer la forme des voiles, et leur en donner une telle, qu'en s'enflant elles prissent une forme moins arrondie, mais plutôt une forme approchante de celle d'un *éperon* ou d'un *triangle*, en ajoutant au sommet du plus élevé de ses angles, un petit mât (une *esparre*), ou

---

de la voile, du côté du vent, on tire cette ralingue en avant le plus qu'il est possible; par ces quatre moyens, la voile *fait la planche*, et prend mieux le vent *au plus près*; autrement elle feroit la *poche*, au vent ainsi que sous le vent; et alors le vent prenant cette poche par dessous, feroit battre la voile; elle prendroit mal le vent, et n'auroit plus d'effet. N. B. que le concours de ces quatre opérations n'est nécessaire que pour la grande voile et la misaine; la première suffisant pour les voiles hautes, dont chacune a deux écoutes assez faciles à border, et la seconde suffisant pour l'artimon.

une pièce de bois quelconque. A l'aide de cette disposition, le *vent*, suffisamment *resserré* et *contracté*, auroit *plus* de *vitesse* et de *force*, au moment où il frapperoit la voile (1); et cette voile même, étant alors d'une forme plus tranchante, fendroit mieux l'air antérieur. Il ne faudroit cependant pas faire cet *angle trop aigu*, mais comme *tronqué* ou *écourté*, afin de se ménager une *surface* assez *large*, sur laquelle le vent pût agir. Peut-être seroit-il encore avantageux de mettre *dans une voile une autre voile;* c'est-à-dire, de pratiquer au milieu de la voile une espèce de *bourse* ou de *poche*. Il ne faudroit pas non plus qu'elle fût *trop lâche, trop flasque,* comme elle le seroit infailliblement, si elle n'étoit composée que de toile; on y fe-

---

(1) Cette construction auroit plusieurs inconvéniens, dont le principal seroit que le vent prendroit la voile en dessous et la feroit battre : d'ailleurs, elle est si grossière et si peu réfléchie, qu'elle ne mérite pas même d'être examinée.

roit donc des espèces de *côtes en bois*, pour *soutenir* la *toile*, et la tenir toujours *bien tendue*. Par ce moyen, comme alors la voile recevroit le vent par son *milieu*, en le *resserrant* suffisamment, elle rendroit ainsi son mouvement plus rapide, et son action plus vive (1).

9. La *troisième condition* dépend de *la partie du vaisseau* où se trouvent placées les *voiles* sur lesquelles le vent agit; condition qui se subdivise en deux autres; car, toutes choses égales, l'*action* du *vent* sur les *voiles hautes* et *antérieures* tend plus à *faire avancer* le vaisseau, que son action sur les voiles basses et postérieures.

10. Cette double différence n'a point échappé à l'attention des *navigateurs*; aussi, lorsque le vent est droit en pouppe,

---

(1) Dieu vous garde, ô lecteurs! de faire route dans un vaisseau dont la *voilure* soit de l'invention d'un *chancelier*, de *plaider* à un *tribunal* où siègent des *marins*, et en général, d'*écouter* un docteur voulant *parler* de ce qu'il *ignore*, ou d'*imiter* un *ouvrier* voulant faire un *métier* qu'il ne sait pas.

comptent-ils beaucoup plus sur les voiles du mât de *misaine*, que sur toutes les autres; et lorsque le vent est très foible, n'oublient-ils jamais de mettre dehors les voiles les plus hautes. Il seroit également difficile d'ajouter quelque chose de vraiment nouveau à ce que l'industrie humaine a su imaginer pour remplir ces deux objets. On pourroit cependant, pour remplir plus parfaitement le premier, essayer d'établir vers la proue, deux ou même trois mâts (celui du milieu étant vertical, et les deux autres inclinés); mâts dont les voiles seroient inclinées en avant (comme une *civadière*). Quant au second but, pour y parvenir, on pourroit donner beaucoup plus de largeur à la partie supérieure des voiles hautes du mât de misaine; voiles qui ordinairement vont en se rétrécissant par le haut. Mais l'inconvénient qu'on auroit à craindre en employant ces deux derniers moyens, ce seroit celui de faire pencher excessivement, et peut-être *chavirer* le vaisseau.

De l'action des vents sur certaines parties des autres machines (1).

1. Nous avons fait quelques expériences tendant à *augmenter* la *force* et

---

(1) Je me trouve obligé de supprimer les deux premiers numéros de cet article; et les raisons de cette suppression seront sensibles, à la première inspection de la phrase suivante que je vais traduire mot à mot, en plaçant le latin à côté, de peur qu'on ne prenne ma traduction pour une *parodie*.

« Le vent qui vient de la partie diamétralement
» opposée à la machine (au moulin), se répandant
» sur sa surface, se trouve resserré par les quatre
» voiles, et est forcé de passer dans les quatre in-
» tervalles qu'elles laissent entre elles, les quatre
» seuls endroits où il puisse trouver un passage; or
» ce vent n'endure pas aisément une telle com-
» pression : d'où il arrive nécessairement qu'il
» frappe latéralement ces quatre voiles, en leur
» donnant, pour ainsi dire, un coup de coude; et
» voilà précisément pourquoi et comment il les fait
» tourner, à peu près comme les enfans font tour-
» ner leur *tôton*, par l'impulsion latérale de leurs
» doigts: *ventus superfundens se in adversum ma-*
» *chinae, à quatuor velis arctatur, et in quatuor*

la *vîtesse* du *mouvement* des *ailes* d'un *moulin*. Nous fîmes quatre ailes avec du papier (ou des cartes à jouer), et, pour les faire tourner, nous employâmes le vent d'un *soufflet*; cela posé, en premier

---

» *intervallis viam suam inire cogitur. Eam com-*
» *pressionem non benè tolerat; itaque necesse est*
» *ut,* TANQUAM *cubito, percutiat latera velo-*
» *rum, et proindè vertat; quemadmodùm ludi-*
» *cra vertibula digito impelli et verti solent.* »
Une telle explication est sans doute souverainement ridicule; mais l'ouvrage dont elle fait partie, n'en est pas moins un *chef-d'œuvre*, soit pour la *méthode*, soit pour la *fécondité des vues*; et il seroit aussi injuste d'apprécier le génie de *Bacon* par une phrase qui a pu lui échapper, que de juger des talens *poétiques* et *dramatiques* du divin *Racine*, par ces quatre vers qui sont de lui.

L'intérêt du public agit peu sur son ame,
Et l'amour *du pays* nous cache une autre flamme ;
Je la sais; mais, *Créon,* j'en abhorre *le cours*,
Et vous feriez bien mieux de la *cacher toujours.*

Ces quatre vers sont dans une *tragédie*, ce que *l'explication* de notre auteur est dans un ouvrage de *physique*; et les deux auteurs n'en sont pas moins deux grands hommes.

lieu, nous ajustâmes au côté inférieur de chaque voile *un petit pli* (une petite *appendice* faisant angle avec le plan de la voile), et en sens contraire de la direction du vent, afin que le vent, après avoir glissé sur la voile, et être devenu *latéral*, trouvât une surface (d'une largeur un peu grande), qu'il pût frapper, et sur laquelle il pût agir très sensiblement; mais cette première construction ne nous réussit point, et son effet fut beaucoup moins d'aider l'action du vent, que d'augmenter la surface que chaque aile, en tournant, présentoit à l'air, et, par conséquent, la résistance qu'elle éprouvoit de la part de ce fluide.

En second lieu, nous plaçâmes au-delà des voiles, et à quelque distance, des obstacles d'une largeur égale au diamètre de toutes les voiles prises ensemble, espérant que le vent qui, par ce moyen, étoit plus comprimé, les frapperoit avec plus de force. Ce second moyen fut encore plutôt nuisible qu'utile, le mouvement de l'air répercuté par ces obstacles, n'ayant eu alors d'autre effet que celui d'affoiblir le mouvement *direct* et *originel*.

3°. Enfin, nous *doublâmes* la *largeur* de toutes les *voiles*, afin que le *vent*, étant *plus resserré* (en passant dans les quatre intervalles qui alors étoient plus étroits), l'impulsion (1) (latérale) qu'il donneroit aux voiles en fût d'autant plus forte. Cette dernière tentative nous réussit tellement, qu'à l'aide d'un vent ou

---

(1) Le lecteur voit ici que, dans la traduction de la phrase critiquée, j'avois saisi son idée ; car, selon lui, si, dans cette troisième expérience, les ailes *tournent plus vîte*, ce n'est pas parce qu'étant alors *plus larges*, et présentant au vent *une plus grande surface*, elles reçoivent *une plus forte impulsion* (cette impulsion devant, toutes choses égales, être proportionnée à la quantité de vent qui les pousse); mais parce que les quatre intervalles perdant tout ce qu'ont gagné les quatre ailes, et étant plus étroits, l'air, en y passant, se trouve plus resserré, les frappe latéralement avec plus de force, et leur donne un *plus grand coup de coude*. On voit aussi par sa dernière explication pourquoi, dans la première expérience, il avoit

d'un souffle beaucoup moins fort, les ailes tournoient aussi vîte qu'auparavant, et qu'à l'aide d'un vent égal, elles tournoient beaucoup plus vîte.

Vues et directions.

Peut-être parviendroit-on plus aisément à *accélérer* le *mouvement* des *ailes*, en en mettant huit au lieu de quatre, ce qui *doubleroit* leur *surface totale;* mais il se pourroit qu'alors l'*augmentation* du

---

ajusté à chaque aile une petite *appendice,* faisant un angle avec son plan ; c'étoit afin que le vent, en passant entre les quatre ailes, frappât latéralement une surface un peu large, au lieu de ne frapper que l'épaisseur de chaque aile. La vérité est que, si le vent fait tourner les ailes, quoique sa direction soit à peu près perpendiculaire à leur plan total, c'est parce que le plan particulier de chaque aile étant incliné par rapport à la direction du vent, le mouvement de ce vent qui frappe l'aile, se décompose en deux autres, dont l'un, parallèle à son plan, glisse le long de ce plan sans lui donner aucune impulsion ; et l'autre, perpendiculaire à cette aile, tend, du moins en partie, à la faire tourner.

volume des *ailes ralentît* le *mouvement*, en *augmentant* aussi excessivement leur *masse* et leur *poids*. Au reste, c'est un point qu'il est facile de vérifier par l'*expérience*.

2. La *longueur* des *ailes* peut contribuer aussi à *augmenter* la *force* et la *vitesse* de leur *mouvement;* car on sait que, dans les *mouvemens circulaires*, ou selon des *arcs de cercle*, une très *petite force* appliquée vers la *circonférence*, a *plus d'effet* qu'une *grande force* appliquée vers le *centre*. Cet *alongement* des *ailes* auroit aussi un inconvénient; savoir : que *plus* ces *ailes* seroient *longues, plus* aussi leurs *extrémités* seroient *éloignées les unes des autres*, et *moins* en conséquence le *vent* seroit *resserré* et *comprimé* dans leurs *intervalles*. Peut-être réussiroit-on mieux en n'alongeant que fort peu ces ailes, et en leur donnant une largeur qui allât toujours en *augmentant du centre à la circonférence*, à peu près comme la *partie plate* (la *pelle* ou la *palette*) d'un *aviron ;* mais

c'est une épreuve que nous n'avons pas encore faite.

AVERTISSEMENS.

Si l'on vouloit tenter en grand de telles expériences, il faudroit que toute la machine, et sur-tout ses fondemens, eussent beaucoup plus de solidité; car, plus le vent seroit resserré et comprimé, plus sans doute il accéléreroit le mouvement des ailes; mais plus aussi il ébranleroit le corps même de la machine.

On prétend que, dans certaines contrées, on a des voitures qui vont à la voile : c'est un fait qu'il faudroit constater.

Au reste, de telles voitures ne pourroient être d'usage que dans un *pays plat,* et où le *terrein* seroit extrêmement *uni.* D'ailleurs, si le vent vient à tomber, il faudra rester là. Une idée plus judicieuse seroit de faciliter seulement le mouvement de ces voitures, à l'aide de voiles ajustées de manière qu'on pût à volonté les ôter et les remettre, pour épargner un peu de fatigue aux chevaux et aux bœufs ; ce qui seroit plus sûr que de vouloir faire aller ces voitures à l'aide du vent seul.

Pronostics sur les vents (ainsi que sur le beau temps et la pluie).

Plus l'art de la *divination,* proprement dite, est ordinairement infecté d'opinions chimériques et superstitieuses , plus sa partie la plus pure mérite d'être adoptée et cultivée. Quant à la *divination naturelle,* elle est moins *illusoire,* et quelquefois aussi elle est *hérissée* de plus grandes *difficultés;* ce qui dépend de la *nature* même de son *sujet.* Lorsque ce sujet présente des *observations uniformes* et un *ordre constant,* les *prédictions,* dont ces observations sont la base , ont toute la *certitude* possible. Mais si ce sujet, étant très diversifié et très compliqué, ne présente que des *phénomènes* qui n'ont *rien* de *fixe,* et qui semblent n'être que le *produit* du *hazard;* alors ces pronostics sont *incertains* et *trom-*

peurs. Cependant, même dans un *sujet très variable*, si l'on sait s'*élever par degrés* à des *principes certains* et à des *règles sûres*, les *prédictions* seront presque toujours *conformes aux événemens prédits*. A la vérité, on ne pourra pas toujours *prédire avec justesse l'instant* où l'*effet* aura lieu ; mais du moins alors les *erreurs* sur ce point seront *légères* ; et ce *temps* même, on pourra quelquefois l'*assigner* avec assez de *précision*, si, au lieu de *hazarder* des *conjectures* d'après la *connoissance* qu'on croit avoir des *causes, connoissance toujours incomplète*, on prend pour *base* de ses *prédictions, l'observation positive* des *commencemens*, des *plus foibles degrés* de l'*effet à prédire, effets* alors *insensibles dans la plupart des sujets,* mais *plus sensibles dans d'autres sujets* qui en sont *plus susceptibles*, et qui y sont *mieux disposés* que tous les autres ; comme nous l'avons déjà observé dans l'*exposé du plan de cette recherche*. Ainsi nous indiquerons dans cet article *quelques pronostics sur les vents*, en y joignant quelques autres *pronostics relatifs* au *beau temps* et *à la pluie*; deux genres de prédiction qui ont une *étroite relation avec le premier*, et qui en sont presque inséparables ; en renvoyant toutefois la recherche complète sur ce sujet accessoire, aux chapitres auxquels elle appartient.

1. Lorsque le *soleil*, à son lever, paroît concave, ce phénomène est un *signe* de *vent* ou de *pluie pour le jour même* : si cette *apparente excavation* n'est que *superficielle*, c'est un *signe* de *vent*; mais si elle est *profonde*, c'est un *signe* de *pluie*.

2. Lorsque le *soleil*, à son *lever*, paroît *fort pâle* ; ou (pour employer une de nos expressions les plus familières) si alors il paroît *aqueux*, c'est un *pronostic* de *pluie*; mais, s'il paroît *tel* à son *coucher*, c'est un *pronostic* de *vent*.

3. Lorsque *cet astre*, à son *coucher*, paroît d'un *rouge de sang*, c'est un *présage* de *grands vents pour plusieurs jours*.

4. Lorsque le *soleil*, en se *levant*, paroît plutôt *roux* ou *roussâtre*, que *jaune*, ce phénomène *annonce plutôt* de la *pluie* que du *vent*; et lorsqu'il *paroît tel* à son *coucher*, *l'indication* est *la même*.

5. Si les *rayons* de *cet astre*, à son *lever* ou à son *coucher*, semblent être *écourtés* et sont *sans éclat*, quoique le *milieu* du disque ne soit pas couvert de *nuages*, ce phénomène *pronostique plutôt* de la *pluie* que du *vent*.

6. Lorsqu'*avant le lever du soleil*, *quelques-uns* de ses *rayons* le *devancent* et *brillent tout à coup sur l'horizon*, c'est tout à la fois un *signe* de *vent* et de *pluie*.

7. Lorsqu'*au lever du soleil*, on voit les *rayons* de *cet astre percer à travers des nuages qui couvrent le milieu de son disque*, c'est un *signe* de *pluie*, surtout si ces *rayons s'échappant par en bas*, cet *astre* semble avoir une *barbe*; mais si ces *rayons*, partant du *milieu* du *disque*, ou de *plusieurs points sépa-*

rés, ce *disque* demeure en grande partie couvert de *nuages*, ce phénomène *annonce* de *grands vents* accompagnés de *pluie*.

8. Lorsque le *soleil*, à son *lever*, est *environné* d'un *cercle*, on doit s'*attendre* à avoir de *grands vents*, *qui souffleront de la région du ciel vers laquelle sera tournée la partie de ce cercle qui s'ouvrira d'abord;* mais si ce *cercle se dissipe dans toutes ses parties à la fois*, c'est un *signe* de temps *serein*.

9. Lorsque le *soleil*, à son *coucher*, est *entouré d'un cercle blanc*, c'est l'*annonce* d'un *vent foible pour cette nuit même qui s'approche;* mais si ce *cercle* est *noirâtre* ou *roussâtre*, il *annonce* de *grands vents* pour le *lendemain*.

10. Lorsque les *nuages* sont *fort rouges*, au moment où le *soleil* se *lève*, c'est un *signe* de *vent;* s'ils sont *teints de cette couleur*, à son *coucher*, c'est un *signe* de *beau temps* pour le *lendemain*.

11. *De gros nuages* (en forme de *balots*) *qui se rassemblent près du soleil,*

au moment de son *lever, annoncent une grande tempête pour la journée même;* mais si ensuite *ces nuages sont chassés de l'est vers l'ouest,* c'est un *signe* de *beau temps.*

12. Lorsqu'au *lever* du *soleil,* les *nuages se dispersant* et semblant *fuir cet astre,* les *uns* se portent *vers le nord,* les *autres vers le sud,* quoique le ciel soit pur et bien découvert autour de cet astre, c'est un *pronostic de vent.*

13. Lorsque le *soleil,* en se *couchant,* est *caché par un nuage,* on doit s'attendre à avoir de la *pluie* le *lendemain;* que si, au *coucher* de cet astre, la *pluie tombe déjà,* on aura *plutôt* du *vent* que de la *pluie;* si enfin les *nuages se portent vers le soleil, en s'alongeant vers cet astre,* qui alors semble les *attirer,* on aura tout à la fois de la *pluie* et du *vent.*

14. Si, au *lever* du *soleil,* on voit beaucoup de nuages non *autour* de son *disque,* mais *au-dessus,* et *fort proche* de ce disque, c'est une *annonce* de *vents* qui souffleront de la partie vers laquelle ces

nuages paroîtront s'*incliner* : si on les voit dans *une telle situation* vers l'heure de *midi*, on aura tout à la fois de la *pluie* et du *vent*.

15. Lorsque le *soleil* est *environné* et en *partie couvert de nuages, moins* on apperçoit de *sa lumière*, et *plus* son *disque* paroît *petit, plus* aussi les *vents* qui souffleront seront *violens*. Si le *disque* de cet astre paroît *double* ou même *triple*, ensorte qu'on s'imagine voir *deux ou trois soleils*, ce *signe effrayant annonce* une *horrible tempête pour plusieurs jours*.

16. Lorsque la *lune* est *nouvelle*, ou *presque nouvelle*, on en peut tirer *plusieurs pronostics* relativement à *la constitution de l'air*; mais ceux qui se tirent de *son quatrième jour*, sont encore *plus certains*, la *constitution de l'air*, qui est l'effet de la *nouvelle lune*, étant alors comme *affermie*; les *pleines lunes* fournissent aussi des *indications* plus *sûres* que les *jours suivans*.

17. D'après les observations de plusieurs

HISTOIRE DES VENTS. 221

siècles, la *cinquième lune est redoutable aux navigateurs,* à cause des *tempêtes* qu'elle *annonce* et qu'elle *amène* ordinairement (1).

18. Si la *lune ne paroît point du tout avant le quatrième jour, ce signe annonce* du *mauvais temps* (du *vent* ou de la *pluie,* ou l'*un* et l'*autre*) *pour tout le mois* (lunaire).

19. Si, *durant les premiers jours de la lune, l'extrémité inférieure* du *crois-*

―――――――――――――――――――

(1) J'ai eu quelque doute sur le sens de ce n°. D'un côté, l'on sait que *le vulgaire a mauvaise opinion de la lune rousse,* qui est à peu près *la cinquième de l'année.* De plus, comme, dans les numéros suivans, il parle *successivement des premiers jours qui précèdent le quatrième; de ce quatrième jour; de la pleine lune,* etc. il paroît que le *pronostic* de ce n°.-ci se tire de la *considération de cette lune prise en totalité,* et *comparée aux autres lunes de la même année:* autrement il devroit être placé *entre le* 21e. *et le* 27e. D'un autre côté, le texte original dit : *quinta lunae,* et cette même expression se trouve dans toutes les éditions; il *manque* ici un *substantif féminin,* au

sant est *noirâtre*, ou d'une *couleur obscure*, et, en général, si la lumière de la *lune* ne paroît pas *nette* et *pure*, on aura de la *pluie* ou du *vent* dans les *jours* qui *précéderont* la *pleine lune*; et si c'est l'*extrémité supérieure* du *croissant* qui est ainsi *obscure*, ce *mauvais temps* n'aura lieu que *durant le décours*.

20. Si, *au quatrième lever de la lune*, et dans toute la demi-révolution (lunaire) de ce quatrième jour, le *croissant* n'est ni *obtus* et comme *émoussé* par ses

---

nominatif; s'il avoit voulu parler de *la lune rousse*, certainement il auroit dit *quinta luna*; il paroît donc que cette expression *quinta lunae*, sous-entend le mot *dies*, et répond à celle-ci, *le cinq de la lune*, où nous supprimons aussi le mot *jour*. Le lecteur pourra opter entre ces deux interprétations: j'ai cru devoir préférer le premier sens, soit parce que je n'ai jamais oui dire, ni lu, ni observé que *le cinquième jour de la lune* fût un *jour critique*, soit parce qu'il ne me paroît pas probable qu'un auteur qui fait toujours entrer dans sa collection *les traditions populaires*, ait totalement *oublié la lune rousse* dans cet article.

extrémités, ni *tout-à-fait couché*, ni *tout-à-fait droit*, mais tient une sorte de *milieu* à cet égard, on aura *presque toujours beau temps jusqu'à la lune suivante*.

21. Si le *disque* de la *lune*, à son *quatrième lever*, paroît *fort rouge*, on aura du *vent*; s'il paroît de *couleur de rouille*, on aura de la *pluie*; mais *ces deux pronostics* ne regardent que le *temps* qui doit s'écouler *entre ce quatrième jour et la pleine lune*.

22. Lorsque la *lune* paroît *tout-à-fait droite*, c'est toujours un *signe menaçant*, et le plus ordinairement c'est du vent qu'il *annonce* : mais si les *extrémités* du *croissant* sont *obtuses* et comme *écourtées*, c'est de la *pluie* le plus souvent.

23. Si l'une des *extrémités* du *croissant* paroissant fort *aiguë* et comme *roide*, l'autre est *obtuse*, on doit s'attendre à du *vent*; mais, si les *deux extrémités* ont *cette forme*, c'est de la *pluie* qu'on aura.

24. Lorsqu'on voit un *cercle* (ou *HA-LO*) *autour de la lune*, on doit attendre de la *pluie* plutôt que du *vent*, à moins que la *lune* ne paroisse *droite dans ce cercle*; car alors ce dernier signe annonce tout à la fois *du vent et de la pluie*.

25. Les *cercles* qu'on voit quelquefois *autour de la lune*, sont toujours un *pronostic* de *vent qui souffle ordinairement de la région vers laquelle est tournée la partie de ce cercle qui se rompt la première* (1). De même si *quelque partie* de ce *cercle* est *plus éclatante* que les autres, *le vent soufflera aussi de la*

---

(1) Ce pronostic ainsi énoncé est en contradiction avec celui du n°. précédent, où il est dit que ces halos annoncent de la pluie plutôt que du vent, etc. Pour concilier les deux numéros, il faudroit substituer à son énoncé l'un des deux suivans : *Lorsque les cercles qui paroissent autour de la lune, se rompent dans quelque partie, ils annoncent un vent qui soufflera*, etc. *Plusieurs cercles autour de la lune annoncent toujours du vent dont la direction sera semblable à celle de la partie de ces cercles qui se rompra la première.*

région du ciel vers laquelle elle sera tournée.

26. Lorsqu'on voit *deux ou trois cercles autour de cet astre*, on doit s'attendre à *d'affreuses tempêtes*, sur-tout si *ces cercles* ne sont *pas entiers; mais entrecoupés* et comme *tachetés.*

27. Il faut appliquer à la *pleine lune*, par rapport à ces *couleurs* et à ces *halos*, tout ce que nous venons de dire de *son quatrième jour* (1), avec cette différence toutefois que les *pronostics* qu'elle fournit *dans le premier cas*, regardent *un temps moins éloigné.*

28. *Les pleines lunes* sont plus souvent accompagnées *d'un temps serein* (2) que

___

(1) Il paroît que *tons les pronostics* exposés dans les nos. 21, 22, 23, 24, 25, 26, ne regardent *que le quatrième jour de la lune*, quoiqu'il ne le dise que dans le n°. 27.

(2) Si *l'action* de la *lune*, envisagée comme *corps lumineux* (par réflexion), est *de même espèce* que l'action de cet astre, envisagé comme *corps attirant;* ou, ce qui est la même chose, si ces *deux actions* sont *concourantes*, il est clair que

toutes les autres phases, époques ou *parties* de la *révolution lunaire;* mais, durant l'*hiver,* elles le sont quelquefois de *froids très âpres* (1).

---

cet astre, *dans son plein,* en attirant l'*humor aqueux,* en le *soulevant et en le déterminant en plus grande quantité* au dessus et près *du point* de la surface de la terre auquel *il répond verticalement,* doit *en priver,* du moins en partie, les *points* de cette surface *auxquels il ne répond qu'obliquement,* et être *presque par-tout une cause de beau temps.*

(1) Comme il est très probable que les *températures* régnantes *durant deux lunes consécutives,* ne sont *pas plus semblables entre elles* que ne le sont *les températures régnantes durant deux années, deux saisons, ou grandes parties de saison, consécutives,* qu'elles sont, dis-je, *plutôt différentes que semblables,* et *plutôt opposées que simplement différentes* (la *succession alternative des opposés,* mariés ensemble, et rendus, en quelque manière, *contigus,* par d'assez courts *intermédiaires* qui *participent* des *deux contraires,* paroissant être la *forme la plus constante* que la *nature* ait *adoptée* dans sa *marche universelle,* et dans les *grandes* ou *petites parties* de cette *marche*), il faudroit voir si, dans *les années où il ré-*

29. Lorsque le *disque* de la *lune*, au coucher du *soleil*, paroissant *fort amplifié*, sa *lumière* ne laisse pas d'être très *nette* et très *pure*, c'est un *présage*

gne un *vent* de *sud* d'une certaine force *durant, un peu avant, et un peu après la pleine lune immédiatement antérieure à celle qui répond, pour le temps, au maximum du froid* (lequel a lieu ordinairement dans les derniers jours de décembre et les premiers jours de janvier), un *vent* de *nord* d'une force et d'une durée proportionnelles à celles du *vent* de *sud* dont nous venons de parler, ne régneroit pas *durant, un peu avant, et un peu après cette dernière pleine lune*, et en conséquence n'occasionneroit pas *une gelée assez âpre et d'assez longue durée*; car si cette *conjecture* étoit *justifiée* par l'*observation*, nous aurions un *pronostic* de plus à ajouter *aux* 13 qui ont été exposés dans la première partie du supplément à la neuvième centurie de l'*Histoire naturelle* : et comme il ne faut pas s'arrêter à moitié chemin, il faudroit voir si, *en général, la température régnant durant, un peu avant, et un peu après une pleine lune quelconque, n'est pas opposée à celle qui règne durant, un peu avant, et un peu après la pleine lune précédente et la pleine lune suivante.*

de *beau temps pour plusieurs jours.*

3o. Les *éclipses* de *lune* sont presque toujours accompagnées de *grands vents*, et *celles* de *soleil* le sont ordinairement d'un *temps serein;* rarement les unes ou les autres le sont de *pluie.*

Si l'observation réitérée apposoit son sceau à cette vaste conjecture, quelle utile découverte, ô lecteurs qui me suivez avec un peu d'attention ! Elle seroit, en *physique*, ce qu'a été, en *politique*, l'acquisition de la *liberté* et de ces *loix*, tout à la fois *douces et fermes*, qui nous assurent à tous, pour un grand nombre d'années, une *protection* aussi *puissante* que *continue.* Mais c'est avec un *doute*, c'est en *tremblant* que je la hazarde, cette *conjecture;* et l'*expérience* peut, cette fois-ci, comme tant d'autres fois, me donner *un démenti.* Car l'*influence* de la *lune* sur les *météores* et la *température, se combinant avec celle du soleil, celle* du *climat, et celle* des *causes locales*, il me paroît fort *douteux* que cette *succession alternative des phénomènes opposés* de ce genre *s'ajuste* avec tant de *précision au cours du premier de ces deux astres.* Au reste, les *observations* que je propose, pourront servir du moins *à décider ce dernier point.*

31. Vers le temps des *conjonctions des planètes* entre elles (le *soleil* (1) excepté), il y a toujours des *vents* d'une force notable, soit *avant*, soit *après*. Mais les *conjonctions* de ces *planètes avec le soleil annoncent* et *amènent* ordinairement un *temps sec et serein*.

32. Le *lever* des *pléiades*, ou celui des *hyades*, est ordinairement *suivi de pluie*, mais *accompagnée de calme*; au lieu que le *lever d'Orion* et celui *d'Arcturus* sont *suivis* de *vents* et de *tempêtes*.

33. *Des étoiles qui filent*, annoncent un *vent* qui n'est pas encore *sensible*, et qui *soufflera de la partie même d'où cette lumière est dardée*. Mais, si cette lumière part de *différens points du ciel indistinctement*, elle annonce un *très mauvais temps*, savoir tout à la fois de grands vents et de grosses pluies.

34. Quand *les plus petites étoiles ces-*

---

(1) Il regarde le *soleil* comme une *planète*; erreur toutefois qui est ici sans conséquence.

sent d'être visibles, et dans toutes les régions du ciel à la fois, ce *signe annonce* qu'on aura des *vents violents* et de *grosses pluies quelques jours après*. Et si *une partie* seulement de ces *petites étoiles disparoissent*, les autres restant visibles, on n'aura que du *vent*, mais plutôt.

35. Lorsque, *durant les premiers jours de la lune*, sur-tout *le quatrième jour*, le *ciel* est *bien découvert* et *dans toutes ses parties*, c'est un *présage* de *beau temps pour plusieurs jours;* mais s'il est *également couvert et obscurci dans toutes ses parties*, c'est un *signe* de *pluie;* s'il est *plus couvert* dans *certaines parties que dans d'autres*, ce *signe* annonce un *vent* qui *soufflera de cette partie obscure;* enfin, si le *ciel s'obscurcit tout à coup*, sans qu'on voie *ni nuages*, *ni brouillards* qui puissent *dérober* ainsi la *vue* des *étoiles* ou *ternir* leur *éclat*, on doit craindre *d'affreuses tempêtes*.

36. Si quelque *planète* ou quelque

étoile de la *première* ou de la *seconde grandeur*, paroît *environnée d'un cercle entier*, ce *signe* annonce de la *pluie*. Mais, si ce *cercle* est *rompu* en *quelque endroit*, il annonce un *vent qui soufflera de la région du ciel vers laquelle est tournée cette partie rompue*.

37. Lorsque, proportion gardée, les *coups* de *tonnerre* étant *forts* et *fréquens*, les *éclairs* sont *rares*, on doit s'attendre à de *grands vents* ; mais si, même *entre les coups de tonnerre*, les *éclairs* sont très *fréquens*, on aura de *grosses pluies* et des *averses fréquentes*.

38. Lorsqu'il *tonne le matin*, c'est un *présage* de *vent*, et lorsqu'il *tonne l'après-midi*, c'est un *présage* de *pluie*.

39. Lorsque le *bruit* du *tonnerre* est *semblable* à un *mugissement* et *se prolonge en mourant* peu à peu, c'est un *signe* de *vent* ; mais, si les *coups* sont *inégaux*, par *éclats* et fréquemment *réitérés*, ils annoncent d'autres orages accompagnés de *pluie* et de *vent*.

40. Lorsqu'il *éclaire par un temps se-*

rein, le *vent* et la *pluie* ne sont *pas éloignés*, et *ils viendront de cette partie même d'où viennent les éclairs*. Mais, si les *éclairs partent de différens points du ciel*, on doit s'attendre *aux plus affreuses tempêtes*.

41. Lorsque les *éclairs partent des régions du ciel les plus froides*, telles que le *nord*, le *nord-nord-est*, le *nord-est*, etc. ils *annoncent* de la *grêle*; mais s'*ils viennent des régions les plus chaudes*, telles que le *midi* ou l'*ouest*, ils n'*annoncent* que de la *pluie* avec des *chaleurs suffocantes*.

42. Les *grandes chaleurs* qui se font sentir *après le solstice d'été se terminent ordinairement par des éclairs et du tonnerre*; mais si elles ne se terminent pas ainsi, cela *finit* toujours par du *vent* et de la *pluie* qui *durent* pendant *plusieurs jours*.

43. Il n'est personne qui n'ait entendu parler de ces *feux* (ou de cette *lumière*), connus des anciens, sous le nom de *Castor*, et que les *navigateurs*

voient quelquefois en *mer*. Lorsqu'il n'y en a *qu'un*, on doit s'attendre à une *horrible tempête* (il représente *Castor*, celui des deux frères qui est actuellement mort); pronostic encore plus certain, si ce *feu*, au lieu de *s'attacher aux mâts* ou aux *vergues*, comme il le fait le plus ordinairement, *saute* et *voltige* dans le vaisseau : s'il y en a deux (ce qui annonce *la présence de Pollux, le frère vivant*), et cela lorsque la *tempête est dans sa plus grande force*, c'est un *présage favorable* : s'il y en a *trois* (ce troisième qui survient, représentant *Hélène*, le *fléau* de la *Grèce* et de l'*Asie*), la *tempête annoncée* en sera d'*autant plus redoutable*. Un *seul feu* de cette espèce paroît indiquer la *crudité* de la *matière* de la *tempête;* les *deux* indiquent sa *concoction* et sa *maturité;* enfin les *trois, la grande quantité* de cette *matière*, ce qui la rend *plus difficile à dissiper*.

44. Lorsque, dans un *temps serein*, l'on voit *tout à coup paroître des nuages marchant fort vîte*, c'est l'annonce

et comme le *courier* d'un *vent* qui *soufflera de cette partie même d'où ils viennent*. Mais, si ces *nuages* se *rassemblent* et se *grouppent*, lorsque le *soleil* approchera de *la région* où ils sont ainsi *grouppés*, on les verra se détacher les uns des autres, se morceler et enfin se dissiper : si, en se détachant ainsi, ils se portent *vers la région boréale*, on aura du *vent*; et s'ils se portent *vers la partie australe*, de la *pluie*.

45. Si, *au coucher* du *soleil*, on voit s'*élever des nuages épais et sombres*, on doit s'attendre à de la *pluie*; s'ils *passent* vers *la région opposée* à celle où se trouve alors cet *astre*, c'est-à-dire, vers l'*orient*, il *pleuvra cette nuit même*; enfin, s'ils passent vers l'*occident* et près du *soleil*, il ne *pleuvra* que le *lendemain*; mais il *ventera aussi*.

46. Lorsque, *le ciel* venant à *se découvrir*, le temps s'éclaircit d'abord du côté opposé à celui d'où vient le *vent*, c'est un *présage* de *beau temps*; mais, si c'est d'abord du côté du vent, on

n'en peut tirer aucun pronostic, ou du moins l'indication qu'on en voudroit tirer, seroit trompeuse.

47. On voit quelquefois *plusieurs étages ou rangées de nuages* flottant les uns au dessus des autres. *Gilbert* assure qu'il en a vu quelquefois jusqu'à cinq; et alors les nuages les plus bas sont toujours les plus épais et les plus sombres; quoiqu'on en juge quelquefois autrement, les plus blancs paroissant quelquefois plus proches qu'ils ne le sont réellement, parce qu'alors cette couleur qui frappe davantage la vue, lui fait illusion à cet égard. *Une double rangée de nuages épais* annonce qu'il *pleuvra bientôt*, sur-tout si les *nuages de la rangée inférieure* paroissent comme *chargés;* un *plus grand nombre de rangées* n'annoncent la *pluie* que pour le *lendemain*, ou *plus tard.*

48. Des *nuages semblables* à des *toisons* ou à des *flocons de laine* et *épars*, *pronostiquent* des *tempêtes;* lorsqu'ils ont la *forme d'écailles* et sont placés

en recouvrement, comme les *tuiles* d'un *toit*, ils annoncent un *temps sec et serein*.

49. Des *nuages* ayant la forme de *plumes* ou de *branches* de *palmier*, ou de *fleurs d'iris*, annoncent qu'il *pleuvra bientôt* (1).

50. Lorsque les *montagnes* ou les *collines* sont *couvertes* d'une espèce de *bonnet*, formé par des *nuages* qui s'y *attachent*, qui *les enveloppent* et y demeurent *fixés*, c'est un *présage* de *tempête*.

51. Des *nuages* d'un *jaune éclatant*,

---

(1) La *forme des nuages* peut fournir de *très bons pronostics*, relativement au *vent* ou à la *pluie*; et l'on conçoit aisément que cela doit être ainsi : car la *forme* des *nuages* dépend certainement, en partie, de la *nature des vapeurs* dont ils sont *composés*, et les *vents*, ou la *pluie*, en *dépendent* aussi : il y a donc une *relation naturelle* entre ces *deux dernières choses et la première*. Par exemple, des *nuages volumineux*, *épais*, et en forme de *balots*, s'accumulant du côté de l'*ouest*, annoncent un *vent* qui *soufflera de cette partie*. De

paroissant *avant le coucher du soleil*, et qui, un peu *après le coucher de cet astre*, paroissent *bordés d'une espèce de frange dorée*, sont un *présage* de *beau temps*.

52. Lorsque les *nuages* ont une couleur de *fange* ou de *boue*, c'est tout à la fois un *pronostic* de *vent* et de *pluie*.

53. Si, dans un *temps serein*, un *petit nuage paroît tout à coup sur l'horizon*, sur-tout du côté de l'ouest ou du sud, il *annonce de grands vents*.

54. Lorsque le *brouillard se lève* et *gagne la région supérieure*, c'est un *signe* de *pluie*; mais si, s'élevant tout à

---

même, en général, des *nuages alongés*, et, en quelque manière, *filés*, annoncent un *vent* qui soufflera de *la région* répondant *à l'une ou l'autre de leurs extrémités*; et ce sera probablement du côté qui regarde *l'extrémité la plus aiguë* de ces nuages. Or, ce que nous disons de la *forme* ou de la *direction des nuages*, il faut l'appliquer à leur *volume*, à leur *couleur*, à leur *attitude*, à leurs *situations*, soit absolues, soit respectives, à leur *élévation*, à leur *vitesse*, etc.

coup, il est comme *absorbé* et comme *pompé*, c'est un *signe* de *vent;* au contraire, s'il *tombe,* ou demeure comme *stagnant* sur les *plaines* et les *vallées,* c'est un *présage* de *beau temps.*

55. Un nuage blanc, très chargé, en un mot ce que les anciens appelloient une *tempête blanche* (1), donne, en *été* de la *grêle;* et en *hiver,* de la *neige.*

56. Un *automne serein annonce ordinairement un hiver venteux, qui annonce un printemps pluvieux, lequel est suivi d'un été serein, qui annonce un automne venteux;* ensorte que *l'année* (comme le dit un proverbe *anglois*) *n'est jamais en reste avec elle-même;* et que *les diverses constitutions de l'atmosphère ne répondent pas deux an-*

―――――――――――――

(1) Nos marins ont aussi donné le nom de *grains blancs* à des nuages de peu de volume, et dont les navigateurs sans expérience ne se défient point, mais d'où part quelquefois un coup de vent suffisant pour faire *chavirer* un vaisseau, ou le *démâter,* s'il est fort de côté.

nées de suite aux mêmes saisons (1).

57. Lorsque le *feu* de nos foyers paroît *plus pâle* qu'à l'ordinaire et fait *entendre un bruit sourd et foible,* on doit s'attendre à du *mauvais temps*; savoir: à du *vent,* si la *flamme, fréquemment agitée,* prend une *forme sinueuse,* en s'élevant; et à de la *pluie,* si l'on voit des *tubérosités,* une espèce de *champignon* se former à la partie supérieure de la mèche d'une chandelle.

58. Lorsque les *charbons* jettent une *lumière plus vive* qu'à l'ordinaire, c'est un *signe* de *vent.* On peut former ce même pronostic, lorsque les *cendres* s'y

---

(1) Si chaque *mode* ou *degré de constitution de l'atmosphère* avançoit toujours *d'une saison*, comme il semble le faire, dans la supposition de notre auteur, dès-lors *l'ordre de ces modes* ou *degrés* seroit *connu*; car alors le *mode* ou le *degré de chaque saison, dans chaque année,* seroit le même que celui de la saison suivante, dans l'année précédente : mais les choses ne marchent pas ainsi, et son assertion peut être regardée comme une supposition très gratuite.

forment ou *s'en détachent plus vîte* qu'à l'ordinaire.

59. Lorsque la *mer* étant fort *calme* et fort *unie* à sa surface, elle ne laisse pas de faire entendre une sorte de *murmure*, quoiqu'elle ne s'enfle pas plus qu'à l'ordinaire, c'est encore une *annonce de vent*.

60. Lorsque les *rivages retentissent*, même dans un *temps calme*, ou que le *bruit* de la *mer*, accompagné d'une espèce de *son plaintif* et d'*écho*, se fait entendre *plus clairement* et de *plus loin* qu'à l'ordinaire, ces signes *annoncent* encore du *vent*; et, si ces *signes* sont *très marqués*, ce sera une *vraie tempête*.

61. Si, dans un *temps calme*, et la *surface* de la *mer* étant très *unie*, on y voit çà et là de l'*écume* ou de *petits cercles blancs* ou encore de *grosses bulles d'air*, on aura aussi du *vent*; et si ces *signes* sont *très marqués*, le vent qu'ils *annoncent* sera une vraie *tempête*.

62. Lorsque, *la mer étant agitée*, l'é-

cume, formée par les *vagues* qui se *brisent* fréquemment, est *lumineuse*, (lumière que les *Espagnols* appellent *poumon marin*), on doit s'attendre à une *tempête* qui durera *plusieurs jours* (1).

63. Lorsque la *mer s'enfle sans bruit* et *monte plus haut qu'à l'ordinaire* dans les *ports*, ou même lorsque *l'heure du flot* est *avancée*, ces accroissemens, ou cette *accélération* sont encore des *pronostics* de *vent*.

64. Un *bruit sourd* et *prolongé*, qui se fait *entendre* dans les *bois* et sur les *montagnes*, ou un *bruit plus foible* qu'on *entend* même dans les *plaines*, sont aussi des *signes* de *vent*. Il en faut dire autant d'un *bruit sourd* qui se fait *entendre dans les airs*, quoiqu'il *ne tonne point*.

---

(1) Ce pronostic est faux, comme je m'en suis assuré par moi-même. Les marins, du moins ceux de *Saint-Malo*, prétendent que la *mer* ne devient *lumineuse*, et (pour employer leur langage) ne *brasille* que lorsque le *vent* est actuellement, ou près d'être au *nord-ouest*, ou au *sud-est*; ce qui est également faux.

65. Des *feuilles*, des *plumes*, des *pailles*, et autres *corps légers* qui *voltigent* et semblent *courir les uns après les autres*, des *duvets* de *plantes* (1) *flottant çà et là dans les airs*, et des *plumes* qui semblent *jouer sur l'eau*, sont autant de *pronostics* de *vent*.

66. Des *oiseaux aquatiques*, sur-tout les *plongeons*, les *mouettes* et les *poules d'eau*, *courant* ou *volant en troupes de la mer*, *des étangs*, *des lacs*, etc. vers *les rivages* (sur-tout lorsqu'ils jettent fréquemment des *cris* et *folâtrent ensemble sur le sec*), sont également des *signes* et comme autant de *couriers* qui *annoncent* un *vent prêt à souffler* : et si c'est le *matin*, ce *pronostic* n'en a que *plus de certitude*.

67. Au contraire, des *oiseaux terrestres*, sur-tout les *corneilles*, *volant en troupes vers l'eau*, la *frappant* de leurs *ailes*, avec de *grands cris*, ou s'y plon-

---

(1) Ce que les enfans de la Capitale appellent des *Barbes de Judas*.

geant en partie, sont des *messagers de tempêtes*, et, en général, de *mauvais temps*.

68. On voit les *plongeons* et les *canards éplucher* et *nettoyer leur plumage*, quand ils *pressentent un vent prêt à souffler*. Quant aux *oies*, non-seulement elles *annoncent*, mais même elles *semblent implorer* et *appeller la pluie*, par leur *cri aigre et étourdissant*.

69. Le *héron planant dans la région supérieure* et s'élevant quelquefois assez pour paroître *au dessus d'un nuage* un *peu bas*, est un *présage* de *vent*. Au contraire, le *milan s'élevant ainsi*, est un *présage* de *temps serein*.

70. Des *corbeaux* dont le *croassement ressemble* à une sorte de *hoquet* et qui semblent *aboyer*, *annoncent* du *vent*, lorsque ce *croassement* est *continu*; mais s'ils se *taisent fréquemment* et laissent de longs intervalles entre leurs *croassemens*, ils *annoncent* de la *pluie*.

71. Si nous en croyons les anciens, les *cris fréquens* du *hibou* annoncent *des*

changemens de temps, c'est-à-dire la *pluie*, lorsque le *temps* est *beau*; et le *beau temps*, lorsque le *temps* est *pluvieux*, ou *nébuleux*. Mais la vérité est que, dans nos contrées, les *cris aigus* et *fréquens du hibou* sont un *présage de beau temps*, sur-tout en hiver.

72. Lorsque les *oiseaux qui perchent, demeurent moins long-temps à manger, et se réfugient plus fréquemment dans leurs nids*, c'est un *pronostic* de *tempête*. Mais lorsqu'on voit le *héron* se tenir *immobile* et *triste sur le sable des rivages*, ou lorsqu'on voit le *corbeau s'y promener*, c'est seulement un *présage de pluie*.

73. On croit communément que des *dauphins* (1) *sautant* et *jouant*, pour

---

(1) Le *dauphin* n'est rien moins qu'un *animal fabuleux*, comme le croit *le vulgaire des savans*; c'est un *animal très réel* et le *plus beau poisson de l'océan*; sa *couleur* est *verd et or*, comme celle de la *dorade*, à laquelle il ressemble aussi beaucoup par sa *forme*; mais avec cette différence qu'il a en effet la partie supérieure de la tête un peu arrondie, comme le *dauphin fabuleux* : cepen-

ainsi dire, *sur l'eau*, dans un *temps calme, annoncent* un *vent* qui doit souffler de la partie même d'où ils viennent (1); et qu'au contraire, lorsqu'ils *s'agitent plus violemment*, et font *jaillir l'eau*, c'est un *signe de beau temps*. Mais au fond, lorsqu'on voit les *poissons nager plus près de la surface de l'eau*, et *sauter de temps en temps*, on regarde cela comme un *signe de pluie*.

74. A *l'approche du vent*, les *porcs* sont comme *effrayés, s'agitent violemment* et font une infinité *de mouvemens sans objet*, qui *semblent* tenir de la *folie :* ce qui a fait dire aux gens de la cam-

---

dant il n'a point une *taille courte et ramassée*, comme celui des *poëtes* et de la *bibliothèque-bleue*, mais au contraire une *taille svelte et élégante*.

(1) Les marins croient qu'au contraire les marsouins nagent ordinairement *contre le vent* qui doit souffler; et *vont*, pour ainsi dire, *à sa rencontre*. Les poissons de cette dernière espèce ont beaucoup plus d'analogie avec le dauphin fabuleux, que ceux dont nous parlions dans la note précédente.

pagne que *cet animal si difforme et si hideux*, est *le seul qui pressente* et *voie*, pour ainsi dire, *le vent*.

75. A *l'approche du vent, les arraignées filent avec beaucoup plus d'activité qu'à l'ordinaire :* il semble qu'alors une sorte de *prévoyance* les porte *à se hâter;* car le *vent* les empêche ordinairement *de filer*.

76. *Un peu avant la pluie*, le *son* des *cloches* se fait *entendre de plus loin*. Mais, à *l'approche du vent*, ce *son*, qui alors est *fort inégal*, *se renforce et s'affoiblit alternativement*, à peu près comme il le fait *lorsque* le *vent* se *fait déja sentir*.

77. *Pline* assure que le *trefle* a un *mouvement* sensible de *trépidation*, et *relève* ou *roidit* un peu ses *feuilles à l'approche d'un vent violent*.

78. Suivant le même auteur, les vaisseaux où l'on met certains alimens, *transudent* quelquefois, et laissent à la *place* qu'ils ont occupée dans le *buffet*, une *humidité légère* (un *humor léger*), mais

sensible; ce qu'on peut, ajoute-t-il, regarder comme un *présage de grande tempête.*

AVERTISSEMENT.

Si l'on considère que les *pluies* et les *vents se forment* à peu près *des mêmes matières,* et ont *un aliment commun;*

Que le *vent* est toujours *précédé d'un certain degré de condensation* dans l'air; condensation qui a pour *cause l'air nouvellement formé et ajouté à l'air préexistant;* comme on en peut juger par ces *rivages* qui *retentissent,* ces *hérons* qui prennent *un essor si élevé,* à *l'approche du vent;* et par une infinité d'autres faits de cette nature;

Si l'on considère enfin, qu'*avant la pluie l'air se condense* aussi jusqu'à un certain point, avec cette différence toutefois que ce *fluide ensuite se condense beaucoup plus pour se convertir en pluie;* au lieu que, dans la *formation des vents,* il *se dilate et augmente de volume.*

Toutes ces choses, dis-je, mûrement

considérées, on concevra aisément que *la plupart des pronostics précédens* doivent être *communs aux vents et aux pluies*. Au reste, on pourra consulter sur ce sujet le livre qui traitera spécialement des *pronostics relatifs aux pluies*.

IMITATION DES VENTS.

Réponses aux questions de l'art. 33.

Si les hommes pouvoient *perdre l'habitude de fixer uniquement leur attention sur le sujet particulier dont ils sont actuellement occupés*, en rejetant tous les autres qu'ils regardent comme autant de *hors-d'œuvre*, et de se jeter, par rapport à ce sujet de prédilection, dans *une infinité de détails subtils, minutieux*, et souvent *inutiles*, leur *esprit* se tireroit peut-être enfin de cette espèce *d'engourdissement* qui les tient *éternellement cloués sur les mêmes choses*, ils se permettroient *quelques excursions nécessaires*; et *étendant* un peu plus *leurs pensées*, ils *trouveroient* quelquefois *au loin ce qu'en vain ils auroient cherché près d'eux* : car, dans *l'étude* et *l'application des loix de la nature*, comme dans celles *des loix civiles et politiques*, il faut *ramener aux mêmes principes les choses semblables*, et *étendre* peu à peu ces principes par le moyen de *l'analogie* : cela posé ;

1. Les *soufflets* sont pour l'homme ce qu'étoient pour *Eole* ces *outres* où les *vents* étoient *renfermés* ; car on en peut faire sortir des vents à volonté, mais des *vents*, à la vérité, *bien foibles*, et proportionnés à la foiblesse humaine. Les *gorges*, ou *pas de montagnes*, ainsi que les *dégagemens des édifices*, et les *cavités de forme sinueuse*, ou *angulaire*, qui peuvent s'y trouver, ne sont, à proprement parler, que de *grands soufflets* : or, les *soufflets*, proprement dits, servent principalement à *animer le feu*, et à *faire rendre des sons à certains instrumens de musique*. L'action des soufflets consiste à *pomper l'air*, par l'effet naturel de *l'horreur du vuide*, (genre de tendance que nous désignons ici par

l'expression reçue), et à l'*expulser par la compression*.

2. On a aussi des *éventails* ainsi appellés, parce qu'à l'aide des instrumens de cette espèce, on *s'évente* pour se *rafraîchir; effet* qu'on *produit* par une *légère impulsion* donnée à l'air.

3. Dans la réponse que nous avons faite à la question qui est le sujet de l'article 9, nous avons parlé de ces *ventilateurs* à l'aide desquels on *refraîchit l'air des salles à manger;* effet qu'on pourroit obtenir plus aisément et plus complètement par d'autres moyens, sur-tout par un *méchanisme* à l'aide duquel l'*air attiré et pompé par un côté, seroit évacué par l'autre* (à peu près comme il l'est dans un *soufflet*). Mais l'effet de tous ceux qu'on a imaginés jusqu'ici, dépend de la simple *compression de l'air.*

4. Les *flatuosités* sont dans le *microcosme* (dans le *petit monde, dans le corps humain*), et, en général, dans les *corps animés*, à peu près ce que les *vents* sont dans l'*univers*. Car, outre

qu'elles se forment aussi d'un *humor*, cet *humor* et ces *flatuosités se succèdent alternativement comme le vent et la pluie*. De plus, une *forte chaleur* suffit également pour les *dissiper* par la *perspiration*, ou par toute autre voie. Il est, par rapport à ces *flatuosités*, une autre observation qu'on pourroit aussi appliquer aux *vents*; savoir, qu'elles se forment ordinairement d'une *matière d'où s'exhale une vapeur tenace (visqueuse)*, et qui ne se résout pas aisément; par exemple de celle des *fèves*, d'autres *légumes*, des *fruits*, etc. Or, les *vents*, proprement dits, se forment aussi d'une *matière* qui a *les mêmes conditions*.

5. Dans la *distillation* du *vitriol* et d'autres *fossiles*, d'où *se dégagent* beaucoup de *flatuosités*, on a besoin de *récipiens d'une grande capacité*; autrement ils seroient *brisés* par l'*expansion violente* de cette *substance aëriforme*.

6. L'espèce de *vent* produit par l'*expansion du nitre* qui entre dans la composition de la *poudre à canon*, et qui

augmente la violence de la flamme, en augmentant sa force expansive, égale et *surpasse* même par ses *effets* les *vents proprement dits*, qui se font sentir dans l'univers, à l'exception de celui qui accompagne la *foudre*.

7. Or, ce *vent ignée* (1) produit par la *poudre* est *comprimé* dans les petites *armes à feu*, dans les *pièces d'artillerie*, dans les *mines*, dans les *machines infernales*, et dans ces magasins à poudre qui sautent en l'air. *Une grande quantité de poudre qui s'enflammeroit dans un air libre*, ne pourroit-elle pas, par la *forte commotion* qu'elle donneroit à *cet air*, produire un *vent qui dureroit plusieurs heures ?* C'est une question qu'on pourroit nous faire ici ; mais l'*expérience* ne nous a pas encore mis en état d'y faire une *réponse satisfaisante*.

_____

(1) Il qualifie de *vents ignées* toutes les *explosions*, par exemple, celle de la *poudre à canon*, celle de la *poudre fulminante*, celle de l'*éruption d'un volcan*, etc. c'est un jargon qu'il s'est fait, et auquel il faut s'accoutumer.

8. Le *mercure* recèle un *esprit fla-tueux* et tellement *expansif*, qu'il peut, dit-on, *imiter, égaler les effets de la poudre à canon;* on prétend même qu'*une très petite quantité* de ce *métal, mêlée avec cette poudre, augmente beaucoup sa force* (1). On parle aussi des prodigieux effets de l'*or fulminant;* c'est-à-dire, d'un *or* qui, après avoir subi certaines *préparations, détonne avec une force comparable à celle de la foudre;* tous faits que nous n'avons pas encore vérifiés par l'expérience ou l'observation.

---

(1) Cette augmentation de force ne vient peut-être pas de ce que la *force expansive du mercure se joint* à celle de *la poudre à canon;* mais de ce que les petites parties de ce *métal* qui est extrêmement *pesant, comprimant* et *bourrant*, pour ainsi dire, en détail cette *poudre,* peuvent, en *augmentant* la *réaction* qu'elle éprouve dans son mouvement *d'expansion,* donner ainsi *plus d'intensité à son action;* et il se pourroit qu'une *limaille métallique,* ou *du gravier très menu, mêlé avec la poudre,* produisît, en partie, *le même effet.*

OBSERVATIONS GÉNÉRALES.

Les mouvemens des *vents* peuvent être *contemplés* dans *ceux* des *eaux* comme dans un *miroir* : les *vents* sont, pour ainsi dire, *des inondations d'air analogues à celles des eaux ;* les unes et les autres ayant également pour *cause l'augmentation excessive de la quantité de leurs fluides respectifs.*

1. De même que certaines *eaux coulent des lieux élevés,* tandis que d'autres *sortent du sein de la terre,* certains *vents* se *précipitent de la région supérieure* de l'*atmosphère,* tandis que d'autres *transpirent de l'intérieur du globe.*

2. Comme on voit quelquefois dans les *fleuves deux mouvemens contraires*; (savoir : celui des *eaux* de la *mer,* et celui des *eaux* du *fleuve*), se *confondre et se réunir en un seul,* le *flux* de la *mer* prenant tout-à-fait le dessus; de même aussi, lorsque deux vents contraires soufflent en même temps, le plus fort surmontant et effaçant, pour ainsi

dire, le plus foible, finit alors par régner seul.

3. Ces *vents différens,* et quelquefois même *contraires,* qui *soufflent en même temps l'un au dessus de l'autre,* sont *comparables* à ces *courans contraires* qu'on observe dans certains *fleuves,* la *partie supérieure des eaux* se portant *dans un sens,* tandis que la *partie inférieure* se porte *dans le sens opposé.*

4. Les *tourbillons* de *vents* ressemblent à ces *pluies* où *l'eau semble être versée avec des séaux,* et qui tombent dans un très petit espace.

5. Ces *ondulations de l'air* qui accompagnent certains *vents,* ont de l'*analogie* avec ce qu'on observe dans certaines *eaux* violemment *agitées,* qui, tout en obéissant à leur *mouvement progressif,* ne laissent pas d'avoir de *fréquens mouvemens d'ondulation,* et qui, tantôt *montant et s'entassant,* pour ainsi dire, les *unes sur les autres,* tantôt se *précipitant de cette hauteur où elles se sont élevées, et retombant* ensuite *au dessous*

de leur niveau naturel, ouvrent ainsi des *sillons*, des espèces de *goufres* et d'*abymes*. Il est encore *entre les vents et les eaux*, beaucoup d'*autres analogies* qu'on peut tirer des observations mêmes que nous avons déja faites sur ce sujet.

Règles ou principes provisoires (1) *relativement aux vents.*

Parmi les principes, il en est de *généraux* et de *particuliers*. Ceux de ces deux espèces que l'on trouvera ici ne sont que *provisoires ;* car nous n'osons encore rien décider sur ce sujet. Les *principes particuliers* pourront être *recueillis*, et, pour ainsi dire, *glanés* dans nos différens articles. Quant aux *principes généraux*, nous allons les *extraire du tout.*

1. Le *vent* n'est autre chose que de l'*air mu ;* c'est *cet air même, mis en mouvement,* soit par une simple *impulsion,*

―――――――――

(1) Le texte original dit : *canones mobiles ;* mot à mot, *règles ou principes amovibles.*

soit par *l'addition des vapeurs* qui se combinent avec ce fluide ; addition en conséquence de laquelle il *tend à occuper un plus grand espace*.

Les *vents*, qui sont le produit d'une *impulsion donnée à l'air*, peuvent se former de quatre manières, et peuvent avoir pour *causes*, 1°. *le mouvement naturel* et *général de l'air* (d'orient en occident); 2°. *l'expansion de l'air dilaté par la chaleur du soleil*, qui, dans son mouvement diurne, répond successivement aux différentes parties de l'atmosphère terrestre ; 3°. un *froid subit* qui *condense ce fluide*; 4°. les *corps extérieurs* qui peuvent le *comprimer*.

2. A ces quatre causes on pourroit, à la rigueur, en ajouter une cinquième ; savoir : *l'agitation* et *l'ébranlement de l'air atmosphérique, occasionné par l'action des astres*; mais il faut écarter pour le moment de telles explications, ou du moins ne les adopter qu'avec une extrême circonspection.

3. Ces *vents*, qui sont le *produit* de

la *condensation* des *vapeurs,* viennent principalement de ce que *l'atmosphère se trouve surchargée par l'addition de l'air nouvellement formé de ces vapeurs, et ajouté à l'air préexistant,* addition en conséquence de laquelle *toute la masse de l'air atmosphérique se dilate, et tend à occuper un plus grand espace.*

4. *Une très petite quantité d'air nouveau,* ajoutée à l'air préexistant, peut *occasionner une grande dilatation dans tout le corps de l'atmosphère;* ensorte que cet *air nouveau,* et résultant de la *dissolution des vapeurs,* contribue beaucoup plus *à exciter le mouvement qu'à augmenter la masse totale;* cette masse *d'air en mouvement* qui constitue proprement le *vent,* étant presque entièrement *composée de l'air préexistant;* et il ne faut pas croire que ce soit *l'air nouveau* qui, en *donnant l'impulsion à l'air préexistant,* et le chassant devant lui, *forme* ainsi le *vent,* comme si c'étoient *deux corps séparés;* mais la vérité est que *ces deux espèces d'air mêlées et*

incorporées ensemble, que *le tout*, en un mot, *tendant à occuper un plus grand espace, l'air se met ainsi en mouvement.*

5. Quand cet autre principe de mouvement concourt avec la surabondance de l'air, occasionnée par l'addition de l'air nouvellement formé, ce n'est qu'une *cause accessoire, accidentelle,* dont l'effet est tout au plus d'*augmenter* et de *renforcer le vent originel,* qui est l'*effet de la cause principale.* Aussi les *vents les plus forts et les plus impétueux* sont-ils *rarement l'effet* de cette *simple surabondance de l'air,* et sont-ils presque toujours *produits par plusieurs causes combinées.*

6. Les *causes accidentelles* qui peuvent *concourir avec la surabondance de l'air,* se réduisent aux *quatre suivantes.*

1°. *Les substances aériformes qui transpirent de l'intérieur du globe.*

2°. *L'air ou les vapeurs précipitées de la région moyenne de l'atmosphère.*

3°. *La dissolution d'un nuage déjà formé.*

4°. Enfin, *l'acrimonie et l'extrême mobilité des exhalaisons.*

7. Le *vent* a presque toujours *une direction latérale (horizontale)* ; ceux qui sont le produit de la simple surabondance de l'air, l'ont dès le commencement ; ceux qui proviennent des substances aériforme transpirant du sein de la terre, ou précipitées de la région élevée, ne la prennent que dans les instans ultérieurs, à moins que cette *éruption*, cette *précipitation*, ou cette *répercussion* ne soit *très violente*.

8. L'*air* se laisse *comprimer* jusqu'à un certain point, avant de *céder à la pression de l'air nouveau*, ajouté à sa masse, et de *mettre en mouvement l'air contigu*.

Aussi l'*air* de tous les *vents* est-il un peu *plus dense* qu'un *air* tout-à-fait *calme*.

9. Les *vents* peuvent être *appaisés de cinq manières*, ou *par cinq causes* ; savoir : 1°. la *réunion* des *vapeurs* ; 2°. leur *incorporation avec l'air atmosphérique* ; 3°. leur *sublimation* ; 4°. leur

transmission ; 5°. leur *total défaut*, ou leur *trop petite quantité*.

10. Les *vapeurs*, ainsi que l'*air* même, peuvent *se réunir*, pour former de la *pluie*, de quatre manières (ou par quatre causes) ; savoir :

1°. Leur *abondance*, ou leur *poids* même qui *surcharge l'atmosphère*.

2°. Le *froid* qui les *condense*.

3°. Les *vents contraires* qui *poussent leurs particules les unes contre les autres*.

4°. Les *obstacles* qui les *répercutent*.

11. Les *vapeurs*, ainsi que les *exhalaisons* (1), peuvent être *la matière première des vents ;* car, quoique la *pluie* ne soit jamais le *produit des exhalaisons*, néanmoins il est une infinité de *vents* qui sont produits par des *vapeurs*. Mais il y a entre les *vents* de ces deux

---

(1) L'auteur désigne, par le mot de *vapeurs*, les *émanations aqueuses*, et par celui d'*exhalaisons*, les *émanations huileuses*, ou les émanations sèches.

espèces cette *différence*, que les *vents* formés de *vapeurs*, s'incorporent plus aisément à l'air pur, s'appaisent plus promptement, et sont *moins opiniâtres* (*moins durables*) que ceux qui sont le produit des *exhalaisons*.

12. Les *différens degrés* et les *diverses conditions de la chaleur* ne contribuent pas moins à la *formation des vents* que la *quantité* et les *conditions de la matière*.

13. Pour que la *chaleur du soleil* puisse *produire des vents*, elle doit être à *tel degré* et en *telle proportion*, qu'elle puisse *exciter des vapeurs*, mais cependant que ces *vapeurs* qu'elle excite, ne soient pas *en assez grande abondance* pour *se réunir en gouttes*, et *former de la pluie*, ni *en assez petite quantité*, pour que leurs particules *se détachent* les unes des autres, et *se dissipent aisément*.

14. Les *vents soufflent ordinairement de la partie même où se trouve leur matière première et leur aliment.* Lorsque

ces *foyers* (ou ces *sources*) sont *dispersés* en différens lieux, plusieurs vents soufflant de différens points, peuvent régner en même temps; mais alors le plus fort détruit le plus foible, ou, s'en appropriant la matière et le mouvement, il se renforce lui-même par ce moyen, ou enfin il en fléchit la direction.

15. Les vents peuvent se former, et se forment en effet, dans tous les points compris depuis la surface de la terre jusqu'à la région froide de l'atmosphère; cependant ils sont plus fréquens, dans la région voisine de nous, et plus forts dans la région élevée.

16. Les régions où les vents chauds soufflent fréquemment, sont plus chaudes qu'elles ne devroient être, eu égard à leur climat; et, par la même raison, celles où les vents froids se font sentir fréquemment, sont plus froides qu'elles ne le seroient naturellement.

Article consacré à l'utilité du genre humain (et problêmes utiles à résoudre),

Ou souhaits avec leurs approximations (1).

1ᵉʳ. SOUHAIT OU PROBLÊME.

Tailler et *disposer les voiles* des *vaisseaux,* de manière *qu'avec moins de vent* ils puissent faire *plus de chemin;* invention qui auroit l'avantage d'*abréger beaucoup les navigations de long cours,* et de *diminuer* beaucoup les *frais* énormes qu'elles exigent.

APPROXIMATION.

Nous ne trouvons aucune approximation précise, par rapport à ce but, du

---

(1) Il désigne, par ce mot d'*approximation*, les *effets qui approchent le plus* de *ceux* qui sont *l'objet* de ces *souhaits*, et que l'industrie humaine s'est déja mise en état de produire ; il l'emploie ici à peu près *dans le même sens que les mathématiciens.*

moins dans la *pratique*. Voyez à ce sujet nos observations générales sur l'art. 26.

2ᵉ. PROBLÊME.

Donner aux *ailes des moulins à vent* un *tel volume*, une *telle forme* et une *telle disposition*, qu'ils puissent, *avec moins de vent*, moudre la même quantité de grain, ou *avec le même vent*, en moudre une plus grande quantité ; invention qui seroit très *économique*, et qui pourroit devenir fort *lucrative*.

APPROXIMATION.

Méditer, dans cette vue, les expériences que nous avons faites nous-mêmes pour résoudre la question qui est l'objet de l'article 27; expériences dont le résultat semble présenter la chose presque faite.

3ᵉ. PROBLÊME.

Prévoir et *prédire quels vents s'éleveront* ou *tomberont* dans *tel temps* et dans *tel lieu* (ou *dans quels temps et dans quels lieux*, tels vents proposés s'éle-

veront ou tomberont); invention qui seroit fort *utile* à la *navigation* et à l'*agriculture ;* elle pourroit aussi donner quelques lumières aux *amiraux* et aux *chefs d'escadre,* pour *livrer à propos une bataille navale* et *bien choisir leur position* (1).

―――――――――――――――

(1) Elle donneroit les mêmes lumières à ceux de l'ennemi ; *une arme utile à tout le monde, quand une moitié de ce monde est ennemie de l'autre, n'est utile à personne ; si vous offrez à vos concitoyens un instrument pour détruire leurs ennemis, vous donnez à ces ennemis une leçon pour détruire vos concitoyens, et tôt ou tard une invention nuisible retombe sur son auteur.* Comme tous les secrets de cette espèce ne sont pas longtemps gardés, parce qu'il y a, d'un côté, trop de gens intéressés à les pénétrer, et, de l'autre, trop de gens intéressés à les révéler, tous ces moyens qui ne sont utiles aux uns qu'en nuisant aux autres, finissent tôt ou tard par être nuisibles à tous. *Les seules inventions vraiment dignes d'éloges, ce sont celles qui peuvent être utiles à tous et en tout état de cause, et qui, en sauvant nos amis, sauvent* aussi *nos ennemis.*

APPROXIMATION.

Nous avons donné beaucoup d'*indications* relativement à *ce but*, dans tout le cours de cet ouvrage, et principalement dans notre réponse à la question qui étoit le sujet de l'article 32 ; mais pour peu que les observateurs tournent leur attention vers cet objet, des observations plus exactes et plus multipliées, en indiquant avec plus de précision la *véritable cause des vents*, mettront ainsi la postérité en état de les *prévoir et de les prédire avec plus de justesse et de certitude.*

4ᵉ. PROBLÊME.

Former, d'après la considération attentive des *vents*, quelques *jugemens* et quelques *pronostics* sur d'autres sujets ; par exemple, deviner s'il y a des *continens, des îles*, etc. au-delà ou dans telle partie de telle mer ; ou, si dans les parages désignés, il n'y a qu'*une mer entièrement libre ;* invention qui seroit très *utile* à la *navigation,* et qui pourroit servir à faire de *nouvelles découvertes de terres inconnues* jusqu'à nos jours.

APPROXIMATION.

Ce qui en approche le plus, c'est cette *observation des vents réglés qui soufflent sur les côtes du Portugal,* et d'où *Christophe Colomb conclut l'existence réelle du continent* de l'Amérique.

5ᵉ. PROBLÊME.

Former aussi des *pronostics* relativement à l'*abondance* et *à la rareté des fruits et des grains;* invention qui pourroit procurer de grandes lumières et de grands profits aux *accapareurs* et *aux monopoleurs* de nos jours (1), comme à *Thalès* qui fit, dit-on, avec succès *le monopole des olives.*

---

(1) *Invention* qui seroit *très utile aux sangsues* et *très nuisible aux peuples sucés.* J'aimerois mieux, moi, découvrir un moyen pour leur persuader de se contenter d'un profit médiocre et de faire abonder le bled dans les marchés, quand son prix est trop haut.

APPROXIMATION.

A cette fin se rapportent quelques-unes de nos *observations* sur les *vents* qui peuvent *nuire*, soit par leurs *qualités* mêmes, soit en *abattant* les *fleurs*, les *fruits*, les *grains*, etc. et sur les *temps* où ils sont *le plus nuisibles*. Voyez sur ce sujet notre réponse à la question qui est l'objet de l'article 19.

6ᵉ. PROBLÊME.

Autres *pronostics* à faire chaque année, relativement aux *pestes*, aux *maladies contagieuses* ou *épidémiques*, de toute espèce, etc. Si l'on pouvoit découvrir des *règles sûres* qui servissent de *base* à de tels *pronostics*, cette invention fourniroit aux *médecins* des *indications plus précises*, et les mettroit en état de *découvrir* les *causes* des *maladies* de ce genre, et par conséquent d'y bien *approprier le traitement*; outre une infinité d'autres *applications aux différens besoins de la vie*, et dont elles seroient susceptibles.

APPROXIMATION.

A cette fin se rapporte aussi certaine partie de notre réponse à la question qui fait le sujet de l'article 30.

AVERTISSEMENT.

Au reste, sur ces *prédictions* relatives aux *vents* envisagés par rapport à *leur influence* sur les *grains*, les *fruits* et les *maladies*, on pourra consulter celles d'entre nos *histoires* (*naturelles* et *particulières*) qui auront pour objet la *médecine* et l'*agriculture*.

7e. PROBLÊME.

Exciter ou *appaiser* les *vents* à *volonté*. Dans les livres de *magie*, on trouve assez d'opérations superstitieuses et tendantes à ce but : mais elles ne méritent pas de trouver place dans une *histoire* aussi *sérieuse* et aussi *sévère* que la nôtre.

APPROXIMATION.

Aucune *approximation* de ce genre ne se présente à notre esprit pour le moment; et tout ce que nous pouvons faire ici, c'est de donner *deux directions générales* relativement à ce *but*.

1°. Il faudroit *analyser l'air avec plus de soin*, afin d'acquérir une *connoissance plus parfaite de sa nature et de ses qualités intimes*; connoissance qui *conduiroit* peut-être à la *découverte* de quelque *substance* qui, étant *jetée*, même *en petite quantité, dans les airs*, pourroit *exciter* et *multiplier* ces mouvemens de *dilatation* ou de contraction dans le corps de l'atmosphère, qui ont été le sujet d'un de nos articles; car un tel *moyen*, si l'on pouvoit le *découvrir, suffiroit* pour *exciter* ou *appaiser* les *vents*: ce qui a quelque *relation* avec ce que *Pline* rapporte touchant les *effets* du *vinaigre* jeté, par des *aspersions* multipliées, à la rencontre d'un *tourbillon*, en supposant que le fait soit vrai (1).

―――――――――――――

(1) Eh! pourquoi ne le seroit-il pas? Il me paroît à moi aussi facile *d'appaiser une tempête*,

En second lieu, s'il existe réellement dans l'intérieur du globe, des cavités où des vents d'un certain volume et d'une certaine force se trouvent resserrés et comme emprisonnés, il faudroit chercher quelque moyen pour leur donner une isssue; ce qui a quelque rapport avec ces *puits* qu'on voyoit autrefois en *Dalmatie*, et dont nous avons parlé au n°. 14 de l'article qui avoit pour objet les *origines locales des vents* : mais ces prisons où les vents sont renfermés, ne sont pas trop faciles à découvrir (1).

---

en seringuant du vinaigre vers les cieux, que *de faire sauter les rochers des Alpes*, par le même moyen, comme le fit, *dans certains livres, le grand chymiste Annibal*, qui, alors *ayant à peine du pain* pour *ses hommes*, et du *foin* pour *ses chevaux*, étoit par conséquent *très bien pourvu de vinaigre.*

(1) J'ai examiné en *Suisse* une infinité de *grottes*, de *cavernes*, etc. et je n'y ai rien observé de semblable. Les *vents d'une certaine force* sont de *grands effets*, des *effets violens*, et de plus des *effets intermittens*. Ainsi, *la plupart des vents* ne peuvent être *produits* ni par de *petites causes lo-*

8e. PROBLÊME.

Produire des *effets extraordinaires, étonnans,* ou simplement *amusans,* par le moyen des *vents.*

---

cales, ni par des *causes* dont *l'action* soit, rigoureusement parlant, *continue,* mais par des causes *résidant* dans une *matière abondante, agissant en tout lieu et presque en tout temps,* et dont l'action soit *intermittente.* Peut-être ce *léger souffle* qu'on sent, en *approchant sa main d'une barre de fer, quadrangulaire, électrisée et isolée,* en dit-il plus que tout son traité ; car enfin, puisque, dans un orage, au moment même où l'éclair brille, et quelquefois avant que le tonnerre se fasse entendre, on sent presque toujours une bouffée de vent, ou une flaquée de grosse pluie, ou l'un et l'autre, la considération attentive de ce *maximum d'électricité, de vent et de pluie,* ne fait-il pas soupçonner qu'*une électricité plus foible, mais plus étendue et plus continue,* est *la cause la plus générale des vents et des pluies;* qu'il y a *continuellement dans l'atmosphère de vastes, mais foibles orages;* que le *globe terrestre* est le *plateau,* et que le *soleil* est *le frottoir,* ou le *corps perpétuellement idio-électrique ,* etc. etc. etc. car il faut *s'arrêter* pour ne *pas se perdre*

APPROXIMATION.

Nous n'avons pas actuellement le loisir de nous occuper ex-professo d'un tel sujet : ce qui en approche le plus, ce sont *ces combats si connus des cerfs-volans,* et les *joûtes* de *bateaux* ou de *vaisseaux,* dont l'objet est de *gagner le dessus du vent,* etc.

---

et *pour finir.* Quoi qu'il en soit, en supposant même que cette conjecture soit fondée, ce n'est point du tout une raison pour rejeter toutes ces causes que l'auteur vient d'assigner, mais seulement un motif pour ajouter un chapitre à son traité.

SUPPLÉMENT

A L'HISTOIRE DES VENTS.

Les *observations* et les *conjectures* qui font la matière de ce *supplément*, sont presque toutes extraites des ouvrages des deux plus célèbres *météorologistes* de notre temps (le Père *Cotte* et *Toaldo*). Je dois une partie de cet extrait aux soins du cit. *Modeste Gence,* avec qui je m'étois associé pour un travail sur les *météores,* et qui m'a aidé avec cette *complaisance,* ce *zèle* soutenu, cette *sagacité* et cette *modestie* qui le caractérisent. On trouvera dans l'article du Père *Cotte* quelques observations de *Toaldo,* mais avec des additions ou des changemens que le *météorologiste français* a cru devoir y faire, en les insérant, par extrait, dans son excellent ouvrage. Quant aux miennes, qui sont en très petit nombre, je les placerai entre deux crochets, ou dans les notes. J'ai eu l'attention de conserver les expressions des auteurs respectifs, même en les réformant, parce que *mes corrections* pouvant être autant d'*erreurs*, j'ai dû mettre le lecteur à portée d'en juger par lui-même.

Extrait des essais météorologiques de Toaldo.

Je me propose de résoudre les deux questions suivantes :

1°. Peut-on découvrir, en général, quelque *retour* ou *période* de saisons ?

2°. Quelles sont, en particulier, la *condition* et la *cause des années extraordinaires, sur-tout pour les pluies ?*

SOLUTIONS.

1°. Si le soleil, la lune et les autres planètes exécutoient leurs mouvemens propres dans des *cercles concentriques* à l'équateur, il est probable qu'il n'y auroit, pour tous les lieux de la terre, qu'une seule saison dans toute l'année, et que les années seroient toutes à peu près semblables et égales entr'elles. Mais l'orbite solaire (*apparente*) coupe obliquement l'équateur, d'où il résulte qu'en s'approchant et s'éloignant successivement (*du zénith*) des différens lieux, il régit les quatre saisons annuelles, et ces saisons seroient encore à peu près les mêmes tous les ans, sans l'altération occasionnée par la combinaison (de l'action de cet astre avec celles) des autres planètes, et principalemement (avec celle) de la lune qui décrit une orbite encore plus oblique que celle du soleil, et beaucoup plus excentrique à la terre (1).

---

(1) Il n'est pas douteux que les causes locales et particulières ont quelque influence sur la température et sur les météores de chaque région terrestre ; mais il est évident qu'elles influent très peu sur les phénomènes de ce genre, occupant de grands espaces, dans le temps, ou dans le lieu. On peut présumer que Mercure, Vénus, Mars, Jupiter, Saturne et leurs satellites ont une influence analogue (quoique plus foible), sur-tout lorsque ces planètes se trouvent toutes du même côté ; mais l'observation n'a encore rien déterminé sur ce point. Ainsi, selon toute apparence, les

A ces quatre points du cours de la lune, la pleine et la nouvelle lune, et les deux quartiers, il faut ajouter ces six autres, l'*apogée* et le *périgée*, les deux équinoxes et les deux solstices (lunistices), ce qui fait dix en tout.

Ces dix points lunaires influent avec beaucoup plus de force et de régularité que tous les autres, sur les changemens de temps.

---

deux principales causes de tous les météores et de tous les autres phénomènes, qui n'en sont que des conséquences naturelles, ce sont les deux plus visibles ; je veux dire, le soleil et la lune. Cela posé, il est clair que, s'il y a en effet des périodes, des retours de saisons, ou de parties de saisons, ces retours doivent avoir lieu à peu près aux époques où ces deux astres se trouvent dans les mêmes situations respectives; par exemple, aux points correspondans de cette période si connue, qui est l'objet du nombre d'or, et qui est de dix-neuf ans, ou plus exactement de dix-huit ans, deux cents dix-neuf jours, huit heures, quarante-huit minutes. On verra plus bas que ce résultat du simple raisonnement est parfaitement d'accord avec l'observation directe.

Chaque mois, la lune s'éloigne de la terre, et s'en rapproche de 27000 milles : on appelle *périgée, le point de sa plus grande proximité ;* et apogée, *le point de son plus grand éloignement.* Or, cette *différence de distance* doit, sans contredit, *altérer* beaucoup la *force* ou *action* de la *lune* sur les *eaux de la mer* et sur l'*atmosphère.*

On observe en effet que les *marées* sont beaucoup *plus hautes,* vers le *périgée* que vers l'*apogée.*

On observe de pareilles *altérations* dans l'*air,* et il est prouvé que ces *deux points* sont les *plus efficaces* pour produire des *vents,* des *pluies* et la *sérénité ;* mais sur-tout lorsqu'ils *se rencontrent* avec les *nouvelles* et les *pleines lunes.*

On a même reconnu que cette *variation* se fait *sentir* jusques sur le *baromètre ;* ce dont on s'est assuré par la comparaison de quarante ou cinquante années d'observations.

La *lune* passe *en quatorze jours,* du

périgée à *l'apogée, et revient au même point en vingt-huit jours* à peu près (en vingt-sept jours sept heures quarante-trois minutes). Mais ce qu'il faut remarquer, c'est que *ces points* ne sont pas *fixés à un lieu donné de l'orbite lunaire,* mais qu'ils s'avancent lentement selon l'ordre des signes du zodiaque, en décrivant environ quarante degrés par an, et achevant leur révolution en huit ans et dix mois (en huit ans, trois cent dix jours, dix heures, cinquante-huit minutes).

Ces *deux points* étant les *deux principales causes* de la *perturbation* que la *lune* exerce sur la *terre,* on doit croire qu'en s'avançant ainsi dans le zodiaque, ils *entraînent avec eux,* dans leur révolution, *une certaine impression particulière,* tant sur les *eaux* que sur l'*air*.

Il résulte en effet des observations faites à Venise *par Lemanza,* què, chaque année, dans le *signe du zodiaque,* où se trouve le *périgée* de la *lune,* la *somme des marées,* pour les *jours* où la *lune* est dans ce *signe*, *est toujours plus grande*, et que cette *plus grande somme s'avance* avec les années, *d'un signe à l'autre*, en même temps que le *périgée*.

Nul doute que l'*impression analogue* sur les *saisons* et les *constitutions des années*, ne doive *circuler semblablement* avec l'*apogée* et le *périgée*, et ne vienne ainsi à former une *période de saisons qui s'achève avec la révolution de l'apogée même*, c'est-à-dire *en neuf ans* à peu près : conjecture qui sera confirmée par la *presque égalité* qu'on trouve dans *les mesures de pluie, de neuf en neuf ans.*

Ainsi, pour *évaluer* avec *précision* le *produit* d'une *campagne*, on doit le fixer sur un *tableau de neuf années consécutives*.

En second lieu, l'*effet* d'un *agent* dépendant beaucoup de la *perpendicularité* et de l'*obliquité* de son *action*, comme il y a une *grande différence*, tant par rapport à la *terre* que par rapport à *un lieu particulier*, dans l'*action* de la *lune* elle-même, selon qu'elle est *voisine*, *éloignée*, ou à une *distance moyenne*, du *zénith* de ce *lieu*, son *action* doit aussi beaucoup *varier* pour l'*intensité*, selon que la *ligne* des *apsides* répond à tel ou tel *signe* du *zodiaque*, selon, dis-je, que cette *ligne* répond *aux deux équinoxes, aux deux solstices*, ou autres lieux intermédiaires. D'où il résulte que l'*impression générale* de la *lune* sur l'*atmosphère différera d'une année à l'autre*, et qu'elle ne *reviendra la même* qu'après la *révolution* entière de l'*apogée*, c'est-à-dire après environ *neuf ans*.

Nous devons placer ici deux avertissemens.

1°. Il ne faut point espérer qu'on trouvera, après les neuf années révolues, une *ressemblance* ou une *égalité parfaite*, dans les *saisons* et les *années*, vu qu'il n'est pas question ici de *quantités mathématiques*, mais d'*effets physiques* où la *multiplicité des causes incidentes* défend de chercher cette *grande précision*. Il suffira donc de trouver dans ces *années correspondantes* une *ressemblance sensible*.

2°. L'*action* des *astres* n'est pas *astreinte* à des *points indivisibles du temps et du lieu;* elle a une *étendue de plusieurs degrés,* et quelquefois *d'un signe entier.*

Or, l'apogée lunaire parcourant, comme on l'a dit, quarante degrés par an, il se peut trouver *dans le même signe,* ou à très peu près, *en deux années immédiatement consécutives,* ce qui peut occasionner une *ressemblance entre ces deux années,* ou même faire *avancer d'une année le retour de la saison.* Ainsi la *ressemblance* qui ne devroit avoir lieu *qu'à la neuvième année,* aura lieu *vers la huitième.*

Pline observe (lib. 2, c. 97), que les marées, au bout de huit ans, sont rappellées aux *principes de leurs mouvemens,* et à des hauteurs égales, par la variation de la centième lune; *maris œstus per octonos annos ad principia motûs et ad paria incrementa, centesimo lunae revocari ambitu.*

Et, en parlant des *saisons* (lib. 18, c. 25), il dit que les saisons *subissent tous les quatre ans* une espèce d'*effervescence*, mais qu'elles en souffrent une plus marquée au bout de huit ans, par la révolution de la centième lune : *tempestates ardores suos habere quadrinis annis;.... octonis verò augeri easdem, centesimâ revolvente se lunâ.*

Nous avons dit que l'*impression* de la *lune* et de son *apogée* varie selon les *signes* du *zodiaque*, à raison de leur plus ou moins grande *obliquité*, par rapport à un *climat* : c'est ce qu'on doit vérifier sur-tout pour les *extrêmes*; c'est-à-dire, pour les *deux signes solsticiaux*, parce que ce sont les deux *situations extrêmes* pour *un pays donné*, spécialement *hors des tropiques*; l'une, la plus perpendiculaire et la plus élevée; l'autre, la plus oblique et la plus basse que puisse avoir la *lune* avec ses *apsides*.

Il semble que leur *impression annuelle* doive, comme *celle* du *soleil*, *différer* souverainement *du cancer au capricor-*

ne. Quand l'*apogée* est au *capricorne*, le *périgée*, qui lui est toujours *diamétralement opposé*, se trouve *au cancer;* et ce *point*, étant le *plus efficace*, déploie *plus énergiquement* son *action*, dans cette situation, sur nos *mers* et sur notre *atmosphère*.

La *somme des marées* est *très grande* dans les années de cette espèce, comme en 1753.

Au contraire, l'*apogée* étant dans le *cancer*, le *périgée* se trouve au *capricorne*, d'où il résulte alors que son *action* est *très foible*.

Néanmoins, comme souvent, en toutes choses, *les extrêmes se touchent*, et parce que les perturbations de l'atmosphère naissent, par un équilibre en plus ou en moins, par excès ou par défaut, (naissent de l'action d'une cause qui trouble l'équilibre, par sa variation en plus ou en moins, par son excès ou son défaut), il peut arriver que les *altérations* de *l'atmosphère*, et les *saisons* qui en dépendent, *reviennent semblables*, *l'apogée* se trouvant tantôt dans l'une, tantôt dans l'autre de ces limites (1).

Mais quand même ces *impressions extrêmes* seroient *différentes*, il n'en seroit pas de même des *signes parallèles*, les *gemeaux* et l'*écrevisse*, le *taureau* et le *lion*, le *bélier* et la *vierge*, la *balance* et les *poissons*, le *scorpion* et le *verseau*, le *sagittaire* et le *capricorne*.

Tous ces signes, *pris deux à deux*,

---

(1) Ce raisonnement nous paroît faux : à la vérité, l'excès et le défaut doivent également *troubler l'équilibre* de l'atmosphère, et le *mettre en mouvement*; mais ils ne doivent pas le *troubler* de la *même manière*, pour un même lieu. Lorsque *l'excès*, par exemple, se trouve en deux années différentes, *dans deux points diamétralement opposés*, par rapport à ce lieu, ce *mouvement* doit se faire aussi *en deux sens opposés*. S'il se fait *du nord vers le sud*, dans l'un des deux cas, il doit se faire *du sud vers le nord*, dans l'autre cas : ce qui doit par conséquent produire aussi *deux vents opposés* et *deux températures contraires*. Pour peu que cette théorie de Toaldo soit fondée, lorsque le *périgée lunaire* répondroit au *capricorne*, durant *l'hiver*, il devroit occasionner de *grandes ge-*

ont la *même situation*, la *même rela-tion* et la *même direction* pour *un lieu donné* de la terre, et l'action d'un de ces signes ne pourroit différer de celle du signe correspondant, que *par l'effet de l'impression des précédens*, qui peut *varier* par *l'ascension* des *uns*, et la *descension* des *autres*.

Voilà donc encore deux autres cas où deux années immédiatement consécuti-

---

lées dans nos contrées; et lorsqu'il seroit dans ce *même signe*, durant *l'été*, il occasionneroit de grandes *sécheresses*. Car alors la *lune attirant l'humor aqueux* de notre atmosphère, comme elle *attireroit* les *eaux* de *l'océan*, détermineroit cet humor vers le point de la surface du globe auquel elle répondroit verticalement; par conséquent elle en priveroit notre atmosphère et la dessécheroit; par la même raison, elle détermineroit un mouvement de l'air vers ce même point, c'est-à-dire, *du nord vers le sud*, deux effets qui concourroient à occasionner dans nos contrées *de grandes gelées* durant *l'hiver*, et de *grandes sécheresses* durant *l'été*. Or, c'est ce qu'il est facile de vérifier sur un *journal d'observations météorologiques*, où soient marqués les points lunaires.

ves peuvent et doivent se ressembler ; savoir : quand l'apogée parcourt les signes des *gemeaux* et de l'*écrevisse,* du *sagittaire* et du *capricorne.*

Mais quant aux *signes parallèles, intermédiaires, l'apogée passant* de l'un à l'autre, par exemple, du *taureau* au *lion, en trois ans,* une troisième année pourra aussi quelquefois ressembler à une première.

Mais, dans de telles années, il ne devroit point y avoir d'*accidens extraordinaires, l'impression* de ces situations étant *médiocre,* et on devra probablement s'attendre, en pareille situation de l'*apogée,* à des *années uniformes* et *tempérées.*

Deux situations *non moins* et peut-être *plus remarquables* que les *solsticiales,* sont celles des *équinoxes,* qui comprennent à peu près un signe de chaque côté de l'*équateur;* savoir : les *poissons* et le *bélier,* pour l'*équinoxe* du *printemps;* la *vierge* et la *balance,* pour celui d'*automne.*

C'est dans ces situations que les astres agissent avec le plus de force sur la totalité de la terre, parce qu'alors la direction de leur action est perpendiculaire (verticale) et diamétralement opposée à celle de la pesanteur (1).

Dans ces situations, les *marées* ont *leurs plus grandes hauteurs*, et les *hauteurs mêmes* du *baromètre* s'en *ressentent*.

Actuellement, remarquez que l'apogée passe d'un équinoxe à l'autre en quatre ou cinq ans, ou plus exactement en quatre ans et cinq mois.

De plus, l'*impression* d'un *équinoxe*, c'est-à-dire, de la *lune* et de ses *apsides*, situés dans le plan de l'*équateur*, est égale, tant dans l'un que dans l'au-

---

(1) Elle est alors plus forte pour diminuer la pesanteur des fluides, et leur donner un mouvement de bas en haut; mais moins forte pour leur donner des mouvemens latéraux ou presque latéraux; tels que ceux d'où résultent les vents de nord, de sud, etc.

tre, abstraction faite des autres circonstances.

Ainsi, toutes les *quatrièmes* ou *cinquièmes années* doivent *ressembler* aux *premières*, dans l'ordre qu'on aura choisi, quelle qu'en soit l'époque; et un pareil retour doit avoir lieu par rapport aux *signes solsticiaux*.

Voilà ce que *Pline* entend, lorsqu'il dit que les *saisons* sont sujettes à une espèce d'*effervescence tous les quatre ans :* et comme, dans le *calendrier Julien*, il y a *tous les quatre ans* une *année bissextile*, c'est là le fondement de cette plainte si commune du peuple sur l'*année bissextile*, qu'il regarde comme une année malheureuse (1).

Actuellement, pour terminer ce qui regarde les *périodes* des *années*, dès que nous connoissons les *périodes simples*, qui sont de 4, de 5, de 8 ou de 9 ans,

---

(1) Dans certaines provinces de France, les rustiques cultivateurs l'appellent *l'année de bicêtre*.

il nous sera facile de nous élever aux périodes composées ; car il suffira pour cela de *doubler* et de *multiplier* chaque *période simple, par elle-même* ou *par une autre,* ou de les *combiner les unes avec les autres*.

On aura la *période composée* de 18 ans (qui comprendra *deux révolutions de l'apogée,* et cette *révolution de* 223 *lunaisons,* appellée Saros par les Chaldéens) ; période qui devroit ramener les saisons avec d'autant plus d'exactitude, qu'elle approche de la *révolution entière des nœuds de la lune,* laquelle *variant,* dans la succession des années, la *déclinaison annuelle* de la *lune* elle-même, peut en *augmenter* ou en *diminuer* l'action.

On peut encore *doubler* la *période* de *8 ans,* et l'on aura celle de 16 ; mais il faut convenir qu'il y aura ici une *ambiguité* entre la 16e. la 17e. et la 18e. car l'on doit se souvenir qu'une impression se répand sur l'étendue d'un signe et au-delà.

Si, au nombre de 8 et même de 9 années, on ajoute la petite période de 4 ans, on aura celle de 12 ou même de 13.

En un mot, toutes les années répondant aux nombres divisibles par 4, par 8, par 9 (et même par 2), à commencer d'une certaine époque, pourront ressembler aux années précédentes.

Mais, il faut le répéter, ne demandons ni une *ressemblance parfaite*, ni des *mesures précises; l'année semblable* pourra, par les raisons exposées ci-dessus, *tantôt avancer, tantôt retarder d'une année,* sans que la règle du système doive en souffrir ; d'autant plus qu'à la rigueur les *mouvemens* des *astres* sont *incommensurables entre eux.*

Le *retour* de l'*apogée lunaire* au *même signe du zodiaque,* a lieu *après huit ans et dix mois,* en négligeant les petites quantités. Ainsi, au temps de ce retour, le *soleil* se trouve *éloigné* du lieu où il étoit au commencement de la première période, de *deux mois* ou de *deux signes;* après la seconde période, de *quatre mois* ou de *quatre signes;* après la troisième, de *six mois* ou de *six signes;* c'est-à-dire que, si le commencement de la première période étoit au cœur de l'hiver, le commencement de la quatrième se rencontrera au milieu de l'été.

L'impression de l'*apogée* sera donc *modifiée d'une autre manière,* et produira des *météores* d'une toute *autre espèce.*

Voilà pourquoi la 9ᵉ. la 18ᵉ. et la 27ᵉ. année ne peuvent amener une ressemblance parfaite. Ainsi l'année semblable pourra être, au lieu de la 9ᵉ. la 8ᵉ.; au lieu de la 18ᵉ. la 17ᵉ.; au lieu de la 27ᵉ. la 26ᵉ.; au lieu de la 36ᵉ. la 35ᵉ.

Mais il suffit que, dans cet espace de temps, l'on puisse raisonnablement attendre une année semblable (qui peut avancer ou retarder d'une année); semblable, dis-je, à la 8ᵉ. ou à la 9ᵉ. qui a précédé, dans un ou dans plusieurs intervalles.

On n'aura un retour qui approche du véritable, qu'après six révolutions de l'apogée ; durant lesquelles les deux mois dont il s'en faut que chaque révolution de l'apogée ne fasse neuf années, forment une année entière, laquelle soustraite de 54 ans (nombre d'années que donneroient six révolutions de 9 ans), donne une période de 53 ans, qui, d'après ce calcul, semble devoir être la plus exacte, puisqu'au bout de 53 ans l'apogée revient à la même situation, par rapport au soleil, avec la seule différence de *trois* ou *quatre degrés*, qu'on doit compter pour rien ; et alors commencera un nouveau cercle de neuf années, lesquelles différant un peu entre elles, par les raisons exposées, correspondront aux années respectives de la première période. Car on ne peut prétendre que chaque année représente en rigueur la 54e. précédente, quoique cette ressemblance parfaite se rencontre quelquefois.

Il faudroit, pour constater cette assertion, plusieurs siècles d'observations. Je n'ai que la mesure de la pluie tombée à Paris. Dans cette ville, la mesure de la pluie fut, en 1699, de 18 pouces 8 lignes, et en 1752, qui est la 54e. de 19 pouces 4 lignes, avec la différence de 8 lignes seulement.

La somme de la première neuvaine fut de 160 pouces 3 lignes; la somme de la sixième neuvaine, de 160 pouces 4 lignes; avec la différence presque incroyable d'une seule ligne.

Si l'on cherchoit un retour encore plus exact de l'apogée de la lune avec le soleil, il faudroit remonter jusqu'à la 115e. année; époque où l'apogée retourne, au commencement de l'année, à la même situation qu'auparavant, à un degré près.

Ce système, bien lié dans toutes ses parties, est confirmé tant par les tables météorologiques de l'essai que nous avons publié, et par celles auxquelles nous les avons comparées, que par la *chronique* des pluies ci-après : je passe à la seconde question.

J'ai dit, dans mon essai, que l'impression des apsides, quelle qu'elle fût, devoit arriver à son maximum dans les points cardinaux du zodiaque, et j'en ai dit ci-dessus la raison. Il suit de là que les années qui répondent à cette situation de l'apogée, doivent avoir quelque chose de singulier et d'extraordinaire dans les saisons, et dans les effets de ces saisons, tels que maladies et récoltes.

Rappellons-nous donc que l'apogée, en faisant sa révolution entière de huit à neuf ans, passe, en quatre ans, d'un solstice à l'autre, et d'un équinoxe à l'autre : mais, en deux ans, d'un équinoxe à un solstice, et d'un solstice à un équinoxe.

Le célèbre *Lambert* avoit déja observé, sur les *hauteurs*, *apogées* et *périgées* du *baromètre*, et l'observa encore mieux sur *notre table*, que les *plus grands défauts*, dans les *hauteurs apogées*, se succèdent de *quatre en quatre ans*, *l'apogée lunaire* étant dans les *équi-*

noxes; et les *excès* aussi de *quatre en quatre ans*, *l'apogée* étant près des *tropiques*. Ainsi, les *différences* les plus remarquables entre les *hauteurs positives* et les *négatives*, se succèdent de *quatre en quatre ans*; ce qui porteroit à croire qu'aux années de pluie devroient succèder, après deux ans, les années de sécheresse, et au contraire. Mais on doit faire attention que, pour *l'équilibre* de *l'atmosphère*, l'*excès* vaut autant que le *défaut*.

On pourroit dire avec plus de raison que de deux en deux ans, et encore mieux de quatre en quatre, il y aura de l'*irrégularité* dans les *années*. Et si l'on veut prendre la peine de noter, année par année, le *lieu* de *l'apogée lunaire*, dans nos *tables* de la *pluie*, du *baromètre*, des *maladies mortelles*, du *prix* des *denrées*, etc. l'on verra qu'en effet cette *irrégularité* se rencontre à ces intervalles; que souvent *à l'excès succède, deux années après, le défaut; et vice versâ*.

Dans l'article relatif à la *médecine*,

j'ai dit que *toutes les quatrièmes ou cinquièmes années* donnoient *de l'exercice aux médecins et aux prêtres.*

Dans l'article relatif à *l'agriculture*, j'ai averti, d'après le témoignage d'un vieux *cultivateur*, que *quiconque sauroit conserver les productions de la terre pendant trois ou quatre ans, seroit certain de les vendre fort cher*, vu qu'il ne se passe jamais quatre années sans qu'il y en ait une malheureuse.

Les *années* fort *pluvieuses*, à notre connoissance, sont 1728, 1744, 1745, 1755, 1764, 1772. Dans toutes ces années, l'*apogée lunaire* étoit au *bélier*. En 1758 et 1769, il étoit dans la *balance*; en 1748, dans le *cancer*.

Dans les *années de sécheresse* 1725, 1743, 1762 (après une année très pluvieuse), années éloignées l'une de l'autre de dix-huit ans, l'*apogée* étoit au *capricorne*; en 1747, dans le *cancer*; en 1737, dans le *bélier*.

Il sembleroit, en général, que la *situation de l'apogée dans les équinoxes*, porteroit à l'*humidité* ; et sa situation dans les *solstices*, à la *sécheresse* ; mais il seroit plus vrai de dire que *ces quatre situations inclinent à l'extraordinaire* ; qu'elles produisent les *années intempérées*, et par conséquent *extraordinaires*.

On verra par la chronique ci-après, que toutes les années remarquables par les *pluies* et les *inondations*, se rencontrent avec la situation de *l'apogée lunaire près des points cardinaux*, mais spécialement près des équinoxes ; je crois qu'on peut en donner l'explication suivante.

Dans cette situation, les *nouvelles* et les *pleines lunes*, pendant deux mois du printemps, et deux autres mois de l'automne, *concourent avec l'apogée, avec les équinoxes de la lune, et près des équinoxes solaires* ; tous *points* d'une *grande efficacité* pour *troubler l'atmosphère*.

Pendant deux autres mois, près de l'un et de l'autre *solstice*, les *apsides* et les *équinoxes lunaires* concourent avec les *quartiers* de la *lune*; et par cette raison, ils rendent ceux-ci encore plus turbulens.

Dans les autres mois intermédiaires, tous ces points sont répandus avec un intervalle de peu de jours entre eux.

Quand l'*apogée* et le *périgée* sont près des *solstices*, il en résulte des combinaisons semblables, avec la seule *alternative des sizygies aux quadratures* : que doit-il donc arriver dans de pareilles années?

Il arrive, 1°. que l'*atmosphère reçoit une forte impression*, au *commencement* de la *saison*; puisque par la suite elle n'a plus de *repos*, ni, pour ainsi dire, *le temps de changer* (1).

Ici se place naturellement un de nos

---

(1) Pour que des causes moins puissantes puissent modifier l'atmosphère, et y occasionner un changement sensible, il faut qu'elles la trouvent dans une sorte d'*équilibre* ou de *repos*; mais, lorsqu'elle a reçu une forte impression par l'action d'une cause très puissante, ces petites causes ne pouvant en détruire l'effet, mais seulement le diminuer, elle conserve long-temps l'impression reçue.

axiômes météorologiques, savoir, que les saisons prennent, au temps des équinoxes ou des solstices, un certain *ton*, une certaine *habitude*, tantôt pour trois mois, tantôt pour six ; ce qui s'est vérifié spécialement en cette année, par les trois mois d'un automne serein, et par les six mois de pluie consécutive.

Des autres situations naissent des combinaisons semblables ; mais elles ne sont pas si efficaces.

Si par hazard on trouvoit dans l'histoire quelques années extraordinaires hors de cette règle (et je n'en dissimulerai aucune dans la chronique ci-après), je dirai toujours qu'une *exception rare ne rompt pas la règle*.

Chronique des années remarquables par les pluies et les inondations.

1772. Cinq mois de pluie, l'*apogée* passant des *poissons* au *bélier*.

1764 et 1765. Hiver tiède et très pluvieux depuis la fin de l'automne ; l'apogée au *bélier*.

1754 et 1755. L'apogée parcourant les poissons et le bélier, ces années furent extraordinaires par les pluies, les tempêtes, les tremblemens de terre, etc. dans tout le monde. Voyez la collection académique (liv. Ier.)

1746. Année de tourbillons et de tremblemens de terre ; l'apogée au bélier.

1733. Année extraordinaire pour les tempêtes; l'apogée dans la balance.

1728. Année très pluvieuse ; l'apogée au bélier.

1702. Hiver très doux en Italie ; les pluies commencèrent à la fin de février, et durèrent plus de quatre mois : puis un intervalle de trois mois de sécheresse brûla toutes les récoltes : suivirent quatre mois, et plus, de pluie ; l'apogée au bélier.

1693. Année *tempêtueuse* en Italie, à la Chine, au Mexique, et ailleurs ; l'*apogée* au bélier.

N. B. On voit que ces années sont éloignées entre elles d'espaces égaux à ceux que nous avons déterminés, c'est-à-dire de huit à neuf ans, de quatre à cinq, ou de leurs multiples.

1688. Année mémorable, pour les tempêtes, par toute la terre, et pour les tremblemens de terre.

1683. Année funeste par les pluies, les inondations, les tempêtes, et autres météores extraordinaires, sur toute la terre, spécialement en Allemagne, pendant l'été ; l'apogée parcourant les poissons et le bélier.

1680. Année de vents, tempêtes, inondations, spécialement en Suisse ; l'apogée dans la balance.

1666 et 1667. Années tempêtueuses en Asie et en Europe ; l'apogée dans les poissons et le bélier.

1624. Année malheureuse ; horrible hiver, suivi d'inondations en automne ; l'apogée près du solstice d'été.

1617. Grandes inondations en Espagne ; l'apogée dans la vierge et la balance.

1612 et 1613. Années pluvieuses et tempêtueuses, dans toute l'Italie et ailleurs ; l'apogée dans les poissons.

1608. Hiver horrible, suivi d'inondations ruineuses en automne; à Padoue, l'eau fut d'une hauteur extraordinaire : l'apogée dans la vierge. Cette année, pour le froid de l'hiver et les pluies de l'automne, ressemble aux années 1624 et 1770; avec cette différence que, dans la dernière, l'apogée étoit près du solstice d'hiver.

1599 et 1600. Dans l'hiver situé entre ces deux années, grandes et fréquentes inondations à Rome; l'apogée dans la vierge et la balance.

1578. Grande pluie, quatre comètes; l'apogée au bélier.

1557. Inondations à Rome et en Toscane, durant l'automne; l'apogée près du solstice du capricorne.

1528. Des pluies continuelles en été; l'apogée près de la balance.

1529, 1531 et 1532. Tempêtes, famines, pestes, tremblemens de terre; en 1529, l'on vit encore quatre comètes; l'apogée étoit dans la balance; et en 1532, à la fin des poissons.

1495. En automne, des pluies continuelles et des inondations terribles dans la Lombardie, la Bresse, le Padouan, et à Rome, tous les fleuves de ces pays s'étant débordés; l'apogée près du solstice du capricorne.

1467. Année très pluvieuse; l'apogée près de la balance.

1456. Ouragans et inondations, spécialement en Toscane; l'apogée près du cancer.

1449. Inondations en Toscane; l'apogée dans la vierge.

1432. Grandes inondations, sur-tout en Allemagne; l'apogée dans la balance.

1405. En avril, grandes inondations à Padoue; l'apogée près de l'équinoxe d'automne.

1401. Tout l'été pluvieux, maladies graves; l'apogée dans le bélier.

1369. Eté très pluvieux (*Targioni*); l'apogée dans la vierge.

1333. Déluges en Toscane; l'apogée dans la vierge.

1330. En octobre, le Pô rompit ses

digues; dans l'île de Chypre, il plut vingt-huit jours de suite, jour et nuit; en Espagne, des déluges aussi; l'apogée au bélier.

1314. Des pluies et des maladies, tout l'été, avec la famine; l'apogée près du cancer.

1281. Inondations à Rome; l'apogée au signe de la vierge.

1264. Inondations en Saxe; l'apogée dans la balance.

1258. Inondations extraordinaires en Espagne; l'apogée aux poissons.

1250. Inondations en Hollande; l'apogée *ibidem*.

1230. Pluies continuelles, inondations, en Frise; l'apogée près du solstice d'hiver.

1175. Inondations en Flandres; l'apogée dans la vierge.

1031. Pluies, tempêtes, pestes et famine; l'apogée près du solstice du cancer.

1014. Inondations, spécialement en Angleterre; l'apogée *ibidem*.

941. Inondations et mortalité de bestiaux; l'apogée au bélier.

906. Pluies, inondations, grêle, avec une comète; l'apogée au bélier.

887. Grande inondation à Constantinople; l'apogée aux poissons.

883. Tempêtes et inondations en France; l'apogée près de la balance.

876. Inondations, avec une comète; l'apogée au cancer.

858. Grande inondation du Tibre; l'apogée à la fin du scorpion.

792. Inondation extraordinaire du Tibre; l'apogée près du cancer.

716. Inondation très semblable à Rome; l'apogée près du cancer.

684. Vents, tempêtes, inondations; l'apogée au bélier.

682. Tempêtes et pluies continuelles; l'apogée au capricorne.

676. Pluies continuelles; l'apogée au bélier.

647. Vents, inondations, tremblemens de terre; l'apogée au capricorne.

637. Abaissement de la ville de Malamoco; excroissance de l'Adige, du Tibre, etc. l'on craignoit un déluge universel; l'apogée dans le sagittaire.

591. Inondations en Italie, contagion inguinale en France; l'apogée dans la balance.

589. Inondations; l'apogée au cancer.

587. Inondations et mortalité d'hommes à Rome; l'apogée au bélier.

520. En septembre, vingt jours de pluie continuelle; les fleuves d'Italie et de France firent de grands ravages; l'apogée dans la balance.

479. Le Tibre détruisit presque tout Rome; l'apogée aux poissons.

457. Inondations et écroulemens de montagnes en France et en Bithinie; l'apogée au cancer.

262. Inondations et tremblemens de terre; l'apogée *ibidem*.

Autre table d'années célèbres par les pluies et les inondations, tirée du mémoire de Toaldo, qui a concouru pour le prix proposé par l'Académie de Montpellier.

AVEC LES APSIDES LUNAIRES PRÈS DES ÉQUINOXES.			AVEC LES APSIDES LUNAIRES près des solstices.
479	1333	1612	262
520	1369	1613	457
587	1401	1617	589
591	1405	1666	637
596	1421	1667	647
676	1432	1683	682
684	1449	1688	716
883	1467	1693	792
887	1528	1702	858
906	1532	1728	876
941	1541	1733	1014
1175	1559	1746	1031
1250	1564	1754	1230
1258	1591	1755	1264
1281	1599	1764	1268
1321	1600	1765	1314
1330	1608	1772	1456
			1495
			1557
			1624
			1690

Cette seconde table, peu différente de la table plus détaillée qui la précède, pourra servir à la résumer, et à envisager le tout d'une seule vue.

Influence des principales situations de la lune, ou des points lunaires, sur les changemens de temps, pour les années comprises entre 1725 et 1772, inclusivement.

POINTS LUNAIRES.	CHANGEANS.	NON CHANGEANS.
Nouvelle lune.	522	82
Pleine lune.	506	92
Premier quartier.	424	189
Dernier quartier.	429	182
Périgée.	546	99
Apogée.	517	130
Équin. ascendant.	465	142
Équin. descendant.	446	152
Lunistice austral.	446	154
Lunistice boréal.	448	162

Ces nombres signifient que, sur 604 lunes, il y en a eu, par exemple, 522 accompagnées de changemens de temps, et 82 sans changemens.

C'est un résultat des journaux météorologiques de Toaldo.

Résultat des observations de Toaldo, comparées et combinées avec celles d'un grand nombre d'autres.

POINTS LUNAIRES.	CHANGEANS.	NON CHANGEANS.	PROPORTIONS RÉDUITES AUX MOINDRES TERMES.
Nouvelle lune.	950	156	6 : 1
Pleine lune.	928	174	5 : 1
Premier quartier.	796	316	$2\frac{1}{2}$: 1
Dernier quartier.	795	319	$2\frac{1}{2}$: 1
Périgée.	1009	169	7 : 1
Apogée.	961	216	4 : 1
Equin. ascendant.	541	167	$3\frac{1}{4}$: 1
Equin. descend.	519	184	$2\frac{3}{4}$: 1
Lunistice mérid.	521	177	3 : 1
Lunistice septent	526	180	$2\frac{3}{4}$: 1

On peut donc parier, par exemple, six contre un, que telle ou telle nouvelle lune amènera un changement de temps, et ainsi des autres.

La *force changeante* ou *perturbatrice* des *combinaisons de points lunaires* sur les *marées* de *l'océan*, ou de *l'atmosphère*, est encore *plus grande* que celle des *points simples*.

FORCE CHANGEANTE DES COMBINAISONS DE POINTS LUNAIRES.		
Nouvelle lune.		
Avec le périgée.	168 : 5	33 : 1
Avec l'apogée.	140 : 21	7 : 1
Pleine lune.		
Avec le périgée.	156 : 15	10 : 1
Avec l'apogée.	144 : 18	8 : 1

C'est une chose remarquable qu'il n'arrive presque jamais de *grands orages*, sur *terre* ou sur *mer*, qui ne se trouvent *combinés avec quelqu'un de ces points, unis* ou *séparés*. Cherchez dans l'histoire les *orages* les plus célèbres par des *naufrages*, les *marées* les plus *extraordinaires*, les *inondations*, etc. vous les trouverez *combinés* comme je le dis.

On observe que les *maladies s'EXALTENT*, et que *les malades courent les plus grands risques dans les jours du mois où tombent les dix points lunaires.*

Il faut ajouter à ces points *les quatrièmes jours, tant avant qu'après les nouvelles et pleines lunes.* Ces quatre jours répondent aux *sextiles* et aux *tri-*

nes des anciens, ou plutôt aux *octans de la lune*, connus des *astronomes* par cette *perturbation*, qu'on appelle *variation*, qui est la plus grande dans ces situations-là. L'observation m'a convaincu que le *ciel change* alors, ou se dispose à changer.

Enfin, le *lever*, le *coucher* et les *deux passages de la lune par le méridien*, influent aussi notablement *sur les changemens de temps*, principalement sur les *pluies*.

Lorsque la *lune* est *à ces points* (à une demi-heure près), le *vent se lève, se calme*, ou *se renforce ;* le *ciel* se *couvre* ou redevient *serein ;* la *pluie commence, cesse*, ou *devient orageuse*, etc.

Le résultat de nos observations sur ce sujet, est que sur 760 pluies, 646 ont commencé (à une demi-heure près) avec les *angles de la lune* (le lever, le coucher, ou les passages au méridien, soit supérieur, soit inférieur). Des 114 pluies restantes, et qui ne s'accordent pas avec les quatre angles de la lune, quelques-unes s'accordent avec les quatre angles du soleil.

Ainsi, nous avons un principe physique, donné par la théorie, appuyé sur l'analogie des marées, enfin confirmé par une forte induction tirée de l'observation directe ; principe qui peut servir à expliquer, d'une manière satisfaisante, les observations déja faites, et conduire à d'autres. Actuellement nous allons résumer, sous la forme d'aphorismes, tous les résultats de nos recherches météorologiques.

APHORISMES MÉTÉOROLOGIQUES.

1. Quand la *lune* se trouve *en conjonction, en opposition,* ou en *quadrature* avec le *soleil,* ou dans l'une de ses *apsides,* ou dans l'*un* des *quatre points cardinaux* du *zodiaque,* il est probable qu'elle produira une *altération* sensible dans l'*atmosphère,* et un *changement de temps.*

2. Les *points lunaires* les *plus efficaces* sont les *sizygies* et les *apsides.*

3. Les *combinaisons* des *sizygies* et des *apsides* sont *très efficaces;* celle de la *nouvelle lune avec le périgée* porte une *certitude morale* d'une *grande perturbation.*

4. Les autres *points subalternes* acquièrent aussi une *grande force* par leur *copulation avec les apsides.*

5. Les *nouvelles* et les *pleines lunes* qui quelquefois ne *changent pas le temps,* sont celles qui se trouvent *loin des apsides.*

6. On doit observer aussi *les quatrièmes jours, tant avant qu'après les nouvelles et les pleines lunes.*

7. On doit encore observer *le quatrième jour de la lune,* que *Virgile* appelle un *prophète sûr.* Si les *cornes* de la *lune* sont *claires* et *bien terminées,* ce signe annonce du *beau temps jusqu'au quatrième jour avant la pleine lune, quelquefois* même *pour tout le reste du mois;* si les *cornes* sont *de couleur obscure, vagues* et *mal terminées,* elles annoncent le *contraire.*

8. Un *point lunaire change ordinairement l'état du ciel produit par le point précédent;* on peut dire du moins que le *temps ne change* ordinairement *que par un point lunaire.*

9. Les *apogées,* les *quadratures* et les *lunistices méridionaux,* annoncent ordinairement le *beau temps;* car le *baromètre monte* alors : les *autres points lunaires* qui le font *baisser,* rendant l'*air plus léger,* et déterminant la *chûte* des *vapeurs, occasionnent* ainsi le *mauvais temps.*

10. Les *points lunaires les plus efficaces,* tels que les *nouvelles* et *pleines lunes,* les *apogées,* mais sur-tout les *périgées* et leur concours, deviennent orageux vers les équinoxes et *les solstices.*

11. Le *changement de temps* arrive rarement *dans le jour même d'un point lunaire;* mais *tantôt* il le *devance,* tantôt il le *suit.*

12. En général, pendant les *six mois de l'hiver,* les *altérations* des *marées*

et de *l'air atmosphérique anticipent* et sont *plus fortes,* sans doute à cause du *périgée* du *soleil;* dans les *six mois d'été,* au contraire, les *marées* sont *moindres* et *retardent,* ainsi que les *changemens* de *temps.*

13. Dans les *nouvelles* ou *pleines lunes,* vers les *équinoxes* et même vers les *solstices* (celui d'*hiver* principalement), le *temps se détermine* ordinairement, *pour trois* ou même *pour six mois,* au *beau* ou au *mauvais.*

14. Les *saisons,* les *marées* et les *années,* paroissent avoir *une période de huit à neuf ans,* correspondant à la *révolution des apsides lunaires* (1); une autre de *dix-huit* ou de *dix-neuf,* et d'autres *multiples.*

15. Il y a encore une *période de quatre à cinq ans,* et ces quatrièmes ou cin-

---

(1) On trouve, dans les mémoires de *Berne,* (1767) cet avertissement. Dans dix ans, on a une fort mauvaise récolte, deux fort médiocres, cinq ordinaires, et deux abondantes.

quièmes années sont sujettes aux intempéries.

16. Les *pluies* et les *vents commencent* ou *finissent* à peu près à l'*heure* du *lever* ou du *coucher* de la *lune*, et à l'*heure* de son *passage* au *méridien*, soit *supérieur*, soit *inférieur*, c'est-à-dire, à l'*heure* que la *marée commence* à *monter* ou à *descendre* dans ce pays (dans le golfe de Venise).

17. Il *pleut beaucoup plus de jour que de nuit*, et *plus souvent* le *soir* que le *matin*.

18. Les *ouragans*, les *orages*, les *grêles*, viennent ordinairement d'*un quart de l'ouest* (de quelque rhumb de vent tenant de l'ouest, sur-tout de ceux qui tiennent de l'ouest et du nord). J'ai vu cependant des *ouragans* venant de l'*est*; mais il faut remarquer que c'étoit dans les *heures* de la *matinée*. Je crois qu'il est plus vrai de dire que les *orages* viennent du *côté* de l'*horizon* où se trouve le *soleil*.

19. Les *orages d'été* qui sont *sans*

vent, n'apportent guère de la *grêle*, mais seulement du *tonnerre* : au contraire, les *orages*, accompagnés de *vent*, donnent *peu* de *tonnerre*, mais bien plus souvent *de la grêle*.

Indices sur le temps.

20. *Ni beau temps fait de nuit, ni nuages d'été ne durent guère*; c'est un proverbe; et un *vent levé de nuit dure peu*.

21. Les *mouvemens* du *baromètre*, bien observés dans chaque pays, et *combinés* avec l'*observation* des *vents* et des *autres signes* connus, donnent des *indices presque sûrs* des *changemens* de *temps*.

22. Un *mouvement lent* dans le *baromètre* indique une *longue durée* dans la *constitution actuelle* de *l'atmosphère*; un *mouvement brusque* et comme *par sauts*, indique un *temps* qui *dure très peu*; dans ce cas, *même en montant*, il annonce le *mauvais temps*.

23. Un *automne humide*, avec un *hi-*

ver doux, est ordinairement *suivi* d'un *printemps sec* et *froid*, qui *retarde* beaucoup la *végétation*: telle fut l'année 1741: au contraire, si l'*hiver* est *sec*, le *printemps* sera *humide* (1).

24. A un *printemps* et un *été humi-*

---

(1) Si l'automne a été humide et l'hiver doux, le vent de sud a donc fréquemment et long-temps régné durant ces deux saisons; ce vent a donc poussé dans les régions septentrionales la plus grande partie de l'humor aqueux de l'atmosphère de la zône tempérée et de la zône torride. Cette eau s'y est donc gelée, (le froid qui y règne, dans de telles années, quoique moins âpre qu'il ne l'est ordinairement, étant toujours plus que suffisant pour la congélation). Il y a donc, dans la région septentrionale, une quantité de neiges et de glaces beaucoup plus grande qu'à l'ordinaire, elle sera donc très long-temps à se fondre. Ainsi, l'air de l'atmosphère septentrional qui, durant tout le printemps, touchera et léchera, pour ainsi dire, continuellement la surface de cette eau glacée, sera plus froid, plus pesant et plus élastique qu'il ne l'est ordinairement : il aura donc plus d'avantage qu'à l'ordinaire sur l'air méridional. Le vent de nord, et le froid qu'il amène, seront donc plus fré-

des succède un *automne serein*, à un *automne serein*, un *printemps humide*. En un mot, les *saisons* ont *alternativement* une *constitution différente*, et *se compensent entre elles* (1).

25. Si les *feuilles tardent à tomber en*

---

quens et plus constans dans la zone tempérée qu'ils ne le sont ordinairement; et l'hiver, ainsi déplacé par les vents de sud qui auront régné durant cette saison, se transportera dans le printemps ; saison toutefois où le froid sera diminué par la chaleur du soleil, dont l'intensité et la durée croîtront alors de jour en jour. Au contraire, si l'hiver est sec, le printemps doit être humide. Car, si l'hiver est sec, le vent de nord est donc fréquent et de longue durée dans cette saison : les gelées et les neiges sont donc fréquentes. Or, s'il y a beaucoup de glaces et de neiges, il y aura donc une grande fonte au printemps; et durant cette saison, l'humor aqueux provenant de cette fonte se répandra sur la terre, dans les fleuves, rivières, ruisseaux, lacs, étangs, etc. dans la mer et dans l'atmosphère, par-tout.

(1) Tous les fluides, et sur-tout l'eau, tendent à se répandre uniformément et à se distribuer également dans tout espace où leur cours est libre. De

automne, elles *annoncent* un *hiver rude* et *âpre;* apparemment parce que les

---

plus, chacune des causes qui empêchent cette égalité de distribution dans l'atmosphère, et qui luttent sans cesse les unes contre les autres, est tantôt supérieure et tantôt inférieure. Ainsi supposons qu'une cause quelconque, résidant dans la région septentrionale, ait poussé l'humor aqueux en grande quantité dans la zône tempérée (qui est méridionale par rapport à la zône glaciale), lorsque la cause boréale venant à s'affoiblir, la cause méridionale deviendra supérieure, cette eau qui s'étoit accumulée au midi, sera poussée vers le nord par deux causes combinées : savoir, par la cause méridionale dont la réaction sera par l'hypothèse supérieure à l'action de la cause boréale, puis par la tendance naturelle de l'eau à se répandre uniformément. Ainsi, cette eau ne se distribuera également ni au nord, ni au midi, comme elle l'auroit fait si elle n'eût obéi qu'à sa seule tendance. Mais elle s'accumulera au nord, elle y sera en excès, et elle manquera au midi, elle y sera en défaut. Actuellement supposons que l'humor aqueux pèche d'abord par excès au nord et par défaut au midi. A l'aide d'un raisonnement semblable au précédent, nous sécherons le nord et nous mouillerons le midi. Quant aux vents latéraux,

vents de *sud* auront *dominé* dans un *automne humide* et prolongé; d'où il

---

soit de l'est, soit de l'ouest, et aux mouvemens semblables de l'humor aqueux, il paroît que ces vents et les mouvemens corrélatifs de l'eau ne peuvent avoir lieu que dans les cas où la cause boréale et la cause australe étant égales ou presque égales, et dans une sorte d'équilibre, l'air atmosphérique, tendant à se porter de l'est vers l'ouest, ou de l'ouest vers l'est, et l'eau dont il est le véhicule, peuvent se glisser, pour ainsi dire, entre deux; savoir, entre la calotte sphérique et boréale d'air seul, ou d'air combiné avec de l'eau, et la ceinture, ou zône méridionale, aussi d'air seul, ou d'air et d'eau. Ainsi, dans l'atmosphère terrestre, comme dans tout le reste de l'univers, *l'égalité parfaite étant un cas beaucoup plus rare que l'inégalité*, les vents de nord et de sud doivent être et sont en effet beaucoup plus fréquens que les vents d'est et d'ouest; la tendance naturelle de l'humor aqueux à se distribuer également, étant toujours, ou presque toujours combinée avec une autre cause, cette distribution uniforme ne doit jamais, ou presque jamais avoir lieu dans aucune région; cet humor, dans chaque région, doit être toujours ou presque toujours en excès, ou en défaut; la succession alternative de ces deux extré-

suit qu'on doit s'attendre à voir le vent de *nord* dominer à son tour durant l'*hiver*, et amener un *hiver* d'autant plus *vif*, que l'*automne* aura été *plus humide* (1).

———

mes (et par conséquent celle des saisons trop sèches et des saisons trop humides) doit être perpétuelle ou presque perpétuelle dans chaque région. Enfin, l'excès qui a lieu dans un temps, ou dans une région, est la cause nécessaire du défaut qui a lieu dans un autre temps ou dans une autre région ; et réciproquement : *ce qu'il falloit démontrer*. D'ailleurs, l'air atmosphérique et l'humor aqueux, dont il est le véhicule, sont dans un mouvement perpétuel. Or, il n'y a d'autres mouvemens perpétuels existans ou possibles, que les mouvemens *révolutifs* (dans des courbes rentrantes) et les mouvemens alternatifs, ou leurs combinaisons. Donc, si les mouvemens de l'air atmosphérique et de l'humor aqueux ne sont pas révolutifs, ils sont alternatifs. Or, l'observation prouve que leurs mouvemens ne sont pas révolutifs. Ils sont donc alternatifs. L'air et l'eau doivent donc se porter et se portent en effet, tantôt d'un côté, tantôt de l'autre, ... comme nous.

(1) Dans le supplément qui est à la fin de la neuvième centurie de l'Histoire naturelle (tome IX), j'ai mis sous mon nom cette observation,

Tels furent les hivers de 1709, 1740 et 1770.

26. *Bacon* observe, d'après la remarque des *paysans*, que, lorsqu'il y a *abondance de graines* dans l'*épine blanche*, et dans la *rose canine*, on est *menacé* d'un *hiver rigoureux;* car c'est aussi un signe que l'*été* a *été* fort *humide* et *peu chaud*.

27. Si les *grues* et les autres *oiseaux de passage passent de bonne heure* en *automne*, comme en 1765 et 1766, cela *annonce* un *hiver très froid;* car c'est un signe que l'hiver a *déja pris pied* dans les *pays septentrionaux* (1).

---

l'ayant faite moi-même dans les années 1775, 1783, 1788 et 1794, et ne connoissant pas encore celle de Toaldo ; mais si les deux observateurs se trouvent d'accord sur ce point, l'aphorisme n'en a que plus de force et de solidité.

(1) La coupole glaciale de Bernardin de St. Pierre, à mesure qu'elle se forme et s'étend, chasse ces oiseaux vers le midi. S'ils paroissent de bonne heure dans nos contrées, cette coupole est donc déja formée, et son bord méridional très avancé

28. S'il *tonne* en *novembre* et en *décembre*, le peuple croit qu'on aura *encore le beau temps*; mais, s'il *tonne de bonne heure*, et *avant* que les *arbres* poussent des *feuilles*, au *printemps*, on doit toujours *attendre un retour de froid* (*mémoires de Berne*). C'est ce qui arriva dans la *Suisse*, en 1765 : il *tonna* au mois de *janvier;* les *gelées* des mois d'*avril* et de *mai* suivans causèrent de grands dommages (1).

---

vers le sud. Il y a donc déja au nord une *vaste calotte de froid solide*. Il y aura donc fréquemment et long-temps, dans nos contrées, des vents de nord et des gelées. Ces oiseaux sont donc *les couriers de l'hiver*.

(1) Ces orages en décembre et en janvier supposent des temps doux : or, les vents de sud que supposent ces temps doux, chargeant et poussant dans la région septentrionale l'humor aqueux de la région méridionale, humor qui s'y convertit en glaces et en neiges, *y recommencent l'hiver*, qui ensuite sera porté par les vents de nord dans la zône tempérée, et s'étendra sur le printemps.

HISTOIRE DES VENTS. 327

Extrait du grand ouvrage météorologique du Père Cotte.

1. Les hauteurs du baromètre vont toujours en augmentant, selon Toaldo (depuis 1746 et même depuis 1740). Ayant comparé les observations faites à Padoue, de 1725 à 1771, il a trouvé sept dixièmes de lignes de différence, en plus, pour les vingt-quatre dernières années, sur les vingt-quatre premières.

(Il a trouvé aussi que la *quantité de pluie et le nombre de jours pluvieux, humides, nébuleux, ont toujours été en augmentant depuis la même époque;* d'où il conclut qu'il faut de plus en plus préférer les engrais et autres moyens qui peuvent échauffer les terres).

PÉRIODES.

1. La *variation séculaire* et *périodique* de *l'aiguille aimantée* est désormais bien *constatée*.

Sa *variation, annuelle, menstruelle et diurne*, est presque démontrée.

(Le Père *Cotte*, M^{rs}. *Cassini* et *Van Swinden*, observent une variation diurne, périodique et constante de l'aiguille aimantée, par laquelle elle s'éloigne du nord le matin, et s'en rapproche le soir alternativement).

2. *Variation diurne et périodique du baromètre*, soupçonnée par *Van Swinden*. Cette période tend à faire *monter* le *mercure* de *six à dix, ou douze heures du matin, puis baisser jusqu'à trois heures du soir; monter ensuite jusqu'à six ou huit heures, et baisser de là jusque vers minuit.* (Elle a paru constante au Père Cotte, sur le *baromètrographe* de M. *Changeux* (1).

---

(1) Le lecteur, en comparant ce n°. avec le précédent, verra pourquoi j'ai inséré, dans cet extrait, des observations sur l'aiguille aimantée. Je soupçonne qu'il y a, entre les causes des variations de la température et celle de la propriété magnétique, une relation très étroite ; ces choses se tiennent, puisque tout se tient : mais cette connexion, cette dépendance mutuelle dont nous parlons, est-elle médiate ou immédiate, prochaine ou

3. M. *Changeux* remarque, touchant les *degrés analogues du froid et du*

éloignée? c'est le véritable état de la question. Les effets de ces deux espèces sont trop généraux, pour que leurs causes ne le soient pas; et deux causes générales sont nécessairement ou identiques, ou analogues, ou concourantes, ou opposées et luttantes l'une contre l'autre : mais ceci est encore trop vague. Pour approcher un peu plus de la solution, si j'étois possesseur d'une bonne aiguille aimantée de six à sept pouces, je *hazarderois* peut-être les deux expériences suivantes, quelque ridicules qu'elles puissent paroître à la première vue.

1°. J'approcherois du pôle boréal de cette aiguille un gros morceau de glace, en le plaçant d'abord à l'est, puis à l'ouest, enfin au nord direct de ce pôle. Ensuite je ferois ces trois mêmes épreuves sur le pôle austral, et peut-être appercevrois-je, dans l'un des six cas, un très léger mouvement dans l'aiguille.

2°. Je ferois six épreuves semblables avec un corps très chaud; par exemple, avec un fer rouge, en mettant toutefois une plus grande distance entre ce corps et l'aiguille aimantée, de peur que sa chaleur ne diminuât ou ne détruisît même la vertu magnétique de l'aiguille. Cela posé, si l'aiguille faisoit quelque léger mouvement du côté opposé à

chaud, que le volume de *l'eau glacée* augmente de $\frac{1}{14}$, et que son volume, lors-

celui où se trouveroit le corps chaud, ce résultat ne nous apprendroit rien de nouveau; car alors ce mouvement pourroit être simplement l'effet de cette répulsion qu'un corps très chaud exerce sur tous les corps environnans, et qui est sensible dans les corps très légers, ou très mobiles, quoique pesans. Mais, si l'aiguille se portoit du côté du corps chaud, ce dernier résultat mériteroit quelque attention, en supposant toutefois que ce mouvement ne vînt pas de ce que la chaleur de ce corps romproit l'équilibre entre la masse d'air située de son côté, et celle qui se trouveroit du côté opposé. Quoi qu'il en soit, il est très probable que ces douze expériences ne présenteroient aucun résultat nouveau; et il est cent fois plus probable que, si nous portons un jugement sur la nullité ou la réalité des douze résultats, avant d'avoir fait aucune épreuve de ce genre, nous croirons savoir ce qu'en effet nous ignorerons. Il ne suffit pas de faire des expériences indiquées par des raisonnemens, il faut aussi en faire auxquelles on ne soit conduit par aucune analogie; et, comme le dit Bacon, *remuer toutes les pierres pour trouver quelque chose d'extraordinaire*, et ne pas demeurer éternellement emprisonné dans le cercle étroit de nos connois-

qu'elle est dans l'état d'*ébullition*, augmente de la même quantité.

Observations du berger de Bambury.

1°. Dans l'espace de huit années, le vent souffle autant du sud-ouest que du nord-est (1). Ainsi, il y a *autant d'années humides que de sèches.* (Mais l'*humidité domine de plus en plus, quoique les deux extrêmes se succèdent alternativement*).

2°. Si, en *octobre* ou en *novembre*, on a de la *neige* ou de la *gelée*, on aura vraisemblablement un *temps doux et clair*, en *janvier* et en *février* (2).

---

sances actuelles, et de celles qui s'en éloignent peu ; l'expérience et l'observation même nous ayant appris que *les plus belles découvertes* sont presque toujours *le produit des observations fortuites, ou des expériences hazardées.*

(1) Cette assertion est fausse, comme on le verra plus bas.

(2) En fait d'hiver, comme de toute autre chose, astreinte à une certaine quantité et qu'on ne peut éviter, ce qu'on a de bonne heure, on le perdra ensuite ; et ce qu'on n'a pas d'abord, on l'aura plus tard.

Présages du Père Cotte.

1. Si les fleurs de la pimprenelle et le duvet de la dent-de-lion se contractent, et si la fleur detrefle se gonfle, on est menacé d'orages.

2. Si les vers de terre sortent, que les taupinières se multiplient, que les mouches (puces, etc.) soient fort incommodes, et que les abeilles s'éloignent peu de la ruche, on doit s'attendre à de la pluie.

Aphorismes du Père Cotte.

1. Une chaleur extrême pour la saison, et jointe à une humidité excessive, annonce une crue d'eau subite.

2. Quand le froid devient tout à coup extrême, après plusieurs jours de gelée, c'est l'annonce d'un prompt dégel (d'un dégel très prochain).

3. Les températures violentes, comme pluies abondantes, ouragans, etc. occasionnent dans l'atmosphère une espèce de crise qui produit ensuite une température constante pendant quelques mois,

soit en bien, soit en mal : il cite trois faits à l'appui. (Un temps pluvieux d'une certaine durée se termine ordinairement par une pluie presque continuelle durant un jour entier : il en est de même de presque toutes les autres qualités ou phénomènes qui, un peu avant de commencer à décroître, se portent tout à coup à leur *maximum*).

4. Les grands froids d'hiver n'ont lieu dans notre climat que quinze jours ou trois semaines après s'être fait sentir dans les pays du nord.

5. M. *Toaldo* assure que le *retour des années froides ou chaudes, sèches ou pluvieuses*, est sensiblement *d'accord avec le retour des éclipses qui ne reviennent qu'au bout de dix-neuf ans.*

(*Toaldo* dit : *après la période de dix-huit ans et onze jours*). Il prouve cette assertion par une *table de cinquante-sept années d'observations ; savoir : depuis 1725 jusqu'à 1781.* La ressemblance des trois périodes, chacune de dix-neuf ans, est telle qu'on n'auroit jamais osé se flatter d'une correspondance aussi régulière.

De 1743 à 1760, il y a *soixante-huit lunaisons*, ou *mois très humides;* et dans la seconde période, de 1761 à 1778, il s'en trouve exactement le même nombre.

M. Toaldo a remarqué plusieurs fois qu'une *tempête* ou un *coup de vent* s'est *répété* au bout de *dix-huit ans et onze jours;* ce qui est la durée exacte de la *période astronomique*.

Mais, en général, c'est dans la *durée* d'une *lune,* quelquefois de la *précédente* ou de la *suivante,* que la *ressemblance* se trouve *plus marquée* (et quelquefois aussi *dans un autre lieu,* comme je l'ai observé).

Cette correspondance a lieu non-seulement pour les *pluies,* mais encore pour les *orages,* les *neiges,* les *brouillards,* les *inondations, etc.*

M. Toaldo dit que ce n'est pas la *distinction* ou le *nombre des jours,* par rapport aux *points lunaires,* qu'on doit examiner, mais l'*ordre,* la *situation* et la combinaison des *changemens de temps,* avec *l'ordre et la succession des points lunaires.*

6. Le *lunistice austral* est de tous les *points lunaires,* celui qui *influe le plus.* (Il n'est pas d'accord avec *Toaldo,* qui met *au premier rang* le *périgée.*)

7. Les *vents tenant de l'est accompagnent* presque toujours les *points lunaires* (proposition fausse, comme je m'en suis assuré par ma propre vérification).

8. Les *points lunaires* annoncent en général *plus de froid que de chaleur. Muschenbrok* a observé en *Flandres* que les *phases* de la *lune influoient* sur la *congélation. Kepler* et *Grafft* ont soupçonné que *l'aspect* des *planètes* pouvoit *contribuer* en quelque chose à la *première formation de la gelée.* J'ai observé aussi assez souvent ce *concours* de *reprise* ou de *cessation* de la *gelée* avec les *phases* de la *lune.*

9. Le *dernier quartier* est le *point lunaire* où les *changemens de temps* (de

température) sont le *plus marqués*, soit du *chaud* au *froid*, soit du *froid* au *chaud*; ensuite le *quatrième jour après la pleine lune*.

10. La *pleine lune* et le *premier quartier* sont plus souvent *accompagnés de froid* que les autres phases.

11. C'est le quatrième jour avant la nouvelle lune qui influe le plus sur la chaleur.

12. L'apogée et le lunistice boréal sont les points lunaires qui influent le plus sur le froid.

13. Il en est de même de la nouvelle lune.

14. L'équinoxe descendant concourt ordinairement avec la chaleur.

Observation précieuse du Père Cotte.

Il y a un rapport frappant de température dans les années qui correspondent avec 1777; savoir : 1701, 1720, 1739 et 1758. (Il s'agit ici de la période de dix-neuf ans, ou plus exactement de dix-huit ans deux cent dix-neuf jours huit heures quarante-huit minutes); c'est-à-dire, de celle qui embrasse la *révolution des nœuds de la lune,* et qui ramène les éclipses aux mêmes jours et à peu près aux mêmes heures). Cette dernière surtout (1758) a beaucoup de rapport avec 1777 ; sans presque de différence dans les températures de chaque mois de ces deux années, où l'on a éprouvé des *excès de sécheresse et d'humidité.*

Les années *1778, 1779* et *1780* ont été encore *chaudes* et *sèches;* elles *correspondent* également à des *années* où l'on a éprouvé *la même température.*

Celles qui *correspondent à 1781* ont été aussi *chaudes* et *sèches;* et l'on sait combien cette dernière année a été *chaude, sèche* et *prématurée.* (L'année 1800 a été aussi extrêmement chaude et extrêmement sèche (1)).

Les années correspondantes à 1782,

---

(1) Cependant il n'est pas probable que les cinq années de suite, 1777, 1778, 1779, 1780 et 1781, aient été toutes chaudes et sèches.

sur-tout 1725 et 1763, ont été singulièrement *froides, humides* et *tardives;* telle a été aussi la température de 1782 (et celle de 1801, du moins jusqu'à présent, année très tardive).

Observations de M. de la Mark.

1. Il a remarqué une *correspondance entre* les *déclinaisons* de la *lune* et les *vents.*

2. Il a observé assez constamment que, lorsque la *lune va du lunistice boréal au lunistice austral*, le *vent* est *nord*, le *temps beau*, et le *baromètre élevé*. Au contraire, *lorsqu'elle va du lunistice austral au lunistice boréal*, le *vent* est *sud*, le *temps pluvieux*, quelquefois *orageux*, et le *baromètre bas*. Ces effets sont d'autant *plus marqués*, que la *lune* est *plus près* de ses *lunistices*, sur-tout si elle se trouve alors dans ses sizygies ou dans son apogée et son périgée, et principalement à ce dernier point. Cet effet est d'autant *moins marqué*, que la *lune* approche davantage de l'*équateur*.

Le temps des *équinoxes* du soleil *trouble* aussi *cette régularité*.

Toaldo (*Extrait du Père Cotte*).

1. Son résultat général est que le *baromètre* a une *marche graduelle, relative à toutes les vingt-quatre heures de la lune*; que le *baromètre s'abaisse*, lorsque la *lune monte*; et vice versâ. La *différence diurne entre les extrêmes*, est d'un seizième; l'*atmosphère* auroit donc *ses flux et reflux*. Depuis une heure jusqu'à onze heures inclusivement, le baromètre est au dessous et à hauteur moyenne; et il est au dessus depuis douze heures jusqu'à vingt-quatre.

Les deux *marées* de l'*atmosphère correspondent* à la *huitième* et à la *quatorzième heure* (il s'agit ici d'*heures lunaires* comptées depuis le *passage* de cet *astre* par le *méridien*).

2. M. *Toaldo* a encore examiné l'influence de l'*équinoxe ascendant et descendant*. Il résulte de cet examen, que le *baromètre s'abaisse deux fois au des-*

sous et *s'élève deux fois au dessus*, de *la hauteur moyenne* : ce qui indique *deux basses et deux hautes marées de l'atmosphère* ; les unes et les autres *répondant* aux *heures* du *flux* et du *reflux* de la *mer*.

3. M. *Toaldo* observe que, par rapport à la *position* du *soleil*, les *hauteurs moyennes* du *baromètre* sont d'environ *une ligne plus grandes en hiver qu'en été ; les plus petites* tombant en *mars* et en *avril; et les plus grandes*, en *décembre* et en *janvier*.

Résultats de douze années d'observations du Père Cotte.

1. Le *lunistice austral* et le *périgée* sont les *deux points lunaires* qui *influent le plus* sur les *variations* de *pesanteur* dans l'*atmosphère*; la *pleine lune* et l'*équinoxe descendant* sont ceux qui *influent le moins* à cet égard.

2. Le Père *Boudier*, qui a observé à *Chandernagor*, remarque que la *plus grande élévation* du *mercure*, dans le

baromètre, a lieu, *tous les jours, vers les neuf ou dix heures du matin*; et la moindre, *vers les trois ou quatre heures du soir.* La même observation a été faite à *Mexico*, à *Surinam*, à la *Martinique*; et je suis dans le cas de la vérifier continuellement, soit par moi-même, soit par mes correspondans.

La *cause* qui influe sur ce phénomène, peut avoir quelque *rapport* avec les *marées atmosphériques*, occasionnées par *l'action* de la *lune*.

3. *L'année 1778* a été remarquable par *la plus grande élévation du baromètre qu'on ait jamais observée*; elle a eu lieu le 26 décembre. Le *baromètre* étoit à Genève à 27 pouces 9 lignes $\frac{7}{16}$; à Londres, à 28 pouces 7 lignes $\frac{10}{12}$.

L'on conlut de ce *rapport*, entre des *lieux si éloignés les uns des autres*, que les *grandes modifications de l'atmosphère s'étendent très loin*.

4. Les mois de *janvier, février, mars* et *mai 1779*, ont été *remarquables* par leur *sécheresse*.

Résultats d'observations par ordre de latitude.

1. Le *degré extrême* de *chaleur* est à peu près le *même* dans *toutes les latitudes*; le *degré extrême* de *froid varie beaucoup plus* que le précédent; le *degré* de *chaleur moyenne, annuelle*, est *considérable* vers l'*équateur*; le *thermomètre* s'y soutenant, pendant presque toute la journée, à la même hauteur; tandis qu'à proportion qu'on s'éloigne de l'équateur, les différences entre les deux termes extrêmes augmentent beaucoup.

2. Les *élévations extrêmes* et *moyennes* du *baromètre*, sont *proportionnelles à l'élévation des lieux en latitude*.

3. Les *pluies* sont *beaucoup plus abondantes* vers *l'équateur* que vers *les pôles*; de même qu'elles sont *plus abondantes*, dans tous les climats, en *été* qu'en *hiver*.

4. Le *nombre* des *jours* de *pluie* augmente à mesure qu'on *s'éloigne de l'é-*

quateur; c'est par la même raison que, dans tous les climats, ce *nombre* est *moindre* en *été* qu'en *hiver,* quoique les *pluies* soient *plus abondantes* dans la *première* de ces deux *saisons.*

5. Les *vents dominent dans l'ordre suivant : sud-ouest, ouest, nord, nord-ouest, nord-est, sud, est, sud-est* (1).

Valmont de Bomare.

1. Il rapporte que, depuis 1550 jusqu'à

___

(1) Il résulte de la *comparaison* que je viens de faire *d'observations météorologiques de treize années, extraites du journal de Paris,* que les vents de *sud*, *d'ouest*, et de tous les points du quart de cercle, compris entre ces deux points cardinaux, soufflent pendant sept mois de l'année. Ainsi, toutes choses égales, la probabilité que le vent, dans un jour déterminé, soufflera du *sud* ou de *l'ouest*, ou de quelqu'un des points compris entre ces deux limites, est à la probabilité qu'il soufflera de quelque rhumb compris dans les trois autres quarts, comme sept est à cinq. Et la probabilité qu'il soufflera du *sud*, de *l'ouest*, ou d'un des rhumbs intermédiaires, est à la probabilité qu'il soufflera de quelque rhumb compris dans *tel* des trois autres quarts, comme quatre est à un.

1664, la *déclinaison* de *l'aiguille alman-tée* a été *orientale*. En 1666, l'*aiguille* étoit précisément *dirigée dans la ligne du pôle*. Depuis ce temps jusqu'à présent, la *déclinaison* a été *occidentale*.

Observations diverses sur les météores et autres phénomènes corrélatifs.

1. M. *Graffi* assure (dans les mémoires de *Pétersbourg*) qu'*il ne se lève, ni ne se couche aucune planète, sans quelque mouvement de l'air*.

2. On prétend que, *lorsque toutes les planètes se trouvent dans les signes septentrionaux*, elles occasionnent de *grandes chaleurs*; ce qui s'est trouvé vrai à la fin de *juillet*, et au commencement d'*août* 1774. L'*hiver* de 1770 fut *très froid*; et toutes les planètes, excepté *Saturne*, étoient dans les *signes méridionaux*.

3. On a observé, dans certains ports, que *les orages* et *les mauvais temps se forment lorsque l'eau tourne*, c'est-à-

dire au *commencement de la haute ou de la basse marée* (qui dépend, comme on sait, de la situation de la lune); mais avec cette différence qu'*ils durent plus long-temps si la marée monte, et qu'ils se dissipent plutôt si la marée baisse;* les *nuages* et les *vents suivant*, en quelque sorte, *les mouvemens* de *l'eau* de la mer.

4. On croit que *les mêmes heures sont critiques pour les malades.*

5. Il faudroit encore vérifier cet axiôme d'*Aristote* : que *tous les animaux naissent dans les heures où la marée monte, et meurent dans le temps qu'elle baisse.*

6. Le *temps conserve* ordinairement *la constitution qu'il acquiert, durant la lune de septembre, tantôt pendant trois, tantôt pendant six mois.*

Fait singulier.

En 1168, l'*Arno* (rivière qui passe à Florence) fut tellement *glacé*, au mois de *janvier*, que les voitures le traversèrent pendant douze jours; et quand il commença à dégeler, on *entendit dans tout Pise un violent coup de tonnerre* (1).

---

(1) La même chose est arrivée *à Auxerre*, où j'étois, *le 8 janvier 1789; à quatre heures du matin, toute la ville fut éveillée par un violent coup de tonnerre, qui fut comme le signal du dégel:* en effet, dès ce moment, *le froid rigoureux qu'on éprouvoit depuis le 29 novembre 1788, et qui étoit allé jusqu'au dix-huitième degré, commença à diminuer.* Ce fait porteroit à croire que les *orages dépendent*, en général, de *l'extrême différence entre la température de la surface du globe et celle de la moyenne région de l'atmosphère, quelle que soit celle des deux régions où se trouve le plus grand froid, ou la plus grande chaleur.*

NOUVELLE ATLANTIDE.

A notre départ du *Pérou*, contrée où nous avions séjourné pendant une année entière, nous fîmes route vers la *Chine* et le *Japon*, par *la mer pacifique*, et ayant des vivres pour un an. Nous eûmes, pendant cinq mois, des vents favorables de la partie de *l'est*, quoique un peu foibles; puis ils *sautèrent* à l'ouest, et y restèrent fixés pendant fort longtemps. Nous ne faisions alors que très peu de chemin; et ennuyés d'une si longue traversée, nous étions quelquefois tentés de retourner au *Pérou*: mais ensuite il s'éleva des vents de *sud* tenant un peu de l'*est*, et qui, malgré tous nos efforts pour tenir le vent, nous poussèrent fort avant vers le *nord*. Enfin, les vivres vinrent à nous manquer tout-à-fait, quoique nous eussions eu grand soin de les ménager: alors nous voyant isolés, au milieu d'une mer immense et sans vivres, nous nous regardâmes comme perdus et nous nous préparâmes tous à la mort. Cependant nous nous mîmes un jour tous en prières, élevant nos cœurs vers l'Être suprême, notre dernière et notre unique ressource. Vers le soir du lendemain, nous apperçûmes, à quelque distance, vers le *nord*, et fort près de l'horizon, une noirceur semblable à des nuages épais et fixes. Jugeant que ce pouvoit être la terre, nous reprîmes un peu courage, sachant assez que cette mer si vaste, qui étoit encore presque toute inconnue, pouvoit avoir des *îles*, et même des *continens* qui n'eussent pas encore été découverts. Ainsi nous gouvernâmes, durant toute la nuit, vers le point où la terre avoit paru se montrer. En effet, à la pointe du jour nous découvrîmes très distinctement une terre basse et couverte de bois; ce qui étoit la vraie cause de cette couleur sombre que nous avions apperçue la veille.

Après avoir fait voile encore pendant une heure et demie, nous entrâmes dans un port qui nous parut très sûr. Ce port tenoit à une ville d'une grandeur médiocre, mais de fort belle apparence, surtout du côté de la mer. Nous comptions tous les instans où nous restions éloignés de la terre. Nous portâmes donc droit vers la côte, et nous mouillâmes fort près du rivage. Déja nous nous préparions à débarquer dans nos bateaux; mais nous vîmes aussi-tôt quelques habitans, tenant en main des cannes avec lesquelles ils nous firent signe de ne pas aborder; défense toutefois qui ne fut accompagnée d'aucun geste menaçant. Cependant cette défense ne laissa pas de nous jeter dans le découragement, et nous délibérâmes sur ce que nous avions à faire. Pendant cette délibération, nous vîmes venir vers nous un petit bateau portant environ huit personnes, dont une avoit à la main une verge semblable à celle d'un huissier, et teinte en bleu à ses deux extrémités. Ce personnage monta sur notre bord avec un air de confiance et de sécurité. Un de nous s'étant avancé vers lui, il tira de son sein un petit rouleau de parchemin, plus jaune que le nôtre, mais plus éclatant, et aussi uni que les feuilles de ces tablettes qui servent pour écrire, mais d'ailleurs flexible et moëleux. Il le remit à celui qui s'étoit avancé, et nous y trouvâmes cet ordre écrit en langue hébraïque ancienne, en grec ancien aussi, en latin assez pur, et en espagnol : « *Que* » *personne de votre équipage ne des-* » *cende à terre ; dans seize jours, à* » *dater d'aujourd'hui, vous quitterez* » *cette côte, à moins qu'on ne vous per-* » *mette d'y faire un plus long séjour.* » *En attendant, si vous avez besoin* » *d'eau douce, de vivres, de remèdes,* » *ou d'autres secours pour vos mala-* » *des; enfin, si votre vaisseau a besoin* » *d'être radoubé, faites-nous connoître* » *par écrit tous ces besoins ; nous nous* » *ferons un devoir de vous accorder tout* » *ce qui vous sera nécessaire, et comme* » *l'exige de nous la loi commune de* » *l'humanité.* » Ce rouleau portoit l'empreinte d'un sceau ; on y voyoit deux ailes de chérubin, non déployées, comme elles le sont ordinairement, mais baissées, et surmontées d'une petite croix. Celui qui nous avoit délivré cet ordre, retourna aussi-tôt au rivage, et nous laissa un seul domestique pour rapporter notre réponse. Nous délibérâmes encore sur ce sujet, et nous fûmes d'abord dans une grande perplexité. D'un côté, cette défense de débarquer, et cet ordre de quitter si promptement la côte, nous inquiétoient et nous affligeoient; de l'autre, considérant que cette nation savoit plusieurs langues étrangères, et qu'elle étoit pleine d'humanité, nous nous rassurâmes un peu. Mais ce qui nous rassuroit le plus, c'étoit cette croix que nous avions vue sur l'empreinte du sceau, ce qui étoit pour nous d'un assez heureux présage.

Notre réponse, conçue en espagnol, fut que notre vaisseau étoit en assez bon état, vu que nous avions plutôt essuyé des calmes et des vents contraires, que des tempêtes; mais que nous avions beaucoup de malades à bord, et que si l'on ne leur permettoit pas de descendre à terre; leur vie pourroit être en danger. Sur ce même écrit, nous spécifiâmes tous nos autres besoins, en ajoutant que nous avions encore quelques marchandises, et que s'il plaisoit aux habitans de s'accommoder d'une partie, nous paierions ainsi tout ce qu'on nous fourniroit, notre intention étant de ne leur être point incommodes. Nous offrîmes au domestique quelques ducats pour lui, et une pièce de velours cramoisi pour l'officier qui avoit apporté l'ordre; mais il refusa nos présens, et ne daigna pas même les regarder. Il nous quitta aussi-tôt, et s'en retourna dans un autre bateau qu'on lui avoit expédié exprès.

Environ trois heures après avoir délivré notre réponse, nous vîmes paroître un personnage qui avoit l'air d'un magistrat. Il étoit vêtu d'une longue robe de camelot, d'un bleu beaucoup plus éclatant que le nôtre, et dont les manches étoient fort larges. Il étoit coëffé d'un turban de forme très élégante, mais plus petit que ceux des *Turcs*, et au dessous duquel tomboient avec grace ses cheveux qui étoient bouclés; son air et son maintien étoient imposans. Dans son bateau, qui étoit en partie doré, on ne voyoit avec lui que quatre personnes; mais il étoit suivi d'un autre qui en contenoit une vingtaine.

Lorsqu'il fut à une portée de fusil du vaisseau, on nous fit signe, de son bateau, de venir au devant de lui avec quelques-uns des nôtres; ordre auquel nous obéîmes, en envoyant aussi-tôt dans le canot le lieutenant avec quatre hommes de l'équipage.

Lorsque notre bateau fut à une portée de pistolet du sien, nous reçûmes ordre de nous arrêter, ce que nous fîmes sur-le-champ. Alors ce personnage dont j'ai parlé, se leva; et élevant la voix, nous demanda en espagnol si nous étions chrétiens. Nous répondîmes hardiment que nous l'étions; cette croix que nous avions vue sur l'empreinte du sceau, nous ayant ôté toute crainte à cet égard. A cette réponse, élevant sa main vers le ciel et la rapprochant latéralement de sa bouche, geste qu'ils font ordinairement en rendant graces à Dieu, il nous dit : *Si vous affirmez tous avec serment que vous n'êtes point des pirates, et que depuis quarante jours vous n'avez pas répandu le sang humain, soit injustement, soit même justement, on vous permettra de descendre à terre.* Nous répondîmes que nous étions tous prêts à faire le serment qu'il exigeoit. Un des quatre hommes de son cortège, qui paroissoit être un greffier, écrivit aussi-tôt notre réponse. Puis un autre personnage de son cortège, après que le chef lui eut dit quelques mots à l'oreille, éleva la voix, et nous parla ainsi : Voici ce que monseigneur (ici présent) m'ordonne de vous dire ; ce n'est ni par orgueil, ni par mépris qu'il ne monte pas sur votre bord ; voici ses raisons pour ne pas vous approcher : votre réponse par écrit dit que vous avez à bord beaucoup de malades, et le conservateur de la santé de cette ville lui avoit recommandé de se tenir toujours à une certaine distance en vous parlant. Nous lui répondîmes, après nous être inclinés profondément, que la conduite qu'il avoit tenue avec nous jusques-là, étoit pleine d'égard et d'humanité; que l'attention même qu'il avoit de nous rendre raison de ses précautions, étoit une nouvelle preuve de sa bonté; mais que nous avions lieu de croire que la maladie de nos gens n'étoit pas contagieuse. Sur cette réponse, il nous quitta et retourna à terre. Quelque temps après, le greffier vint à bord; il tenoit à sa main un fruit particulier à cette contrée, assez semblable à une orange, mais d'un jaune tirant davantage sur le rouge, et d'une odeur très suave : c'étoit sans doute un préservatif dont il s'étoit muni, au cas que nous eussions quelque maladie contagieuse. Il nous délivra la formule du serment, que nous fîmes aussi-tôt, et qui commençoit ainsi: *Au nom de Jésus, fils de Dieu, et par ses mérites*, etc. Il nous prévint aussi que le lendemain matin on viendroit nous chercher, pour nous conduire à l'hospice destiné aux étrangers, où nous trouverions tout ce qui nous seroit nécessaire, soit aux malades, soit à ceux qui étoient en santé. Après quoi il prit congé de nous ; et comme nous essayâmes de lui faire accepter quelques pièces d'or, il nous répondit, en souriant, qu'il n'étoit pas dans l'usage *de recevoir deux salaires pour une seule besogne*; ce qui signifioit sans doute qu'il étoit *salarié par l'état*, et qu'il se contentoit de ses appointemens ; car j'appris dans la suite qu'ils qualifient d'*homme à double salaire*, tout fonctionnaire public qui reçoit des présens.

Le lendemain matin nous vîmes paroître le même officier qui, la veille, au moment où nous nous disposions à descendre à terre, nous avoit fait signe de ne pas débarquer. Il nous dit qu'il étoit chargé de nous conduire à l'hospice des étrangers, et qu'il étoit venu exprès de très bonne heure, afin que nous eussions la journée entière pour notre débarquement et nos autres opérations : mais, *si vous voulez bien m'en croire*, ajouta-t-il, *vous enverrez quelques-uns d'entre vous, pour voir le lieu qui vous est destiné, et afin de pouvoir nous dire vous-mêmes ce que nous pourrions faire pour l'accommoder à votre usage; après quoi, vous débarquerez vos malades et le reste de l'équipage.*

Nous le remerciâmes, en lui disant que Dieu daigneroit sans doute récompenser lui-même les soins qu'ils vouloient bien prendre de malheureux étrangers; en conséquence, six d'entre nous furent nommés pour le suivre. Lorsque nous fûmes à terre, il commença à marcher devant nous, après s'être retourné un instant vers nous et nous avoir dit: *Je suis à vos ordres, et je vais vous servir de guide.* Il nous fit traverser trois belles rues, et dans tous les endroits où nous passions, nous trouvâmes un peuple nombreux, mais qui paroissoit moins être attiré par la curiosité, qu'être venu pour nous recevoir et nous saluer. Leurs gestes et leur maintien avoient je ne sais quoi de civil et d'obligeant ; quelques-uns même, à mesure que nous passions près d'eux, ouvroient un peu les bras en les étendant vers nous; geste qui parmi eux signifie : *salut, soyez le bien venu* (1). Cet hospice des étrangers est une maison spacieuse et de fort belle apparence. Elle est bâtie en briques un peu plus bleues que les nôtres. Elle est percée de belles fenêtres, dont les carreaux sont ou de verre ou d'une forte batiste huilée. Nous ayant fait entrer dans le parloir, qui étoit une fort belle salle, à laquelle on montoit par quelques marches, il nous demanda combien nous étions en tout, et quel étoit le nombre de nos malades; nous répondîmes que nous étions en tout cinquante un, et que nous avions dix-sept malades. Il nous pria de patienter un peu, en attendant qu'il fût de retour. Etant revenu environ une heure après, il nous invita à venir voir les chambres qui nous étoient destinées.

---

(1) Et qui, parmi nous, signifie, à très peu près, *Dominus vobiscum*.

Il y en avoit dix-neuf en tout ; il nous parut que, suivant leur idée, les quatre plus belles étoient réservées pour l'état-major, dont chaque membre devoit en avoir une pour lui seul, et que les quinze autres étoient pour le reste de l'équipage, sur le pied d'une pour deux hommes.

Ces chambres étoient toutes fort propres, fort claires, et assez bien meublées. Ensuite il nous conduisit dans une longue galerie, assez semblable à un dortoir de couvent, où il nous fit voir dix-sept cellules également propres, ayant des cloisons de bois de cèdre, mais toutes du même côté, l'autre n'étant qu'une espèce de corridor bien éclairé. On voyoit dans ce dortoir, quarante cellules toutes semblables ; c'étoit beaucoup plus qu'il ne nous en falloit ; mais il paroît que c'étoit une espèce d'*infirmerie* à l'usage des étrangers. Il nous dit qu'à mesure que chacun de nos malades se rétabliroit, on les feroit passer dans une chambre ; attendu qu'outre celles que nous avions vues, il y en avoit dix autres de réserve,

et destinées à cela. Après quoi, nous ayant fait revenir dans le parloir, il leva un peu sa canne, geste qu'ils font toujours lorsqu'ils veulent donner quelque ordre ; et il nous dit : « *Je dois vous
» avertir que, pour vous conformer aux
» loix de ce pays, passé aujourd'hui et
» demain, temps qui vous est accordé
» pour faire débarquer tout votre monde,
» vous devez vous tenir pendant trois
» jours dans cette maison, et n'en point
» sortir du tout. Mais cet ordre ne doit
» point vous inquiéter, ni vous faire
» regarder cet hospice comme une es-
» pèce de prison ; c'est pour votre pro-
» pre avantage qu'on vous le donne ;
» on veut seulement que vous vous repo-
» siez, et que vous jouissiez de toute la
» tranquillité qui vous est nécessaire. Il
» ne vous manquera rien ; on a eu soin de
» laisser six hommes du pays pour vous
» servir. Si, durant tout ce temps-là,
» vous avez quelque chose à faire dire,
» ou à tirer du dehors, commandez har-
» diment ; ils sont à vos ordres, et s'em-*

» *presseront de satisfaire vos moindres*
» *desirs.* » Nous le remerciâmes d'un ton très affectueux et avec le respect que nous inspiroient de si généreux procédés. La bonté divine, nous disions-nous, se manifeste dans cette heureuse contrée. Nous nous hazardâmes aussi à lui offrir une vingtaine de piéces d'or ; mais il nous répondit : *non, je vous remercie ; il ne seroit pas juste que je fusse payé deux fois ;* et alors il nous quitta. Aussi-tôt on nous servit le dîner, composé de mets tous excellens dans leur espèce, et tels qu'on n'en voit point de semblables en Europe, dans les maisons régulières et les plus richement dotées.

Nous eûmes aussi trois sortes de boissons, savoir : du vin proprement dit, une liqueur extraite de quelque grain et analogue à la bière, mais plus limpide ; enfin, une sorte de cidre fait avec un fruit particulier à ce pays ; toutes liqueurs aussi agréables que rafraîchissantes. On nous apporta encore une grande quantité de ces oranges rougeâtres dont nous avons

parlé; elles étoient destinées à nos malades, et on nous les donna comme un remède éprouvé pour toutes ces maladies qu'on peut contracter à la mer. On y joignit une boîte remplie de pillules grises ou blanchâtres, en nous recommandant d'en faire prendre une à chacun d'eux tous les soirs avant de se mettre au lit, et en nous assurant qu'elles hâteroient leur rétablissement. Le lendemain, lorsque nous fûmes débarrassés de tout le travail nécessaire pour mettre à terre nos malades et nos effets, je rassemblai tous nos gens, et je leur parlai ainsi : « Frères et amis, tâchons de ré-
» fléchir un peu sur nous-mêmes et de
» nous faire une juste idée de notre si-
» tuation : nous voilà sans doute sortis,
» pour ainsi dire, du ventre de la ba-
» leine comme *Jonas,* et déposés à terre ;
» mais, quoique nous soyons à terre,
» nous sommes encore entre la vie et la
» mort ; car nous sommes à une distance
» prodigieuse, soit de l'ancien monde,
» soit du nouveau : pourrons-nous ja-

» mais retourner en Europe ? c'est ce que
» nous ignorons, et ce que Dieu seul peut
» savoir : il a fallu une espèce de mira-
» cle pour nous amener ici ; il en faut
» un second pour nous en tirer. Ainsi,
» par la double considération du danger
» dont nous sommes délivrés, et de celui
» où nous sommes encore, élevant nos
» cœurs et nos pensées vers la divinité,
» tâchons de redresser nos sentiers et de
» nous réformer. De plus, nous sommes
» dans un pays vraiment chrétien, en-
» vironnés d'hommes pleins de religion
» et d'humanité. Conduisons-nous de
» manière à n'avoir pas à rougir devant
» eux; et si nous n'avons pas la force
» de nous corriger réellement, ayons du
» moins la prudence de leur cacher nos
» vices et nos défauts. Ce n'est pas tout ;
» un ordre intimé sans doute avec beau-
» coup d'égard et de civilité, mais for-
» mel, nous a confinés pour trois jours
» dans cette maison : qui sait si leur in-
» tention, en nous retenant ici, ne se-
» roit pas de nous tâter, de nous étudier,

» de connoître nos mœurs et nos maxi-
» mes, pour savoir comment ils doivent
» nous traiter; bien déterminés à nous
» chasser aussi-tôt, s'ils les trouvent
» mauvaises. Ces six hommes qu'on a
» laissés pour nous servir, sont peut-
» être autant d'espions; ils auront les
» yeux sur nous, et nous observeront
» sans cesse. Ainsi, pour peu que nous
» pensions au salut de nos ames et de
» nos corps, conduisons-nous de ma-
» nière à être en paix avec Dieu, et à
» trouver graces aux yeux de cette excel-
» lente nation. »

Tous nos gens avoient été fort attentifs à mon discours; il n'y eut parmi eux qu'une voix pour me remercier de ces salutaires avis; tous m'assurèrent qu'ils ne perdroient pas un instant de vue cet avertissement, et me promirent de se conduire honnêtement, décemment, et de manière à ne pas choquer ce peuple généreux. Nous passâmes donc ces trois jours de retraite, dans la joie et la sécurité, attendant patiemment qu'ils fussent écoulés, et résignés à tout ce qu'on voudroit ensuite ordonner de nous. Dans ce temps si court, nous vîmes nos malades se rétablir avec une promptitude qui sembloit tenir du miracle.

Le quatrième jour, nous vîmes paroître un personnage que nous n'avions pas encore vu : son vêtement, assez semblable à celui de ce magistrat dont nous avons parlé d'abord, étoit aussi d'un bleu éclatant; mais son turban étoit encore plus petit; et l'on y voyoit une petite croix rouge à la partie supérieure : il avoit aussi une cravatte de toile très fine (1). En entrant, il s'inclina un peu, et

---

(1) Le texte latin dit : *habuit etiam lirippipium circa collum;* et le texte anglois dit : *à tippet;* je n'ai pu trouver dans aucun livre le mot *lirippipium;* dans les livres anglois, le mot *tippet* désigne une *écharpe;* mais je trouve dans la partie gallico-angloise d'un dictionnaire le mot *tipping* vis-à-vis celui de *rabat;* nous y substituerons une cravatte telle qu'en portoient certains ministres anglicans, mais sans nœud, et semblable à une *steinkerque.*

ouvrit les bras en les étendant vers nous (1). Nous le saluâmes à notre tour, mais d'un air beaucoup plus respectueux, et d'autant plus soumis que nous attendions de lui notre sentence de vie ou de mort. Il témoigna le desir de s'entretenir avec quelques-uns d'entre nous; presque tous sortirent, et nous ne restâmes que six; alors il nous parla ainsi :

« Je suis chrétien de religion, prêtre
» par état, et directeur de cette maison en
» titre d'office. Je viens donc vous offrir
» mes services que vous pouvez accep-
» ter et à titre d'étrangers et à titre de
» chrétiens, mais sur-tout au dernier

---

(1) Voilà encore, je crois, l'équivalent d'un *Dominus vobiscum;* mais, quoique ce geste puisse paroître ridicule à la première vue, c'est pourtant un geste de tendresse, de fraternité, et par conséquent très noble, quand les procédés qui le suivent sont conformes aux sentimens qu'il exprime. Ce geste nous dit que nous devons de *la commisération*, et non des *supplices*, à ce que nous appellons des *hérétiques*; que, s'ils sont dans l'erreur, il faut les *éclairer*, et non les *brûler*.

» titre. J'ai à vous annoncer des choses
» qui ne vous seront peut-être pas désa-
» gréables : l'état vous permet de faire
» ici un séjour de six semaines. Mais
» cette limitation ne doit point vous af-
» fliger ; cet ordre, dont je suis chargé,
» n'est rien moins que précis ; pour peu
» que vos affaires demandent plus de
» temps, je ne désespère pas d'obtenir
» pour vous un plus long délai. Je dois
» vous prévenir aussi que cet hospice
» des étrangers est une maison fort riche
» en ce moment, et qu'elle est fort en
» avance, par rapport à ses revenus
» qui se sont prodigieusement accumu-
» lés pendant les trente-sept dernières
» années, temps où il ne s'en est pré-
» senté aucun. Ainsi, vous ne devez
» avoir aucune inquiétude sur ce point ;
» l'état vous défraiera sans peine durant
» tout votre séjour ici ; on ne plaindra
» pas cette légère dépense, et une telle
» considération ne vous fera pas accor-
» der un seul jour de moins. Quant à
» vos marchandises, si vous en avez ap-

» porté, on s'en accommodera à des con-
» ditions qui vous seront avantageuses ;
» et vous aurez en retour, soit des mar-
» chandises du pays, soit de l'or ou de
» l'argent, à votre choix ; car, de vous
» payer d'une manière ou de l'autre,
» c'est ce qui nous est tout-à-fait indif-
» férent. Si vous avez quelque autre de-
» mande à faire, ne craignez pas de té-
» moigner vos moindres desirs, et soyez
» assurés qu'il ne vous sera fait aucune
» réponse qui puisse vous affliger. Je
» dois seulement vous avertir qu'aucun
» de vous, sans une permission spéciale,
» ne peut s'éloigner des murailles de cette
» ville, de plus d'un *karan* (un mille et
» demi). » Après nous être entre-regar-
dés, dans l'admiration où nous étions
d'un procédé si généreux, et vraiment
paternel, nous repondîmes que les expressions nous manquoient pour le remercier dignement de la manière noble
et délicate dont il nous prévenoit, en ne
nous laissant rien à desirer : qu'il nous
sembloit avoir dans ce pays un avant-

goût de la béatitude éternelle; attendu qu'après avoir été si long-temps entre la vie et la mort, nous nous trouvions actuellement dans une situation où nous n'avions que des sujets de joie et d'espérance; que nous nous conformerions avec toute la docilité possible à l'ordre qu'on nous donnoit; quoique nous eussions tous un desir, aussi vif que naturel, de pénétrer un peu plus dans cette terre fortunée et vraiment sainte. Nous ajoutâmes que nous n'oublierions jamais, dans nos prières, le magistrat respectable qui daignoit nous parler ainsi, ni la nation entière. Nous lui offrîmes, à notre tour, nos services, en le suppliant de disposer de nos persones et de tout ce que nous possédions. Il répondit qu'étant prêtre, il n'aspiroit qu'au prix qui convenoit à un prêtre; savoir, à notre amour fraternel en retour du sien, et au salut de nos ames et de nos corps. Après quoi il prit congé de nous, non sans verser quelques larmes de tendresse, et nous laissa dans des sentimens confus, mais fort doux, de joie et de reconnoissance. Nous nous disions les uns aux autres, que nous avions débarqué sur une terre habitée par des anges, dont la bonté se manifestoit de jour en jour, et qui, en nous prévenant sur tout, nous procuroient des consolations auxquelles, avant notre arrivée, nous ne devions pas nous attendre, et dont alors nous n'avions pas même d'idée.

Le lendemain, vers dix heures du matin, le *directeur* reparut : après nous avoir salués, il nous dit d'un ton familier, qu'il venoit nous rendre visite ; et ayant demandé une chaise, il s'assît. Une dixaine d'entre nous s'assirent près de lui, les autres étant déja sortis ou s'étant alors retirés par respect. Lorsque tout le monde se fut placé, il parla ainsi : « Dans
» cette île de *Bensalem* (car tel est son
» nom, dans notre langue), nous jouis-
» sons d'un avantage qui nous est par-
» ticulier; grace à notre isolement, à la
» distance où nous sommes de toute au-
» tre terre, au secret qu'une loi formelle

» impose à nos voyageurs, et à la pru-
» dente réserve avec laquelle nous ad-
» mettons les étrangers, nous connois-
» sons la plus grande partie de la terre
» habitable, en demeurant nous-mêmes
» tout-à-fait inconnus aux autres nations.
» Ainsi, comme ce sont ordinairement
» les personnes les moins bien infor-
» mées qui ont le plus d'informations à
» prendre, je crois que, pour rendre
» notre conversation plus intéressante,
» je dois plutôt me disposer à répondre
» à vos questions qu'à vous en faire. »
Nous répondîmes que nous lui devions
de très humbles remerciemens pour la
liberté qu'il vouloit bien nous accorder à cet égard; qu'en effet, nous pensions, d'après ce que nous avions déja
vu ou entendu, que rien ne devoit être
plus intéressant pour nous que tout ce
qui concernoit cet heureux pays; nous
ajoutâmes qu'avant tout, ce qui nous inté-
resseroit le plus, nous qui avions le bonheur de nous trouver réunis avec eux,
dans un lieu si éloigné des deux conti-

nons, et qui ne désespérions pas de l'être encore dans une meilleure vie, étant chrétiens comme eux, ce seroit de savoir comment, malgré cette distance où ils étoient de toute autre contrée, et les mers immenses qui les séparoient de celle où le Sauveur du monde s'étoit incarné et avoit donné sa loi, ce peuple avoit pu être converti au christianisme ; en un mot quel avoit été son Apôtre. A cette question son visage parut rayonnant de joie et de satisfaction. « Vous m'avez
» gagné le cœur, nous dit-il, en dé-
» butant avec moi par une telle question,
» elle prouve que vous mettez avant tout
» le royaume des Cieux : je me ferai
» donc un vrai plaisir de satisfaire d'a-
» bord à cette question.

» Environ vingt ans après l'*Ascension*
» de notre Sauveur, tout le peuple de
» *Renfusa*, ville située sur la côte orien-
» tale de cette île, apperçut, durant une
» nuit nébuleuse, mais calme, et à la
» distance d'environ un mille en mer,
» *une grande colonne de lumière*, non

» pas *une pyramide*, mais une *vraie*
» *colonne, de forme cylindrique*, qui
» ayant pour base la surface des eaux,
» s'élevoit dans les airs à une hauteur
» prodigieuse; elle étoit *surmontée d'une*
» *croix lumineuse* aussi, mais dont la
» lumière étoit beaucoup plus éclatante
» que celle de cette colonne. A ce spec-
» tacle si extraordinaire, tous les habi-
» tans accoururent sur le rivage. Après
» l'avoir admiré en silence, pendant
» quelque temps, ils se jetèrent dans des
» bateaux pour venir le considérer de
» plus près. Mais, lorsque ces bateaux
» en furent à trois ou quatre toises, ceux
» qui les montoient se sentirent tout à
» coup arrêtés, et il leur fut impossible
» d'avancer d'un pied de plus. Ils pou-
» voient, à la vérité, faire le tour, mais
» aucun ne pouvoit franchir cette dis-
» tance. Ils prirent donc le parti de se
» ranger tous autour de la colonne,
» en formant une sorte d'amphithéâtre,
» tous occupés à considérer cet étonnant
» spectacle qu'ils regardoient comme un

» signe céleste. Dans un de ces bateaux
» se trouvoit par hazard un des *sages*
» dont est composée cette société que
» nous appellons la *maison de Salomon*.
» C'est une sorte d'*académie* ou d'*ins-*
» *titut* qu'on peut regarder comme *la*
» *lumière* et l'œil de cet empire. Ce
» personnage ayant donc considéré pen-
» dant quelque temps, avec une reli-
» gieuse attention, cette colonne et cette
» croix, se prosterna la face contre ter-
» re ; puis s'étant relevé et restant à ge-
» noux, il leva sa main vers les Cieux,
» et leur adressa cette prière : *Grand*
» *Dieu ! souverain maître de la terre*
» *et des cieux, dont la grace infinie a*
» *accordé aux membres de notre ordre*
» *la faculté de connoître les ouvrages*
» *de la création, de pénétrer dans les*
» *plus profonds mystères de la nature*
» *et de démêler, autant que le com-*
» *porte la foible intelligence des enfans*
» *des hommes, des vrais miracles d'a-*
» *vec les simples opérations de la na-*
» *ture, les productions de l'art et les*

» prestiges de toute espèce, je certifie
» et je déclare à tout ce peuple ici as-
» semblé, que ce spectacle qui s'offre
» à ses yeux est un vrai miracle, et
» qu'ici est ton doigt puissant : et com-
» me la doctrine consignée dans nos li-
» vres nous apprend que tu n'opères
» jamais de tels prodiges, sans quelque
» fin utile, grande et digne de toi (les
» loix de la nature n'étant que tes pro-
» pres loix dont tu ne t'écartes jamais
» que par de puissans motifs); nous te
» supplions humblement de nous rendre
» ce signe propice, de nous en faire
» connoître le véritable sens, et de
» nous mettre ainsi en état d'en user
» d'une manière conforme à tes augus-
» tes intentions; ce que tu sembles avoir
» daigné toi-même nous promettre en
» nous l'envoyant.

» A peine le sage eut-il prononcé cet-
» te prière, qu'il sentit son bateau se dé-
» tacher et se mettre de lui-même en
» mouvement, quoique tous les autres
» demeurassent immobiles comme au-

» paravant. Ayant donc pris cette faci-
» lité, qui n'étoit accordée qu'à lui,
» pour une permission spéciale d'appro-
» cher, il donna ordre à ses rameurs de
» faire avancer le bateau doucement et
» en silence de la colonne. Mais, avant
» qu'il y fut arrivé, cette colonne, et la
» croix, dont elle étoit surmontée, se
» brisèrent en une infinité de morceaux
» tous lumineux, qui, se répandant peu
» à peu dans les airs, y parurent com-
» me un *ciel étoilé* et disparurent pres-
» que aussi-tôt. A la place qu'avoit oc-
» cupée la base de la colonne, on ne
» vit plus qu'une sorte de *boîte* ou de
» *coffret*, dont toute la surface étoit sè-
» che, quoiqu'elle eût été en partie bai-
» gnée par les flots. Sur la partie an-
» térieure, je veux dire, sur celle qui
» étoit tournée vers le sage, parut tout
» à coup une *branche de palmier*, aussi
» verte et aussi fraîche que si elle eût
» végété. Le sage prit le coffret avec
» tout le respect dont tant de merveil-
» les l'avoient pénétré; et lorsqu'il l'eut

» déposé dans le bateau, il s'ouvrit de
» lui-même. On n'y trouva qu'un livre
» avec une lettre. Les caractères de l'un
» et de l'autre étoient tracés sur un par-
» chemin très fin, très éclatant et assez
» semblable à celui dont nous avons
» déja parlé, le tout enveloppé dans
» une toile également fine. Ce volume
» contenoit *tous les livres canoniques*
» *de l'ancien et du nouveau Testament,*
» tels que vous les avez; car nous n'i-
» gnorons pas quels sont les livres re-
» çus dans votre *église* : *l'Apocalypse*
» même s'y trouvoit aussi. On y voyoit
» de plus certains livres faisant partie
» du *nouveau Testament,* mais qui n'a-
» voient pas encore été écrits. Quant
» à la lettre elle étoit conçue en ces
» termes :

» *Moi, Barthelemi, serviteur du très*
» *Haut et apôtre de Jésus-Christ, j'ai*
» *été averti par un Ange, qui m'a ap-*
» *paru dans une vision glorieuse, de*
» *confier aux flots de l'océan ce coffret*
» *et ce qu'il contient ; je déclare et je*

» *certifie à tous les habitans de l'heu-*
» *reuse contrée au rivage de laquelle*
» *abordera ce sacré dépôt, que, dans*
» *ce jour-là même, le salut lui parvien-*
» *dra ; que ce livre et la loi qu'il ma-*
» *nifeste, sera pour eux une source in-*
» *tarissable de paix et de volontés sain-*
» *tes ; c'est un don de Dieu le père et*
» *de Jésus-Christ son fils* (1).

» Ce livre et cette lettre donnèrent
» lieu à un miracle non moins grand
» que le premier, et tout semblable à
» celui qui s'opéra lorsque les apôtres
» prêchant l'évangile pour la première
» fois à tant de nations diverses, furent
» également intelligibles pour toutes (2) ;

―――――――――――

(1) Le texte anglois dit : de *mylord Jesus ;* expression toutefois qui doit d'autant moins nous étonner, que les *Bas-Bretons* et leurs prédicateurs disent : *monsieur Dieu, madame la sainte Vierge,* etc.

(2) Ceux d'entre nos lecteurs qui, à la première vue, seront choqués de ce jargon mystique, de ces coups de baguette et de ces prestiges assez semblables à ceux que, durant tant d'années,

» car, quoique cette contrée alors, ou-
» tre les naturels, fut habitée par des
» *Juifs*, des *Perses* et des *Indiens*; ce-
» pendant chacune de ces nations, en
» lisant ce livre et cette lettre, les en-
» tendit comme si l'un et l'autre eussent
» été écrits dans sa langue respective.
» Ainsi de même que les débris du gen-
» re humain avoient été conservés par
» l'*arche de Noé*, cette nation choisie
» fut préservée des illusions et de l'aveu-
» glement des infidèles par ce *coffret*
» et ce qu'il contenoit; en vertu du pou-
» voir apostolique et miraculeux de *St.*
» *Barthelemi*, évangélisant dans les par-
» ties les plus reculées de l'univers. »

---

l'académie de musique opéra, considéreront ensuite que le chancelier Bacon écrivant sous les
yeux d'un roi théologien et d'un clergé dominant, qui craignoient que des recherches profon-
des sur la nature n'affoiblissent leur prérogative,
en conduisant à l'incrédulité, est à chaque instant obligé *d'entrelacer la religion avec la phi-*
losophie, et de changer son flambeau en cierge;
à peu près comme le fit, dans une situation encore

Après ce début, le *directeur* fit une légère pause; mais aussi-tôt on vint le demander, et il fut obligé de nous quitter; ce qui mit fin à ce premier entretien.

Le lendemain, ce même personnage vint de nouveau nous rendre visite immédiatement après notre dîner, et nous fit ses excuses en disant : « Hier, une affaire qui est survenue, m'a obligé de vous quitter un peu brusquement; mais je viens aujourd'hui pour m'en dédom-

---

plus difficile, *Hwart,* auteur *espagnol,* qui cite souvent l'Ecriture sainte, pour soustraire ses écrits aux torches de l'inquisition, et se fait de la bible une sorte de plastron : les craintes des apôtres modernes nous paroissent aussi fondées que les précautions de ces philosophes sont nécessaires; car il semble que *cette foi robuste* qu'exigent les prêtres idolâtres, et qui semble être pour eux *une dispense de charité, soit refusée aux gens d'esprit, qui ont la sottise d'examiner tout ce qu'on veut leur faire accroire, et ne soit donnée qu'aux sots, qui ont assez d'esprit pour croire tout ce qu'on leur dit.*

mager et pour passer le reste de la journée avec vous, si ma société et mon entretien ne vous sont pas désagréables. » L'un et l'autre, répondîmes-nous aussitôt, nous sont tellement agréables, que nous en perdons de vue tous les dangers dont nous avons été délivrés et tous ceux auxquels nous pourrons encore être exposés ; nous pensons même qu'une seule heure qui s'écoule avec vous est beaucoup mieux employée que toutes les années de notre vie passée. « A ce compliment, il s'inclina légèrement, et lorsque nous fûmes tous assis, il nous dit : « Nous sommes convenus hier que c'étoit à vous de me faire des questions et à moi d'y répondre. » Un d'entre nous, après avoir un peu hésité, lui dit : Qu'il y avoit en effet un point sur lequel nous aurions souhaité d'avoir quelque éclaircissement que nous lui aurions déja demandé, si nous n'eussions craint qu'une question de cette nature ne lui parût indiscrète et trop hardie ; mais qu'un peu encouragés par cette bonté et cette indulgence dont il nous donnoit des preuves continuelles, nous nous déterminions enfin à la lui faire, en le suppliant d'avance, au cas qu'il ne la jugeât pas digne d'une réponse, de vouloir bien l'excuser, même en la rejetant. Nous avons très bien remarqué, continua-t-il, ce que vous nous faisiez l'honneur de nous dire hier, que cette heureuse contrée où nous sommes, est inconnue aux autres nations ; au lieu que vous connoissez toutes celles de l'univers, ce dont nous ne pouvons douter, en voyant que vous possédez les langues de l'Europe, et que vous êtes instruits de presque tout ce qui nous concerne. Quoique, nous autres européens, nonobstant les navigations de très long cours, et les immenses découvertes que nous avons faites dans ces derniers temps, nous n'ayons jamais entendu parler de votre île, au fond, notre étonnement, à cet égard n'est pas sans fondement. Car toutes les nations peuvent avoir connoissance les unes des autres, soit par les voyages que chacune fait dans les autres contrées, soit par les relations des étrangers qu'elle reçoit chez elle. Et quoique toute personne qui prend la peine de parcourir les autres pays, s'intruise beaucoup mieux sur ce qui les concerne, en voyant tout par ses propres yeux, qu'elle ne le pourroit faire par de simples relations, en restant chez elle; ces nations toutefois peuvent même, par ce dernier moyen, tout imparfait qu'il est, avoir quelque connoissance les unes des autres. Cependant nous n'avons jamais oui parler d'aucun vaisseau qui, étant parti de cette île, ait abordé, soit à quelque côte de l'*Europe*, soit à celles des *Indes orientales ou occidentales*, ou qui, étant parti de ces mêmes contrées, y soit revenu, après avoir abordé à cette île; mais ce n'est pas encore ce qui nous étonne le plus; car la situation de cette île, qui est comme perdue au milieu d'une mer immense, peut être l'unique cause de cette différence. Mais comment, nous disions-nous, les habitans de cette île si éloignée de toutes les autres contrées, peuvent-ils avoir une si parfaite connoissance de nos langues, de nos livres, de nos affaires, de tout ce qui nous concerne ; voilà ce qui nous paroît inexplicable ; car cette faculté de voir les autres, en demeurant soi-même invisible, semble être réservée aux *intelligences supérieures* et aux *puissances célestes*. » A cette réflexion, le directeur sourit gracieusement, et nous dit : « Vous n'aviez pas tort, mes amis, de me faire un peu d'excuse, avant de hazarder une telle question, et la réflexion que vous y joignez ; car vous semblez croire que ce pays est habité par des *magiciens* qui envoient dans les autres contrées des *esprits aériens,* pour y prendre des informations sur tout ce qui s'y passe, et leur en rapporter des nouvelles. » Nous lui répondîmes avec toute la modestie et la soumission possible, en lui témoignant toutefois par notre air et notre contenance, que nous ne regardions son observation que comme un badinage; que nous étions en effet très disposés à croire qu'il y avoit dans cette île quelque chose de *surnaturel*; mais tenant plutôt de la nature des *anges*, que de celle des sorciers et des *esprits infernaux*; mais que, pour lui déclarer sans détour notre pensée, le vrai motif qui nous avoit fait balancer à lui faire des questions de ce genre, étoit beaucoup moins cette prévention dont il parloit, que le souvenir de ce qu'il nous avoit dit la veille; savoir: qu'une loi formelle de leur île imposoit à tous les habitans un rigoureux secret envers les étrangers. « Votre mémoire, mes amis, ne vous a pas trompés, répondit le directeur, cette loi existe en effet. Aussi, dans ce que j'ai à vous dire, serai-je obligé d'user de quelque réserve et d'omettre certaines particularités qu'il ne m'est pas permis de vous révéler; mais j'en dirai du moins assez pour satisfaire votre discrète curiosité. »

« Vous saurez d'abord, mes chers amis, (le fait pourra vous paroître incroyable), qu'il y a trois mille ans, ou un peu plus, on entreprenoit des navigations de très long cours, plus fréquemment et avec plus de courage qu'aujourd'hui même. Ne croyez pas toutefois que j'ignore les grands accroissemens que l'art de la *navigation* a pris dans vos contrées, depuis environ cent vingt ans; je sais parfaitement tout cela, et cependant je dis qu'alors il étoit porté à un plus haut degré : soit que l'exemple de cette *arche* qui, durant le déluge universel, avoit sauvé les débris du genre humain, eût inspiré aux hommes assez de confiance pour se hazarder sur les mers, soit par toute autre cause, quoi qu'il en puisse être, le fait est certain. Les *Phéniciens*, entre autres, et sur-tout les *Tyriens*, avoient alors de nombreuses et puissantes flottes : il en étoit de même des *Carthaginois*, une de leurs colonies, quoique leur ville principale fût située plus à *l'ouest*. Quant aux contrées *orientales*, les *Egyptiens* et les habitans de la *Palestine* étoient aussi *grands navigateurs*. Il en faut dire autant de la *Chine* et de la *grande Atlantide*, connue parmi vous sous le nom d'*Amérique*, qui aujourd'hui n'a plus que des *jonques* ou des *canots;* mais qui alors avoit une multitude de *vaisseaux de haut bord*. Je lis aussi dans quelques-unes de nos histoires les plus authentiques, que notre île avoit, à cette époque dont je parle, quinze cents vaisseaux du premier rang. Vos histoires ne font aucune mention de tout cela, ou n'en parlent que bien peu; mais ce sont pour nous autant de faits constatés. »

« Vers le même temps, cette île étoit connue de toutes les nations dont nous venons de parler, et dont les vaisseaux y abordoient sans cesse. Et comme il arrive ordinairement, dans ces vaisseaux se trouvoient aussi des individus originaires d'autres contrées situées plus avant dans les terres; par exemple, des *Perses*, des *Chaldéens*, des *Arabes*, etc. ensorte que toutes les nations alors puissantes et renommées se rendoient dans nos ports. C'est même de là que tirent leur origine plusieurs familles et même plusieurs tribus encore subsistantes parmi nous. Quant à nos propres vaisseaux, ils faisoient voile dans toutes sortes de directions, les uns passant par ce *détroit* que vous appellez les *colonnes d'Hercule*, se rendoient dans les ports de la *méditerranée*; d'autres dans ceux de la mer atlantique ou de la *baltique*, etc. quelques-uns même remontoient jusqu'à *Pékin*, aujourd'hui appellée *Cambales*, dans la langue des Chinois; d'autres enfin alloient à *Quince*, ville située sur la côte de l'est, non loin des confins de la Tartarie orientale. »

« Vers ce même temps encore et un siècle après, ou un peu plus, les habitans de la *grande Atlantide* étoient dans la plus éclatante prospérité. Cependant je ne vous citerai point cette description et cette relation d'un personnage célèbre parmi vous, et qui prétendoit que les descendans de *Neptune* s'établirent dans cette contrée dont nous parlons. Je ne vous dirai rien de leur principale ville, du temple, ni du palais superbe qu'on y admiroit, ni de cette montage sur laquelle il étoit bâti, ni de ce fleuve immense et navigable qui, en faisant autour de cette montagne une infinité de révolutions, environnoit ce temple et cette ville, comme une sorte de *ceinture* ou de *collier;* ni enfin de cette magnifique rampe, par laquelle on montoit à cette ville fameuse. Toute cette relation ne me paroissant qu'un tissu de fables et de fictions poétiques; mais la vérité est que, dans cette *Atlantide,* soit au *Pérou,* alors connu sous le nom de *Coya,* soit au *Mexique,* alors appellé *Tyrumbel,* se trouvoient, dans le temps dont je parle, deux états puissans et renommés par leurs armes, leurs flottes et leurs richesses ; états tellement puissans, que, dans un même temps, ou tout au plus dans l'espace de dix ans, ils entreprirent deux grandes expéditions, les *Péruviens* ayant traversé la mer *atlantique,* pour aller attaquer l'*Europe* (1); et les *Mexicains*, ayant tourné vers notre île, en traversant la mer du Sud. Quant à la première de ces deux expéditions, qui fut contre l'*Europe*, il paroît que cet auteur, dont je viens de parler, tira quelques lumières sur ce sujet de la relation du *prêtre Égyptien* qu'il cite dans la sienne; mais il n'est pas douteux que cette double expédition n'ait eu lieu : mais fût-ce le peuple *Athénien* (je ne parle ici que des

---

(1) Si cet événement n'a jamais eu lieu dans le passé, il aura du moins lieu dans l'avenir; les états américains sont aujourd'hui dans un état d'accroissement très rapide, et dont la population, dit-on, double tous les vingt-cinq ans, tandis que les états européens se saignent et se ruinent réciproquement : d'ici à moins de deux siècles, ils formeront la plus grande et la plus formidable puissance de l'univers : tôt ou tard ils deviendront ambitieux; et alors profitant de nos divisions, ils se ligueront avec une moitié de l'Europe, pour subjuguer l'autre, et d'abord l'Angleterre; à moins que l'Europe ne sache les diviser eux-mêmes, ou profiter de leurs divisions.

plus anciens habitans de l'*Attique*), qui eut la gloire de les réprimer et de les vaincre? c'est ce que je ne puis décider; tout ce que je sais et qu'on peut regarder comme certain, c'est que cette expédition fut fort malheureuse, et qu'il n'en revint pas un seul vaisseau, pas même un seul individu. L'autre expédition se seroit terminée par une semblable catastrophe, si les *Mexicains* ne s'étoient adressés à des ennemis infiniment plus humains; car le roi de cette île, nommé *Altabis*, prince plein de sagesse et guerrier consommé, ayant bien comparé ses forces avec celles de ses ennemis, prit si bien ses mesures, dès qu'ils furent débarqués, qu'étant parvenu à séparer leur armée de terre d'avec leur flotte, à l'aide d'une flotte et d'une armée beaucoup plus nombreuses, il prit l'une et l'autre comme dans un filet, et les ayant forcées à se rendre tous à discrétion, n'exigea d'eux d'autre condition que celle de promettre avec serment de ne jamais porter les armes contre lui, et les renvoya ensuite, sans leur faire aucun mal. Mais la Divinité prit soin elle-même de le venger et d'infliger le châtiment dû à cette ambitieuse et injuste expédition; car dans l'espace d'un siècle tout au plus, la grande *Atlantide* fut totalement détruite, non par un grand tremblement de terre, comme le prétend l'auteur cité, ce qui seroit d'autant moins croyable, que toute cette contrée y est peu sujette; mais par un déluge particulier, en un mot, par une vaste inondation; ce qui est beaucoup plus vraisemblable, vu que, dans cette contrée, on voit encore aujourd'hui des fleuves beaucoup plus grands que dans toute autre partie du monde, ainsi que des montagnes très élevées d'où les eaux peuvent avoir beaucoup de chûte et se répandre au loin. A la vérité, durant cette inondation, les eaux ne s'élevèrent pas excessivement; leur hauteur, en quelques endroits, n'ayant été que d'environ quarante pieds au dessus de leur niveau ordinaire. Ainsi, quoique, généralement parlant, elle ait détruit et les hommes et les animaux terrestres, cependant quelques sauvages trouvèrent moyen d'échapper à ce fléau. Les oiseaux se sauvèrent aussi sur les arbres les plus élevés. Quant aux hommes, quoiqu'en plusieurs lieux, ils ne manquassent pas d'édifices dont la hauteur excédoit de beaucoup la profondeur des eaux; cependant, comme cette inondation fut de très longue durée, ceux mêmes d'entre les habitans des terres basses, qui n'avoient pas été noyés, ne laissèrent pas de périr faute d'alimens et d'autres choses nécessaires à la vie. Ainsi nous ne devons plus être étonnés de voir le continent de l'Amérique si mal peuplé, et habité par des hommes aussi féroces qu'ignorans. Les habitans de cette partie du monde étant un *peuple nouveau, et plus nouveau, de mille ans au moins, que tous les autres;* car tel fut au moins le temps qui s'écoula entre le *déluge universel* et cette inondation particulière. Quant aux restes de cette race infortunée, ils se refugièrent sur les montagnes et peuplèrent ensuite peu à peu les régions plus basses. Ce peuple sauvage et grossier, n'étant nullement comparable à *Noé* et à ses enfans, qui étoient une *famille choisie* dans tout l'univers, ils ne purent laisser à leur postérité des *arts*, des *sciences*, des *connoissances*, de l'*urbanité*, etc. Sur ces montagnes, où ils firent d'abord leur demeure et où régnoit un froid rigoureux, ils n'eurent d'abord d'autres vêtemens que des *peaux* de *tigres*, d'*ours*, de *chèvres à longs poils*, etc. les seuls qu'ils pussent trouver dans ces lieux élevés. Puis, lorsqu'ils descendirent dans les vallées et les plaines, où régnoient des chaleurs insupportables, ne sachant pas encore se faire des vêtemens plus légers, ils furent forcés d'aller nus; et ils en contractèrent l'habitude, qui existe encore aujourd'hui parmi leurs descendans. Ils aimoient seulement à se parer de *plumes éclatantes;* goûts qu'ils tenoient de leurs ancêtres, qui furent excités à préférer ce genre d'ornement à tout autre, par la vue de cette multitude infinie d'oiseaux qu'ils trouvoient sur ces lieux élevés, et qui s'y étoient réfugiés comme eux, tandis que les terres basses étoient inondées. Ainsi, vous voyez que ce fut par les suites naturelles et nécessaires de cette grande et terrible catastrophe, que nous cessâmes de trafiquer avec les nations *américaines*, celles de toutes les nations de l'univers avec lesquelles nous avions le plus de commerce, à cause de la proximité même où nous sommes de leur continent. Quant aux autres parties du monde, on conçoit plus aisément que l'*art de la navigation* dut y décliner et s'y perdre presque entièrement par différentes causes, telles que des guerres fréquentes, ou les vicissitudes, qui sont le naturel et simple effet du temps. On renonça surtout *aux voyages de long cours*, faute de vaisseaux propres pour un tel dessein; les *galères*, et autres bâtimens de ce genre, dont on faisoit alors usage, ne pouvant résister à la violence des flots de l'*océan*. Vous voyez actuellement *pourquoi* et *comment* ce genre de communication que les autres nations pouvoient, dans ces temps si anciens, avoir avec nous, cessa tout-à-fait d'avoir lieu ; à l'exception, toutefois, de certains accidens assez rares, et semblables à celui qui vous a amenés ici. Quant à l'interruption de ce genre de correspondance que nous pouvions avoir avec les autres nations, en nous rendant nous-mêmes chez elles, elle eut une autre cause que je dois aussi vous faire connoître ; car je ne vous dissimulerai pas que nos flottes, soit pour la multitude, la grandeur et la force des bâtimens, le nombre des matelots, l'habileté des pilotes, et, en général, pour tout ce qui concerne la navigation, ne soient aujourd'hui au moins égales à celles que nous avions autrefois : mais pourquoi, avec de si grands moyens pour nous porter en tous lieux, avons-nous pris le parti de rester chez nous ? c'est ce qu'il s'agit de vous expliquer ; et lorsque je vous aurai donné ce dernier éclaircissement, alors enfin, j'aurai pleinement satisfait à la plus importante de vos questions. »

« Il y a environ 1900 ans, cette île étoit gouvernée par un prince dont nous révérons la mémoire, presque jusqu'à l'adoration ; non par un enthousiasme superstitieux, mais parce que ce grand personnage, quoique mortel, fut pour nous l'instrument de la Divinité. Nous le regardons comme le législateur de cet empire ; son nom étoit *Salomon*. Il eut (s'il m'est permis d'employer le langage des saintes Ecritures), *un cœur d'une immense latitude*, et qui étoit une source intarissable de vertus, non moins active que pure. Il fut tout entier à son peuple, et n'eut d'autre desir que celui de le rendre heureux. Le roi, dis-je, considérant que cette île, qui a 5600 milles (environ 1900 lieues de tour), et dont le sol étoit, dans presque toutes ses parties, d'une rare fertilité, étoit une terre vraiment *substantielle*, n'avoit nullement besoin des étrangers, et pouvoit se suffire à elle-même ; considérant de plus, que tous les vaisseaux appartenant à cet état, pouvoient être utilement employés, soit à la pêche, soit à de petites navigations de port en port (au *cabotage*), soit enfin à de courts voyages aux îles de sa dépendance ; considérant, enfin, l'état heureux et florissant où se trouvoit cet empire ; état si heureux et si parfait, qu'il y avoit mille moyens pour le changer en pis, contre un seul, tout au plus, pour le changer en mieux ; il pensa que, pour mettre le comble aux grandes choses qu'il avoit faites, et donner toute la perfection possible à ses institutions, toutes dirigées par des vues héroïques et élevées, il ne lui restoit plus qu'à prendre de justes mesures pour les perpétuer, autant, du moins, que le comportoit la prévoyance humaine. En conséquence, parmi les loix fondamentales de cet état, il en établit quelques-unes dont l'objet spécial étoit d'éloigner de l'île tous les étrangers qui, même après le malheur de l'*Amérique*, se rendoient encore en grand nombre dans nos ports ; statuts dont le *but* étoit de prévenir de *dangereuses innovations*, et *toute altération dans la pureté de nos mœurs.* Je sais que les *Chinois* ont aussi une loi expresse qui défend aux étrangers de s'introduire chez eux, sans une permission spéciale; loi qui subsiste encore aujourd'hui : mais c'est une disposition pitoyable, et qui n'a abouti qu'à faire des *Chinois* une nation *curieuse, ignorante, timide* et *inepte* (1). Le statut de notre législateur fut

---

(1) Lorsqu'on est à l'entrée de la rivière de *Canton,* que nos marins appellent *le Tigre,* c'est-à-dire, à peu près vis-à-vis *Macao,* petit établissement des *Portugais,* on est obligé d'attendre une permission appellée dans la langue du pays, *la Chappe,* et conçue, dit-on, en ces termes : *laissez passer ces pauvres pêcheurs, qui viennent de si loin dans un misérable champan* (nom des bateaux du pays) *payer le tribut à notre empereur.* De plus, on est obligé d'attendre un *pilote chinois,* et un grand nombre de champans, pour touer le vaisseau, deux secours sans lesquels on ne pourroit remonter le fleuve. Lorsqu'on est arrivé au mouillage près l'île de *Wampow,* on voit monter à bord un officier appellé le *Hanpon,* (avec un cortège nombreux et une musique), qui fait *mesurer la distance comprise entre le grand mât et*

dirigé par un esprit bien différent, et adouci par le plus heureux tempérament. Car, en premier lieu, il respecta tous les droits de l'humanité; et il eut

―――――――――――――――

le mât de misaine, et qui se flatte de pouvoir *mesurer ainsi la capacité du vaisseau*. On lui sert ensuite un *petit repas* qu'il accepte ordinairement; et tandisqu'il mange, *le capitaine se tient debout.* Le nôtre (*le chevalier de Vigny*), qui étoit *lieutenant de haut-bord*, au *service du roi*, fut obligé de se soumettre, comme les autres, à cet humiliant cérémonial. *Canton* est *divisé en deux parties*, dont l'une est appellée *la ville Tartare*, et l'autre, *la ville Chinoise*; les *Européens* ne peuvent se *promener* et *commercer* que dans cette dernière, où l'on ne voit que des boutiques et des marchands. On ne peut remonter, pour faire l'eau, que jusqu'à *une lieue environ au dessus de Canton*. J'étois chargé de cette opération; je trouvois sur cette partie de la rivière qui borde la ville, une multitude innombrable de *champans couverts*, tous remplis d'hommes, de femmes et d'enfans, auxquels ils servent de *maisons;* et ce qui étoit beaucoup plus dangereux, *des femmes publiques* qui nous offroient leurs services; mais nous étions d'autant moins disposés à les accepter, que, lorsqu'un seul Européen est surpris avec elles, le vais-

soin d'assurer, par une fondation expresse, des secours à tous les étrangers qui se trouveroient dans la détresse : c'est ce dont vous avez fait vous-mêmes l'é-

---

seau auquel il appartient, est condamné *à une amende de 20, 30 et quelquefois 40 mille piastres;* cette *vile nation ayant horreur des nôtres, et n'aimant de nous que notre argent.* En passant le long de leurs champans, on les entend presque toujours crier *fam koï,* mot qui, dans leur langue, signifie *étrangers,* et est regardé comme une *injure.* Ainsi, le lecteur voit que notre auteur a été assez bien informé, quoiqu'il n'eût pas eu, comme son traducteur, la curiosité d'aller considérer cette nation d'un peu plus près. Cependant les *Français* sont *un peu mieux traités à Canton que toutes les autres nations européennes;* ils ont *l'île de Wampow* pour eux seuls, tandis que les *autres nations n'ont sur la rive gauche du fleuve qu'un terrain bas, en partie inondé,* et voisin des *rivières;* ce qui rend ce séjour très mal sain. De plus, les capitaines de notre nation sont les seuls qui aient le privilège *de porter le pavillon national à l'arrière de leurs canots :* distinction qui humilie fort les *Anglois,* et dont leur *arrogance les a fait priver.*

preuve, mes chers amis. » A cette observation du directeur, nous nous levâmes tous et nous inclinâmes respectueusement, comme nous le devions. Il continua ainsi: « Ce prince, dis-je, qui vouloit *concilier les droits de l'humanité avec les précautions de la politique*, pensa que ce seroit déroger aux loix de la première, que de *retenir les étrangers malgré eux*, et pécher contre les règles de la dernière, que de souffrir que ces étrangers, après avoir observé de fort près l'état de cet empire, allassent le découvrir aux autres nations, statua, en conséquence, que tous ceux d'entre les étrangers, auxquels on auroit permis de descendre à terre, resteroient *maîtres de quitter cette île, au moment où ils le voudroient ;* mais que ceux qui témoigneroient un desir formel de *s'y établir*, y recevroient *un traitement fort avantageux, et qu'on pourvoiroit à leur subsistance* pour leur vie entière : en quoi notre législateur eut des vues si étendues et si justes, que depuis l'époque où cette loi si sage fut établie, on n'a jamais vu un seul vaisseau retourner dans son pays; mais tout au plus, treize individus en différens temps, qui ont pris ce parti, et auxquels on a donné pour cela des bâtimens du pays même. J'ignore ce que ce petit nombre d'individus, qui ont voulu retourner dans leur patrie, ont pu y rapporter à notre sujet; mais on peut présumer que toutes leurs relations auront été regardées comme autant de *rêves*. Quant aux *voyages* que nous aurions pu faire *dans les autres contrées*, notre législateur a jugé nécessaire d'y mettre *les plus grandes restrictions;* précautions qu'on n'a pas prises à la *Chine;* car les vaisseaux *chinois* vont par tout où ils veulent, ou peuvent aller: ce qui prouve que cette loi, par laquelle *ils interdisent aux étrangers l'entrée dans leurs ports,* est une *loi dictée par la crainte et la pusillanimité.* Mais cette défense de notre législateur *n'est pas sans exception;* et celle qu'il y a mise est vraiment digne de lui; car elle a le *double avantage de nous mettre en état de profiter des lumières des autres nations, en communiquant avec elles, et de nous préserver des inconvéniens ordinairement attachés à une telle communication.* Mais comment s'y est-il pris pour parvenir à ce double but? c'est ce qu'il s'agit actuellement de vous expliquer. Ces détails, à la première vue, pourront vous paroître une sorte de *digression;* mais, en attendant quelque peu, vous reconnoîtrez qu'ils ont une étroite relation avec notre objet. Vous saurez donc, frères et amis, que parmi les institutions de notre législateur, la plus admirable et la plus utile, fut celle d'un *ordre,* ou d'une *société,* appellée parmi nous *la société de Salomon :* nous la regardons comme la *lumière* et le *flambeau de cet empire.* Elle est spécialement *consacrée à la contemplation et à l'étude des œuvres de la divinité;* en un mot, de toute la création. Quelques-uns de nos savans pensent que le nom de cette société n'est autre que celui même du fondateur, mais un peu corrompu, et que son premier nom étoit : maison de *Salomon*. Mais, dans nos archives les plus authentiques, nous le trouvons écrit précisément comme nous le prononçons aujourd'hui ; ce qui me fait présumer que le nom de cet *institut* n'est autre que celui de ce grand roi des Hébreux, si illustre parmi vous, et qui est d'autant moins étranger pour nous, que nous avons certaines parties de ses ouvrages qui sont totalement perdus pour vous; nommément cette *histoire naturelle, où il traitoit de toutes les plantes, depuis le cèdre qui s'élève sur le Mont-Liban, jusqu'à l'hyssope qui croît sur les murailles, et de tout ce qui a vie et mouvement :* ce qui me porte à penser que notre législateur trouvant, dans ses propres sentimens et ses propres desseins, beaucoup d'analogie avec ceux de ce roi des Juifs, voulut décorer du *nom* de ce grand prince, comme d'un *titre*, sa noble et généreuse institution, (conjecture d'autant plus probable, que, dans nos archives les plus antiques, cet *ordre*, ou cet *institut*, est appellé tantôt *institut de Salomon*, tantôt *l'institut des œuvres* des six jours ; notre excellent prince ayant, selon toute apparence, appris des *Hébreux* mêmes, que *Dieu créa ce monde, et tout ce qu'il contient, dans l'espace de six jours*) ; et qu'en conséquence, cet excellent prince ayant spécialement *consacré cet ordre à la découverte de la nature intime des choses*, dans la double vue d'exciter de plus en plus ses heureux sujets *à rendre hommage au grand Être qui a formé l'univers, et à les mettre de plus en plus à portée d'user de ses bienfaits*, crut devoir attacher aussi à cet institut, le second de ces deux noms. Mais, pour revenir à notre principal objet, vous saurez que notre législateur, après avoir interdit à son peuple toute navigation dans les autres contrées qui ne faisoient pas partie de cet empire, statua en même temps que, *de douze en douze ans,* on expédieroit de cette île *deux vaisseaux pour les differentes contrées successivement;* que chacun de ces vaisseaux porteroit *trois frères, ou membres de la maison de Salomon,* dont la mission n'auroit d'autre but que celui de nous procurer *des lumières* sur les affaires et la situation des autres états ; mais spécialement sur tout ce qui pouvoit concerner *leurs sciences,* leurs *arts,* leurs *manufactures* et leurs *inventions;* qu'en conséquence, ils auroient ordre d'apporter des *livres,* des *instrumens* et des *modèles* en tous genres, afin de nous mettre en état *de profiter des connoissances acquises dans l'univers entier* (1) ; que les

―――――――――――

(1) Mais il me semble qu'il auroit été juste *de mettre aussi l'univers en état de profiter des vôtres,* en ordonnant à vos *missionnaires philosophes* de laisser furtivement, dans les contrées qu'ils devoient parcourir, des exemplaires de vos meilleurs ouvrages, écrits dans leurs langues respectives, des instrumens, des machines, etc. avec les instructions nécessaires, à l'exemple de ces généreux navigateurs *anglois* ou *français,* qui ont eu l'attention de laisser, dans les îles qu'ils ont découvertes, plusieurs couples des espèces d'animaux les plus propres pour la nourriture de l'hom-

deux vaisseaux, après avoir mis à terre les six missionnaires, reviendroient aussi-tôt, et que ces personnages demeureroient dans les pays étrangers jusqu'à ce ce que six autres vinssent les relever ;

---

me. *Tout peuple*, ou tout *individu qui commerce avec un autre, et qui tire de lui des choses utiles, lui doit un équivalent;* s'il s'attribue à lui seul tout le profit, il fait un commerce injuste : quand on reçoit, il faut donner, sous peine d'être un *mendiant* ou un *fripon*. D'après les grandes choses qu'a déja faites cette généreuse nation dont j'ai l'honneur d'être membre, je ne doute point que, dans un temps de plus grande prospérité, elle n'envoie exprès des vaisseaux, *en partie montés par des hommes instruits et des ouvriers de toute espèce, pour apprendre aux nations sauvages à se nourrir, à se vêtir, à se loger, à se défendre, et à pardonner à leurs ennemis :* voilà des projets dignes de nous ; notre prix sera dans le travail même ; et si nous sommes *marchands*, il existe un *Dieu pour nous récompenser. Comme un individu regorgeant de superflu doit, non attendre, mais chercher l'individu manquant du nécessaire, une nation qui se trouve dans l'abondance, doit porter des secours aux nations pauvres; un seul bienfait vaut mieux que cent victoires.*

que ces deux vaisseaux n'auroient d'autre cargaison, qu'une grande quantité de vivres, et une forte somme d'argent qui seroit à la disposition des missionnaires, soit pour acheter tout ce qu'ils croiroient utile à leur patrie, soit pour récompenser dignement ceux qui leur auroient procuré, ou des choses utiles et ostensibles, ou, en général, *de nouvelles connoissances* (1). Mais, quelles mesures prend-on pour que les marins de l'ordre inférieur ne soient pas découverts lorsqu'ils sont obligés de débarquer ? De quelles nations, ceux qui doivent rester à terre pendant un certain temps, prennent-ils les noms et les vêtemens, pour se déguiser ? Quelles contrées ont été jusqu'ici désignées aux missionnaires, et quelles autres contrées sont les lieux de

---

(1) Une somme d'argent n'est pas un équivalent pour des connoissances qu'on a reçues, et *des lumières ne se peuvent payer que par d'autres lumières;* car cet argent ne sert qu'une fois, au lieu que les *connoissances repoussent.*

rendez-vous pour les missionnaires ultérieurs ? et mille autres circonstances et détails de cette espèce qui appartiennent à la pratique, et sont autant de points sur lesquels je ne dois pas vous instruire; et vous êtes vous-mêmes trop discrets, mes chers amis, pour exiger de moi de tels éclaircissemens. Quoi qu'il en soit, vous voyez que notre commerce avec les autres nations n'a point pour but *l'acquisition de l'or,* de *l'argent,* des *pierres précieuses,* des *étoffes de soie,* des *épices,* ni d'autres semblables *commodités* ou *babioles,* toutes choses *matérielles* et indignes de nous; mais seulement celle que l'auteur de toutes choses daigna créer la première; laquelle donc ? *la lumière;* ô mes chers amis ! *la lumière, dis-je; la lumière seule,* que nos généreux missionnaires vont recueillant soigneusement dans tous les lieux où ils la voient *briller,* et pour ainsi dire, *germer* (1). Le directeur, après avoir prononcé

---

(1) Les vues que cette grande et généreuse na-

ces paroles d'un ton affectueux, garda le silence, en quoi nous l'imitâmes; nos langues étant comme liées par l'admiration qu'avoit excitée en nous son discours, où nous voyons d'ailleurs une sincérité qui ne nous laissoit plus aucun doute sur tout ce qu'il venoit de nous dire; pour

---

tion a déja eues, nous font espérer qu'elle aura un jour un semblable institut et dirigé par le même esprit, et même par cet esprit encore meilleur dont nous parlions plus haut; *la vraie manière de conquérir le monde et de l'affranchir, c'est de l'éclairer, en s'éclairant soi-même. Si l'univers entier étoit instruit, il n'y auroit plus d'esclaves;* car la *justice*, en chaque société (de *nations* ou *d'individus*) n'étant que *l'utilité du grand nombre*, *et le grand nombre étant naturellement le plus fort, il est clair que la force est naturellement du côté de la justice, et qu'on ne peut asservir les hommes qu'en les trompant. Ce sont des préjugés qui nous enchaînent, et d'autres préjugés qui rivent nos fers. C'est en aveuglant le genre humain que ses tyrans l'enrôlent contre lui-même, et emploient ses propres mains pour l'opprimer. Ses ennemis lui crient sans cesse, croyez; ses amis lui disent d'un ton plus bas, examinez.*

lui, voyant que nous avions encore quelque chose à lui dire, et que nous avions peine à trouver des expressions, il nous tira d'affaire en nous faisant d'obligeantes questions sur notre voyage, sur nos intérêts, sur nos desseins. Il finit par nous conseiller amicalement de délibérer entre nous, pour déterminer nous-mêmes le temps de notre séjour dans l'île. Il ajouta que nous ne devions avoir aucune inquiétude à ce sujet, et qu'il se flattoit d'obtenir pour nous, du gouvernement, tout le temps que nous pourrions souhaiter : alors nous nous levâmes tous, et nous nous avançâmes pour baiser le pan de sa robe ; mais il ne voulut pas le souffrir, et aussi-tôt il prit congé de nous. Quand nos gens apprirent que l'état donnoit un traitement fort avantageux à ceux d'entre les étrangers qui vouloient rester dans l'île, et s'y établir, il ne fut pas facile de les engager à avoir encore soin du vaisseau ; ils vouloient tous aller, sur-le-champ, trouver les magistrats de cette ville, pour leur demander l'établissement. Cependant, à force d'instances et de représentations, nous parvînmes à réprimer un peu leurs desirs à cet égard; et nous les engageâmes à attendre que nous pussions délibérer tous en commun, pour choisir le meilleur parti, et nous fixer tous à une même résolution.

Dès ce moment, nous nous regardâmes comme libres, et nous n'eûmes plus aucune crainte pour l'avenir. Nous vivions fort agréablement, parcourant la ville pour y voir ce qui méritoit d'être vu, ainsi qu'une partie des environs, sans passer, toutefois, les limites qui nous avoient été prescrites. Nous fîmes connoissance avec plusieurs habitans, dont quelques-uns étoient des personnages de quelque distinction. Tous nous accueilloient avec des manières si franches et si affectueuses, qu'ils sembloient disposés à recueillir dans leur sein d'infortunés étrangers; accueil qui nous faisoit presque oublier ce que nous avions de plus cher dans notre patrie. Nous trouvions à chaque instant, dans cette ville, des objets dignes de notre attention, et qui nous paroissoient toujours nouveaux. Certes, s'il est un pays qui mérite de fixer les regards d'un observateur, c'est celui où nous étions alors. Un jour deux d'entre nous furent invités à voir une fête, appellée dans la langue du pays la *fête de la famille*; fête où tout respire la piété la plus tendre, les plus doux sentimens de la nature, et la bonté intime qui fait le vrai caractère de cette heureuse nation. Voici quels sont le sujet et la forme de cette auguste cérémonie : tout homme qui vit assez long-temps pour voir trente individus, tous issus de lui, tous vivans, et tous au-dessus de l'âge de trois ans, a droit de donner cette fête, dont le trésor public doit faire tous les frais. Deux jours avant cette fête, le *père*, ou le *chef de la famille*, appellé, dans la langue du pays, le *Tirsan*, invite trois de ses amis, à son choix, à le venir trouver. Le gouverneur de la ville, du bourg, en un mot, du lieu où la fête doit être célébrée, l'honore aussi de sa présence; et tous les individus de la famille (des deux sexes indistinctement) sont tenus de se rendre auprès de lui. Ces deux jours sont employés par le *Tirsan* à délibérer sur tout ce qui peut être utile à cette famille. S'il y a entre eux quelque *procès*, quelque *mésintelligence*, on y met fin : si quelque individu de la famille est réduit à l'indigence, ou affligé de quelque autre malheur, on pourvoit à sa subsistance, ou on lui donne tout autre genre de secours dont il peut avoir besoin : s'il y a quelques sujets vicieux et adonnés à l'oisiveté, ou à tout autre genre de vie répréhensible, il essuie une réprimande dans cette assemblée ; il y encourt une censure formelle. On s'y occupe aussi d'établir les filles nubiles, de diriger ceux qui sont en âge de prendre un état, sur le choix du genre de vie qu'ils doivent embrasser. Enfin, l'on donne, sur ces différens points, tous les *ordres* ou les *avis nécessaires*. Le gouverneur s'y trouve présent, afin d'*appuyer de son autorité les décrets du Tirsan, et d'en assurer l'exécution;* précaution toutefois qui est rarement nécessaire, tant cette nation sait respecter l'ordre de la nature, et est disposée à cette déférence qu'elle inspire pour la vieillesse. De plus, le *Tirsan*, parmi les mâles issus de lui, en choisit un qui devra désormais habiter et vivre continuellement avec lui; et qui, dès ce moment, prend le nom d'*enfant de la vigne*, qu'il doit toujours porter dans la suite. On verra ci-après la raison de cette dénomination et de ce titre. Le jour même de la fête, le *Tirsan*, après la célébration de l'office divin, s'avance sur une place spacieuse qui est devant le temple, et destinée à la cérémonie. A l'extrémité de cette place, la plus éloignée du temple, est un endroit où le terrain est un peu relevé, et où l'on monte par une seule marche. Là, près de la muraille, se trouve un fauteuil devant lequel est une table couverte d'un tapis. Au dessus de ce fauteuil est un *dais*, en grande partie composé de *lierre*, un peu plus blanc que le nôtre, et dont la feuille, qui a quelque analogie avec celle du *peuplier*, connu en Angleterre sous le nom de *peuplier argenté*, a encore plus d'éclat; *lierre* qui conserve sa verdeur durant tout l'hiver. Ce *dais* est aussi, en partie, formé de fils d'argent et de fils de soie de différentes couleurs, qui servent à maintenir ensemble les branches du lierre. C'est ordinairement l'ouvrage des filles de cette famille; ce dais est recouvert d'un réseau délié de soie et d'argent; mais le corps du dais est proprement de lierre. Lorsqu'il est ôté et défait, les amis de la famille se font gloire d'en emporter quelques branches, et de les garder. Au moment où le *Tirsan* sort du temple, il est accompagné de toute sa ligne descendante; les mâles marchant devant lui, et les femmes à sa suite. Lorsque l'individu dont cette nombreuse lignée est issue, est de l'autre sexe, alors cette femme se place à la droite du fauteuil, dans une espèce de *tribune* un peu élevée, et ayant une *trapée* sur le devant, une porte secrète, et une fenêtre garnie de carreaux de verre, dont le chassis est orné de moulures et de sculptures, en partie dorées, et en partie peintes en bleu. C'est de là qu'elle voit toute la cérémonie sans être vue elle-même. Lorsque le *Tirsan* est arrivé près du fauteuil, il s'y assied; et alors tous les individus de la famille se rangent près de la muraille, les uns près de lui, les autres sur les côtés de la terrasse, dans l'ordre marqué seulement par leur âge et sans aucune distinction de sexe, mais tous se tenant debout. Lorsqu'il est assis, toute la place se trouve remplie d'un peuple nombreux, mais sans bruit et sans confusion. On voit paroître, quelque temps après, à l'autre extrémité de cette place, un *Taratare*, qui est une espèce de *Héraut,* ayant à ses côtés deux jeunes garçons, dont l'un porte un rouleau de ce parchemin jaune et luisant dont nous avons parlé, et l'autre une grappe de raisin toute en or et ayant une queue fort longue. Le Héraut et les deux jeunes garçons portent des manteaux de satin bleu, ou tirant sur le verd de mer; mais celui du Héraut est broché, et se termine par une longue queue. Alors le Héraut, après avoir fait trois saluts profonds, s'avance vers la terrasse; puis il prend en main le rouleau de parchemin. Ce rouleau est une *charte royale*, contenant l'*octroi d'une pension* que le prince accorde au père de famille, avec d'autres concessions, privilèges, exemptions ou marques d'honneur. On y voit toujours cette suscription en forme d'adresse : *A tel*, etc. *notre bien-aimé et notre créancier*; formule qu'on n'emploie jamais que pour ce seul cas : car, selon eux, *le prince n'est vraiment redevable qu'à ceux qui propagent et étendent la race de ses sujets.*

L'empreinte du sceau apposé à cette *charte* est l'effigie même du roi, gravée en or et de relief. Or, quoique cette charte soit expédiée d'office, et comme de droit, cependant on ne laisse pas d'en varier le style à volonté, et à raison de la dignité de la famille, du nombre de ses membres, etc. Le Héraut lit cette charte à haute voix, et, pendant cette lecture, le père, ou le Tirsan, se tient debout, étant soutenu par deux de ses enfans qu'il a choisis *ad hoc*. Puis le Héraut montant sur la terrasse, lui remet en main la charte, et alors s'élèvent jusqu'aux cieux cent mille voix, qui font entendre ce cri d'alégresse, parti de tous les cœurs : *heureux, mille fois heureux, les peuples de Bensalem !* Ensuite le Héraut prend des mains de l'autre enfant la grappe de raisins, dont le pédicule, ainsi que les grains, sont d'or, comme nous l'avons dit : mais ces grains sont colorés avec beaucoup d'art. Lorsque le nombre des mâles, dans cette famille, est le plus grand, ils sont teints d'une couleur *purpurine*, et portent à leur sommet la figure du *soleil;* mais si c'est celui des individus de l'autre sexe qui l'emporte, ils sont alors d'un *verd* tirant un peu sur le *jaune*, et portent à leur sommité un *petit croissant*. Le nombre de ces grains égale ordinairement celui des individus de cette famille. Le

Héraut porte aussi cette grappe au *Tirsan*, qui la remet à celui de ses enfans qu'il a choisi précédemment pour vivre toujours avec lui, et qui devra dans la suite, chaque fois que le chef de la famille paroîtra en public, la porter devant lui, comme une marque d'honneur : et telle est la raison pour laquelle il est appellé l'*enfant de la vigne*. Lorsque la cérémonie est achevée, le Tirsan se retire, et quelque temps après revient pour dîner ; repas où il est seul, assis dans le même fauteuil, et sous le dais, comme auparavant. Jamais aucun de ses enfans, quel que puisse être son rang ou sa dignité, ne mange avec lui, à moins qu'il n'ait l'honneur d'être *membre de l'institut de Salomon*. A table, il n'est servi que par ses propres enfans ; savoir : les mâles qui, en s'acquittant de ce devoir, se tiennent à genoux (1), tandis que les femmes de

---

(1) Notre *chancelier*, la tête pleine de ces *vils honneurs*, mêle ces *fastidieuses misères* à des scènes où la seule tendresse devroit présider.

cette famille restent debout et appuyées

Eh ! vieil orgueilleux, commande à ces enfans de se lever, de s'asseoir à côté de toi ; excite-les à dévorer avec l'inépuisable *appétit*, qui est un *don* de leur âge, ces mets que tu ne peux plus digérer ; *jouis de leurs jouissances, vis de leur vie ; heureux sous tes yeux, et par toi, ils te rendront ainsi la vie qu'ils reçurent de toi.* Jusqu'à quand d'orgueilleux et foibles mortels se croiront-ils *plus grands, en se mettant à leur aise, tandis qu'ils gênent tous les autres?* En *Angleterre*, s'il faut en croire des *oui-dire*, lorsque des jeunes hommes de distinction, après avoir achevé leurs études, se disposent à faire deux ou trois ans de voyage, *pour connoître tous les tableaux et toutes les filles publiques de l'Europe,* le père s'assied gravement dans un fauteuil de famille (tout semblable à celui du *roi Dagobert*); puis le fils se mettant à genoux, demande à son *froid géniteur une juridique et orgueilleuse bénédiction.* C'étoit *dans les bras paternels,* c'étoit *sur ce sein chéri* qu'il falloit *la demander,* ou plutôt *la recevoir ;* sentir *les douces étreintes d'un père digne d'un fils digne de lui;* n'est-ce pas être suffisamment *béni ?* Quel autre tableau doit-il voir dans les voyages, et porter gravé dans son cœur?

contre la muraille (1). Toute cette partie de la place qui est plus basse que la terrasse, est couverte à droite et à gauche de tables où mangent les personnes que le *Tirsan* a invitées, et qui sont servies avec autant d'ordre que de décence. Sur la fin du repas, qui, dans les plus grandes solemnités, ne dure jamais plus d'une heure et demie, on chante un *hymne,* dont les paroles varient au gré du génie de l'auteur qui l'a composé, car ils ont d'excellens poëtes ; mais le sujet de cet hymne est toujours l'éloge d'*Adam,* de *Noé* et d'*Abraham ;* trois personnages, dont les deux premiers peuplèrent le monde, et dont le dernier fut le *père des croyans.* Cet hymne se termine toujours par des actions de graces rendues à la Divinité pour la naissance du Sauveur ; naissance par laquelle toutes les générations humaines furent bénies. Après le dîner, le *Tirsan* se retire une seconde fois, et se plaçant dans un endroit désigné, où il

---

(1) Autre sottise !

reste seul, il y fait une courte prière, puis il revient une troisième fois pour bénir tous ses descendans, qui alors sont debout, et rangés autour de lui, comme ils l'étoient dans la cérémonie qui a précédé. Il les appelle tous un à un, et selon l'ordre qu'il lui plaît, en changeant toutefois rarement celui de leur âge; chaque individu appellé (la table étant alors ôtée) se met à genoux devant le *Tirsan*, qui lui fait l'*imposition des mains*, en prononçant cette formule consacrée : *fils ou fille de Bensalem, écoute ma parole, celle de l'homme par lequel tu respires et jouis de la lumière; que la bénédiction du père de la vie, du prince de paix et de la colombe sacrée, reposant sur toi, multiplie les jours de ton pélérinage, et les rende tous heureux.* Il parle aussi à chacun d'eux; après quoi, s'il se trouve quelques sujets de talens distingués, ou d'une éminente vertu (sujets toutefois dont le nombre ne doit pas excéder celui de deux); il les appelle une seconde fois, puis posant sa main vénérable sur leurs épaules, tandis qu'ils se tiennent debout devant lui, il leur dit d'un ton affectueux : *votre naissance, ô mes enfans! fut pour moi, pour tout Bensalem, un présent de la Divinité ; c'est à elle que vous devez tout ce que vous êtes, et qu'il faut en rendre graces : allez en paix ; mes chers enfans, et persévérez jusqu'à la fin.* Il ne les congédie qu'après avoir délivré à chacun d'eux une sorte de *bijou*, ayant la forme d'un *épi de bled*, que dans la suite ils devront toujours porter sur le devant de leur turban ou de leur coëffure. A cette dernière cérémonie succèdent la *musique*, les *danses* et autres genres de divertissemens particuliers à cette nation, ce qui dure tout le reste du jour. Tel est l'ordre de cette fête aussi auguste qu'attendrissante.

Quelques jours après la célébration de cette fête, je fis connoissance avec un marchand de cette ville, appellé *Joabin*, liaison qui devint ensuite très étroite. Il étoit *Juif et circoncis;* car ils ont encore parmi eux quelques familles ou tribus, originaires de cette nation, établies depuis long-temps dans cette île, et auxquelles ils laissent une entière liberté, par rapport à la religion; ce qu'ils font d'autant plus volontiers, que ces *Juifs de Bensalem* sont d'un tout autre caractère, et animés d'un tout autre esprit que ceux des autres parties du monde ; car on sait que les autres Juifs détestent jusqu'au *nom de chrétien;* qu'ils ont une haine secrète et invétérée pour les nations chez lesquelles ils vivent, et une disposition continuelle à leur nuire ; au lieu que ceux-ci donnent au Sauveur du monde les qualifications les plus relevées, et sont tendrement attachés aux habitans de *Bensalem*. Par exemple, ce Juif même dont je parle, reconnoît habituellement que le *Christ étoit né d'une Vierge*, et qu'il étoit *d'une nature supérieure à l'humanité*. Il prétendoit que Dieu l'avoit mis à la tête de ces Séraphins qui environnent son trône. Ils l'appelloient la *voie lactée*, l'*Élie du Messie*, et lui déféroient une infinité d'autres titres semblables ; toutes qualifications qui étoient sans doute fort au dessous de celles qui conviennent à la divine Majesté du Sauveur, mais pourtant d'un style beaucoup plus supportable que celui dont les autres Juifs usent ordinairement en parlant du Christ. Quant aux habitans de *Bensalem*, ils ne tarissoient pas sur leur éloge ; il auroit même voulu (d'après la tradition de je ne sais quels *Juifs* établis dans l'île) nous persuader que ce peuple étoit aussi issu d'*Abraham*, mais par un autre fils qu'ils appelloient *Nachoran* ; que *Moyse*, par je ne sais quelle *science occulte* et *cabalistique*, avoit établi les loix pleines de sagesse qui gouvernoient cette île ; qu'à l'avénement du *vrai Messie*, et lorsqu'il siégeroit sur son trône, dans *Jérusalem*, le roi de *Bensalem* seroit assis à ses pieds, tandis que tous les autres potentats seroient obligés de se tenir éloignés. Mais en laissant de côté tous ces *rêves judaïques*, ce *Juif* qui me parloit ainsi, étoit au fond un personnage savant, d'une prudence consommée, et parfaitement instruit des loix et des coutumes du pays où nous étions. Dans un de nos entretiens, je lui témoignai la vive impression qu'avoit faite sur moi la description de cette fête appellée *la fête de la famille,* qu'ils célébroient de temps en temps, et à laquelle deux d'entre nous avoient été invités ; lui assurant que je n'avois jamais oui parler d'aucune cérémonie où les plus respectables et les plus doux sentimens de la nature présidassent d'une manière plus marquée : et comme la propagation des familles est une conséquence naturelle de l'union conjugale, je le priai d'entrer avec moi dans quelques détails sur les loix et les coutumes qu'ils observoient par rapport au mariage, et de m'apprendre s'ils étoient fidèles à cette union si sainte ; s'ils se contentoient d'une seule épouse ; car, ajoutai-je, les nations aussi jalouses de favoriser la population que celle-ci semble l'être, tolèrent ordinairement la *polygamie.* A toutes ces questions, il me fit la réponse suivante : « ce n'est pas sans raison, mon cher ami, que vous exaltez si fort l'institution de cette *fête de la famille;* car une expérience continuelle nous a appris que les familles qui ont le bonheur de participer aux bénédictions que cette fête répand sur elles, fleurissent et prospèrent ensuite d'une manière plus sensible que toutes les autres : mais daignez me prêter votre attention, et je vous apprendrai du moins tout ce que je sais sur ce point. Vous saurez d'abord qu'il n'est pas, sous les cieux, de nation plus chaste et plus exempte de toute souillure, que celle de *Bensalem;* et si je voulois la bien caractériser, je l'appellerois *la vierge de l'univers.* Je me souviens d'avoir lu dans un de vos auteurs, qu'un saint hermite de votre religion ayant souhaité de voir, sous une forme corporelle, *l'esprit de fornication,* un *nain extrêmement noir et difforme* lui apparut à l'instant. Mais je ne doute point que, s'il eût aussi souhaité de voir *l'esprit de chasteté* qui anime cette heureuse nation, il ne lui eût apparu sous la forme d'un *ange de la plus grande beauté;* car je ne connois, parmi les mortels, rien de plus beau, ni de plus digne d'admiration, que la pureté des mœurs de ce peuple. Aussi ne voit-on chez eux *aucun lieu de prostitution, point de femmes publiques,* ni rien qui en approche. Je dirai plus: ils sont fort étonnés, et même indignés, d'apprendre qu'en *Europe* vous tolériez un si infâme abus: ils prétendent que, par cette tolérance, vous avez, en quelque manière, *destitué le mariage,* et l'avez empêché de remplir sa vraie destination, attendu que *le mariage est un remède ou un préservatif contre les funestes effets de la concupiscence illicite;* et que *la concupiscence est un aiguillon naturel qui, de lui-même, porte assez au mariage* (1). Mais lorsque les hommes trou-

―――――――――――――――――――――

(1) Sans doute; mais trois autres aiguillons nous en éloignent; savoir: *l'amour de l'indépendance, la prédilection pour les choses défendues,* et la

vent sous leur main un remède plus agréable à leurs passions dépravées, ils dédaignent presque toujours le mariage. Voilà pourquoi l'on voit parmi vous une multitude d'individus qui préfèrent un célibat impur au saint joug du mariage, et dans le petit nombre de ceux qui se

---

goût de la nouveauté, le besoin de changement. Ainsi le mariage a besoin du secours des loix, qui ont elles-mêmes grand besoin du secours de l'éducation. Mais ces loix qui peuvent favoriser l'union conjugale, ce ne sont pas celles qui défendent positivement le célibat, mais celles qui font desirer le mariage; car la nature n'ayant, pour provoquer l'union des deux sexes, imposé d'autre loi que celle du desir réciproque, la société entière, pour obéir elle-même à la nature, et faire reposer ses propres loix sur de solides fondemens, doit suivre cette indication. Au reste, il ne faut pas confondre ce célibat chaste et nécessité par certaines professions en très petit nombre, avec ce célibat impur qui est une vraie polygamie, une vraie piraterie exercée contre les gens mariés. Celui-ci est le plus grand de tous les vices, puisqu'il est le principe du plus grand de tous les crimes, de l'adultère.

marient, la plupart encore prennent-ils fort tard ce parti (1); ils attendent, pour s'imposer ce joug, que leur première vigueur soit épuisée, et que *la fleur de leur jeunesse soit flétrie*; encore, lorsqu'ils prennent enfin une épouse, qu'est-ce au fond *qu'un tel mariage*, sinon une sorte de *trafic*, ou de *marché*, où l'on n'envisage que *la dot* et *la fortune*, ou *le crédit de ceux auxquels on s'allie*, et *la considération* qu'on peut acquérir soi-même par ce moyen? vues intéressées auxquelles se joint tout au plus quelque *desir d'avoir des héritiers*; desir toutefois *si foible*, qu'il approche fort de l'*indifférence*; toutes vues, toutes fins bien opposées à cette *union si sainte de l'hom-*

---

(1) Ce n'est qu'une exagération; et il semble que notre chancelier ait passé sa vie entière dans un couvent. On voit en effet un assez grand nombre de célibataires parmi les rentiers, les ecclésiastiques, les laquais et les soldats; mais parmi les cultivateurs, les artisans et les commerçans, c'est-à-dire, dans la classe la plus nombreuse et la plus utile, on en voit fort peu.

me et de la femme, qui fut, à l'origine des choses, la *véritable fin de l'institution du mariage;* et il ne se peut que des hommes qui ont consumé la plus grande partie de leurs forces dans des jouissances si honteuses, et dont la substance est déja corrompue, attachent beaucoup de prix au bonheur d'avoir une postérité, et aient autant de tendresse pour leurs enfans (*qui sont une émanation de cette substance dépravée*), que des hommes qui, en vivant chastement, ont conservé toute leur vigueur, en ont pour les leurs. Mais le mariage est-il du moins un remède tardif à ces désordres, comme il doit en être un, s'il est vrai que ce soit par une *nécessité réelle* qu'on les tolère? Point du tout; ces désordres, même *après le mariage,* subsistent, pour lui faire une sorte d'*affront.* Le commerce criminel et honteux avec des prostituées, on ne le punit pas plus dans les *gens mariés* que dans les *célibataires.* Un goût dépravé pour le changement et pour *les caresses étudiées des courtisanes,* qui *ont su réduire en art le crime et l'impureté même, rend le mariage insipide, et le fait regarder comme une sorte de tribut et d'imposition* (1). Ils ont oui dire

---

(1) *C'est une vraie* taxe, *quand le* trésor privé *l'exige, au lieu de l'attendre.* Tous ces tristes sermons *n'empêcheront pas que l'*homme, *en vertu d'un* instinct irrésistible, *ne préfère toujours un grand plaisir à un petit.* Ainsi le veut la nature, *ainsi le veut tout* homme esclave de ses loix, *c'est-à-dire, tout* homme qui nous ressemble. Les plaisirs *que dispense une* femme honnête, *sont* plus flatteurs et plus doux, *pour tout* homme délicat, *que toutes les* jouissances apprêtées *et* promises *plutôt que* données *par la* plus savante courtisane; *mais à condition que cette* chasteté *dont les* loix *sont si* sévères, *voudra bien* déférer *quelquefois aux salutaires avis de sa gracieuse cadette la volupté, et que cette femme honnête, en se renouvellant et se rajeunissant continuellement elle-même, par une légitime et sainte variété, saura faire à son époux une aimable violence, et lui rendre ses devoirs si agréables, qu'il ne soit plus tenté de les violer ; car le premier devoir d'une femme mariée, après celui de la chasteté, c'est de se rendre plus agréable à son époux que toute autre femme ; et* vice versâ.

que vous tolériez cet abus, pour éviter de plus grands maux, tels que les *avortemens*, les *adultères*, les *viols*, la *pédérastie*, et autres semblables; mais ils qualifient de *fausse prudence* une telle précaution; et une *tolérance* de cette espèce leur paroît fort semblable à celle de *Loth qui, pour épargner un affront à ses hôtes, prostitua ses filles :* ils soutiennent qu'on gagne très peu par cette *tolérance criminelle ;* que les *vices* et les *passions corrompues*, dont on craint les *effets*, n'en subsistent pas moins, et même *se multiplient:* il en est, disent-ils, d'un *desir immodéré, ou illicite*, comme du *feu ;* en l'étouffant tout à coup, on peut parvenir à l'éteindre; mais, pour peu que vous lui donniez d'air, il agit avec une sorte de *fureur*. Quant à la *pédérastie*, ce crime leur est inconnu, et ils ignorent jusqu'à son nom. Cependant on ne voit en aucune contrée d'amis aussi tendres et aussi constans que dans celle-ci; en un mot, comme je l'ai observé d'abord, les histoires que j'ai lues ne font mention d'aucun peuple aussi *chaste* que celui-ci : ils ont même coutume de dire à ce sujet, que *tout individu qui viole les loix de la chasteté, cesse de se respecter lui-même* : car leur sentiment est *que ce respect pour soi-même est, après la religion, le plus puissant frein du vice.* Après cette observation, l'honnête Juif se tut ; j'étois plus disposé à le laisser parler, qu'à parler moi-même ; cependant, comme il me paroissoit peu convenable de garder le silence tandis qu'il se taisoit, je me contentai de cette courte réflexion : je *puis vous dire actuellement, mon cher ami, ce que la veuve de* SARREPTA *dit au prophète Elie,* QUE VOUS ÊTES VENUS *pour nous rappeller le souvenir de nos fautes ; car j'avoue ingénument que la justice de Bensalem l'emporte infiniment sur la justice de l'Europe.* A ce discours il s'inclina un peu, et continua ainsi : « Ils ont des *loix* fort *sages* relativement au *mariage* ; ils ne tolèrent pas la *polygamie.* Il n'est pas permis à deux personnes de se marier, ni de faire aucun contrat tendant à ce but, sans avoir pris, pour se connoître, au moins *un mois*, à dater de leur première entrevue. Lorsque deux personnes se marient sans le consentement de leurs parens, leur coutume n'est point de *rompre ce mariage*, on ne les punit que dans leurs *héritiers*; les enfans provenus d'un tel mariage, n'héritant que du tiers des biens de leurs parens (1). J'ai lu, dans les écrits d'un de vos philosophes, la description d'une *république imaginaire* (2), où les deux futurs, avant de contracter ensemble l'union indissoluble, ont permission de se voir l'un et

___

(1) C'est-à-dire, qu'*au lieu de punir le père et la mère qui ont fait la sottise*, *on punit les enfans qui ne l'ont pas faite*, comme il est juste, à cause *du péché originel*. Observez de plus que ces jeunes-gens, au moment où ils commettent cette faute, n'ayant pas encore eu d'*enfans*, n'ont pas encore ressenti cette *tendresse* qui auroit pu leur servir de *frein*.

(2) Platon n'a jamais eu le projet d'une telle république : dans un livre qui porte ce nom, il a dit: *cherchons le plus haut degré de perfection*,

l'autre *dans un état de parfaite nudité;* cette nation-ci condamne un tel usage; un rebut, après une telle visite réciproque qui suppose la plus grande familiarité, devenant un *affront.* Mais comme l'une ou l'autre des deux personnes à marier pourroit avoir quelques défauts secrets, pour prévenir le *dégoût* et *la froideur* qui en seroient la suite, on a recours à un expédient plus honnête et plus décent. Près de chaque ville, on voit deux *pièces d'eau*, appellées les *étangs d'Adam et d'Eve*, où deux amis, l'un pour

---

en politique, du moins tel que je le conçois; degré auquel il sera toujours impossible d'atteindre, mais qu'il faut du moins connoître, afin d'y tendre : et dans celui des loix, il a dit : mais ces hommes pour lesquels je médite, sont, comme moi, très imparfaits; pour leur être vraiment utile, il faut les voir tels qu'ils sont, sans les flatter et sans les déprimer; cherchons donc actuellement les meilleures d'entre les loix qu'ils pourroient et voudroient observer : en quoi il fut beaucoup plus sage que son maître, qui exigeoit trop de la foible humanité.

le jeune homme, l'autre pour la jeune personne, peuvent, sans être vus eux-mêmes, les examiner tandis qu'ils s'y baignent (1).

Notre entretien fut tout à coup interrompu par une sorte de *courier*, portant une veste fort riche, et qui vint parler au Juif. Celui-ci, se tournant vers moi,

---

(1) Il veut dire apparemment qu'*un ami de la femme* est chargé par elle d'*examiner l'homme*, et qu'*une amie de l'homme* est chargée par lui d'*analyser la femme*; genre d'*analyse* qui, au sentiment de M. Deluc, attaché à la chapelle de la reine d'Angleterre, est précisément *son christianisme mis en action*. Si l'on introduisoit parmi nous un tel usage, d'autant moins déraisonnable, qu'il semble aussi *juste* que *prudent* d'examiner soi-même, ou de faire examiner par une personne sûre, un effet quelconque, sur-tout un meuble à vie, avant d'en faire l'*acquisition*, ou l'*emplette* : on pourroit choisir pour cette double vérification deux médecins de profession et d'une sagesse reconnue, l'un chargé par l'homme d'examiner la femme, et l'autre chargé par la femme d'analyser l'homme; bien entendu que chacun de ces deux visiteurs auroit au moins cinquante ans, et que celui des deux

me dit : *vous voudrez bien m'excuser ; on me demande pour une affaire pressée qui m'oblige de vous quitter.* Le lendemain matin, m'étant venu retrouver, il me dit, d'un air satisfait : « vous êtes plus heureux que vous ne pensez ; on annonça hier au gouverneur de cette ville, l'arrivée d'un *des membres de l'institut de*

futurs qui, ayant quelque défaut secret et fort rebutant, auroit voulu tromper l'autre, seroit condamné à payer les deux visites. Comme il est peu d'individus qui ne soit quelquefois obligé de se montrer, dans l'état de nature, à quelque homme de l'art, et pour son propre intérêt, on feroit alors cette exhibition pour ne tromper qui que ce soit. Mais que feroit-on des individus rebutés plusieurs fois, après de tels examens ? Eh bien ! on les marieroit ensemble ; passez-moi ma *loupe*, je vous passerai votre *cautère*. Le seul inconvénient que j'y voie, c'est que la *pudeur* souffriroit un peu de telles *visites*, tandis que la *beauté y gagneroit*, et que nous ne sommes pas accoutumés à de telles précautions. Mais tous ces inconvéniens seroient bien légers en comparaison de ceux auxquels on s'expose, *en promettant d'aimer durant toute sa vie ce qu'on a pris sans le connoître.*

Salomon; il sera ici d'aujourd'hui en huit; il y a douze ans que nous n'avons vu aucun de ces personnages : celui-ci fera son entrée publiquement ; mais on ignore le vrai motif de son retour : je tâcherai de procurer, à vous et à vos compagnons, des places commodes pour voir ce spectacle. »

Je le remerciai, en lui disant que cette nouvelle me causoit la même joie qu'à lui. Au jour marqué, le personnage attendu fit en effet son entrée : c'étoit un homme entre deux âges, de taille moyenne, et d'un extérieur vénérable. Sa physionomie, un peu *mélancolique,* annonçoit une *ame douce et généreuse;* on y voyoit l'expression caractérisée de *la tendre commisération* (1); son vêtement ex-

---

(1) C'est la seule qui convienne *au vrai philosophe,* dont la double fonction est celle de *consolateur* et celle de *médecin.* Il voit ce monde peuplé de *misères et d'afflictions;* il n'a d'autre desir que celui de *guérir toutes ces infirmités,* ou du moins de les *pallier;* il ne *hait* point les *hommes,* il les *plaint tous;* il les *plaint tous,* même les mé-

térieur étoit une robe à manches fort larges, d'un beau noir, et surmontée d'un chaperon (d'une tête de cape (1)) ; ce-

---

chans qu'il voit atteints d'une *maladie* presque *incurable.* Il les voit tous victimes de ces *absurdes législateurs qui, ayant méconnu les vrais besoins de l'homme et la vraie nature*, le vrai *but de toute société*, *ont eux-mêmes planté dans nos imparfaites associations presque toutes établies sur des principes contradictoires, le germe de tous nos vices, et nous ont livrés à une éternelle alternative de défiance et de jalousie;* maux terribles qu'il voit, qu'il déplore sans cesse, et auxquels il tâche de remédier paisiblement, à l'exemple de l'Homme Divin qui, pour prix de ses bienfaits, étant cloué sur une croix, et maudit par ceux-mêmes qu'il avoit voulu sauver, fit entendre ces paroles célestes : *mon père, daignez compatir à l'ignorance de ces infortunés, ils ne savent ce qu'ils font; ils égorgent leurs amis, à l'ordre de leurs ennemis;* paroles qui nous paroissent à nous *le plus grand acte*, *consigné dans les fastes du genre humain.* Quelle sagesse, quelle douceur, et quel héroïsme!

(1) Le texte original semble dire, un *capuchon*; genre d'ornement que nous croyons devoir adjuger

lui de dessous, qui tomboit jusqu'aux pieds, étoit d'un lin extrêmement fin et d'une blancheur éclatante, ainsi que sa ceinture et sa cravatte. Ses gants surtout attiroient l'attention, par le grand nombre de pierreries dont ils étoient ornés (1) : sa chaussure étoit d'un velours violet. Il avoit la partie inférieure et latérale du cou découverte jusqu'aux épaules. Il étoit coëffé d'une sorte de bonnet dont la forme avoit quelque analogie avec celle d'un *casque* (ou d'un *pot en tête*), et au dessous duquel tomboient avec graces ses cheveux qui étoient noirs et bouclés. Sa barbe, qui étoit de même couleur, mais un peu plus claire, avoit une forme circulaire (arrondie). Il étoit dans une espèce de litière supportée par deux chevaux, dont le *harnois* et la *housse* étoient d'un velours bleu broché d'or. Aux deux côtés de cette litière, mar-

---

à M*r*. *Deluc*, pour récompenser sa *religieuse exactitude*.

(1) Colifichet bien nécessaire à un savant.

choient *deux valets-de-pied* ou *coureurs*, dont la veste étoit de même étoffe. La caisse de cette litière étoit de bois de cèdre doré et orné de bandes de crystal; avec cette différence toutefois que le panneau de devant étoit enrichi de *saphirs* enchâssés dans une bordure d'or; et celui de derrière, d'*émeraudes* enchâssées de même. Au milieu de l'*impériale*, on voyoit briller un *soleil d'or* et *rayonnant*, au-devant duquel étoit une *figure d'ange*, de même métal, et dont les *ailes* étoient *déployées*. La caisse étoit entièrement revêtue d'un brocard d'or à fond blanc. Elle étoit précédée de cinquante hommes, tous dans la fleur de la jeunesse; tous ayant des tuniques fort larges de satin blanc, qui descendoient jusqu'à la moitié des jambes, et des bas de soie de même couleur. Leurs chaussures étoient de velours bleu, et leurs chapeaux, de même étoffe, étoient garnis d'un plumet qui en faisoit le tour. Immédiatement devant la litière, marchoient, tête nue, deux hommes vêtus d'une espèce d'*aube*, d'un lin très fin, et d'une blancheur éclatante, qui descendoit jusqu'aux pieds, et dont la ceinture, ainsi que la chaussure, étoient de velours bleu : l'un portoit une *croix*, et l'autre un *crosse pastorale*, assez semblable à celle d'un *évêque* : ces deux attributs n'étoient point de métal, comme à l'ordinaire, mais la croix étoit d'un *bois balsamique*, et la *crosse* de *bois de cèdre*. Dans cette entrée, on ne voyoit personne à *cheval*, ni devant, ni derrière la litière ; précaution qu'on avoit sans doute prise pour éviter toute confusion et tout accident. Derrière la litière, marchoient les magistrats et les principaux officiers des corporations de la ville. Le personnage qui faisoit son entrée, et qui étoit seul assis dans la voiture, avoit sous lui un coussin d'une sorte de peluche bleue et fort belle ; et sous ses pieds un tapis de soie semblable à une perse, mais beaucoup plus beau. Lorsqu'on eut commencé à marcher, il ôta le gant de sa main droite, et l'étendant hors de la litière, il bénissoit le peuple par-tout où il passoit, mais en silence. On ne voyoit dans cette entrée ni tumulte, ni confusion. La litière et tout le cortège trouvoient partout le passage parfaitement libre. Le peuple, qui affluoit sur toutes les places et dans toutes les rues, s'y trouvoit rangé avec autant d'ordre qu'une armée en bataille : ceux mêmes d'entre les spectateurs qui se tenoient aux fenêtres, y avoient un maintien décent et respectueux; chacun sembloit être à son poste.

Lorsque l'entrée fut finie, le Juif me dit : « je n'aurai pas le plaisir de vous voir ces jours-ci comme à l'ordinaire, et comme je le souhaiterois; le gouvernement de cette ville m'ayant donné une fonction qui m'obligera de me tenir continuellement près de ce grand personnage. » Trois jours après, étant venu me retrouver, il me dit : « vous êtes plus heureux que vous ne pouviez l'espérer; le membre de l'*institut de Salomon* ayant appris votre arrivée ici, m'a chargé de vous dire qu'il trouvoit bon que vous fussiez tous introduits en sa présence, et qu'il auroit de plus un entretien particulier avec un de vous, à votre choix ; ce sera après demain : et comme il se propose de vous donner ce jour-là *sa bénédiction*, son intention est que vous vous présentiez dans la matinée. Nous nous présentâmes en effet au jour et à l'heure prescrits. Je fus choisi, par mes compagnons, pour l'entretien particulier. Nous le trouvâmes dans un salle de fort belle apparence, ornée d'une tapisserie et d'un tapis magnifiques. Il n'y avoit point de marche à monter pour arriver jusqu'à lui. Il étoit assis sur une espèce de trône assez bas et richement orné. Au dessus étoit un *dais* de satin bleu broché d'or. Il étoit seul, à la réserve de deux pages, ou valets-de-pied, qui se tenoient à ses côtés pour lui faire honneur. Son vêtement de dessous étoit précisément le même que le jour de son entrée ; mais, par dessus, au lieu d'une robe, il ne portoit qu'un simple manteau d'un beau noir, attaché sur les épaules, et surmonté d'une tête semblable à celle d'une cape. En entrant, nous le saluâmes très respectueusement, comme on nous en avoit averti. Lorsque nous fûmes près du trône, il se leva, tira le gant de sa main droite, et nous donna sa bénédiction. Ensuite nous approchant tous successivement, nous baisâmes le bas de sa cravatte; après quoi, tous les autres s'étant retirés, je restai seul avec lui. Il fit signe aux deux pages de se retirer aussi; puis m'ayant ordonné de m'asseoir près de lui, il me parla ainsi en espagnol :

« Dieu répande sur toi sa bénédiction, mon cher fils; mon dessein est de te faire présent du diamant le plus précieux que je possède, et en considération de cet amour que nous devons à l'Être suprême et à nos semblables, je vais t'instruire de la *noble constitution de l'institut de Salomon*. Et, dans cet exposé, mon cher fils, j'observerai l'ordre suivant :

1°. Je te ferai connoître le véritable *but* de cette fondation.

2°. Les *instrumens* et les *dispositions* à l'aide desquels nous *exécutons* tous nos *ouvrages*.

3°. Les différentes *fonctions* attribuées aux *membres* de notre société.

4°. Nos *rits*, nos *statuts* et nos *coutumes*.

Le *but* de notre établissement est la découverte des causes, la connoissance de la nature intime, des forces primordiales, et des principes des choses, en vue d'étendre les limites de l'empire de l'homme sur la nature entière, et d'exécuter tout ce qui lui est possible.

Quant à nos *dispositions* et à nos *instrumens*, nous avons des souterrains d'une grande capacité et de différentes profondeurs; la hauteur des plus profonds étant de six cents brasses. Quelques-uns sont creusés sous de hautes montagnes; ensorte que ces cavités, en ajoutant à l'excavation faite dans la montagne même, celle qu'on a faite au dessous du rez-de-chaussée peut avoir trois milles de profondeur. Car la hauteur de la montagne, comptée depuis le sommet jusqu'au pied, et la profondeur de la cavité comptée depuis le rez-de-chaussée, sont pour nous la même chose, l'effet de l'une et de l'autre étant également de *soustraire les corps à l'action du soleil,* à celle *des rayons des différens corps célestes,* et à celle de l'*air extérieur*. Nous appellons ces souterrains la *région inférieure*. Ils nous servent à *coaguler,* à *durcir,* à *refroidir,* ou à *conserver des corps de différente espèce.* Nous les employons aussi pour *imiter* les *minéraux* et les *fossiles naturels,* et à produire de *nouveaux métaux artificiels,* à l'aide de compositions et de matières préparées *ad hoc,* et tenues ensevelies dans ces souterrains, pendant un grand nombre d'années. Enfin, ce qui pourra vous paroître étonnant, ces cavités nous servent pour *guérir certaines maladies,* et pour *prolonger la vie de certains individus;* espèces d'*hermites* qui se sont déterminés d'eux-mêmes à vivre dans ces lieux, qui s'y trouvent pourvus de tout ce qui peut leur être nécessaire, et qui sont en effet *très vivaces*. Nous tirons d'eux bien des lumières, que nous ne pourrions nous procurer par tout autre moyen.

A quoi il faut ajouter d'autres cavités où sont déposées différentes espèces de *cimens* et de terres, à peu près comme les *Chinois* tiennent enfouie, pendant plusieurs années, celle qui est la *base de leur porcelaine*. Mais nous sommes mieux assortis qu'eux en ce genre; et nous en fabriquons de plusieurs espèces qui sont plus fines et plus belles que la leur. Nous avons aussi différentes espèces d'*engrais* et de *compositions de terres* destinées à *augmenter la fécondité du sol*.

Nous avons encore de *hautes tours;* les plus élevées ayant au moins un demi-mille de hauteur. Quelques-unes aussi ont été bâties à dessein *sur de hautes montagnes;* ensorte que si l'on ajoute la hauteur de la montagne à celle de la tour, le sommet de celle-ci se trouve élevé au moins de trois milles au dessus du rez-de-chaussée. La partie la plus élevée de ces tours est ce que nous appellons la *région supérieure;* car cette partie de la région de l'air, qui se trouve située entre le sommet et le pied, nous l'appellons *la région moyenne.* Ces tours, autant que le comportent leurs différentes *situations* et *élévations,* servent pour l'*insolation,* le *refroidissement,* ou la *conservation* de certains *corps,* et pour l'*inspection* de *différens météores,* tels que *vents, pluies, neiges, grêles, etc.* ainsi que pour l'*observation* de certains *météores ignées.* Sur quelques-unes de ces tours vivent aussi des *hermites,* que nous visitons de temps en temps, et auxquels nous prescrivons ce qu'ils doivent principalement observer.

Nous avons de plus de *grands lacs* et des *étangs,* les uns *d'eau salée,* les autres *d'eau douce,* et par le moyen desquels nous nous procurons des *poissons* et des *oiseaux aquatiques,* de toute espèce. Au *fond* de quelques-uns, nous *déposons* certains *corps naturels* qui restent ainsi plongés pendant plusieurs années ; l'expérience nous ayant appris qu'on n'obtient pas les mêmes effets en tenant des corps au fond de l'eau, qu'en les tenant enfouis dans la terre même, ou plongés dans l'air souterrain ; à quoi il faut ajouter d'*autres lacs* ou *étangs*, dont l'eau *devient douce* en se filtrant ; et d'autres encore dont l'eau, *naturellement douce, devient salée,* par le moyen de *l'art.* Sur certains *rochers*, dont les uns *environnés d'eau*, et les autres *sur le rivage,* nous faisons les *opérations* qui exigent le *concours de l'air* et *des vapeurs de la mer.* Nous avons encore des *courans* et des *chûtes d'eau* avec leurs *coursiers*, qui nous servent à produire plusieurs espèces de *mouvemens violens,* ainsi que des *machines* mises en *mouvement* par le *vent,* ou destinées à *renforcer* son action, et qui nous servent aussi à produire des mouvemens de différente espèce.

Nous avons aussi des *puits* ou des *fontaines artificielles qui imitent les sources ou les bains d'eaux minérales naturelles;* les eaux des nôtres étant aussi chargées de différentes *substances minérales;* telles que *soufre, vitriol, fer, acier, cuivre, plomb, nitre,* etc. ainsi que d'autres *puits* ou *réservoirs plus petits,* qui nous servent pour différens genres *d'infusions;* leurs eaux se chargeant plus promptement et plus complètement des différentes substances et de leurs qualités respectives, qu'elles ne le feroient dans les petits vaisseaux qu'on emploie ordinairement pour ces infusions. C'est par ce moyen que nous nous procurons une *liqueur* appellée parmi nous, *eau de paradis,* qui, après les différentes préparations qu'elle a subies, devient extrêmement salutaire, et peut contribuer, soit à la *conservation de la santé,* soit à *la prolongation de la vie* (1).

---

(1) Mais par quels procédés vous procurez-vous cette liqueur si précieuse? voilà ce qu'il faudroit

· Dans certains *édifices très spacieux et très élevés*, nous *imitons* les différentes espèces de *météores*, tels que la *neige*, la *grêle*, la *pluie*, soit celles où il ne tombe que de *l'eau*, soit celles où il tombe d'*autres substances*, et le *tonnerre*, les *éclairs*, etc. ainsi que la *génération* de certains *animaux dans* l'air; tels que grenouilles, crapauds, mouches, sauterelles, etc.

Nous avons aussi des *salles, hospices, infirmeries*, appellées parmi nous *chambres de santé*, dont nous savons *modifier l'air à volonté*, en lui donnant tou-

---

nous dire et ce que vous ne dites pas ; car nous faire *un orgueilleux étalage de vos biens sans nous en faire part*, ce n'est pas *nous donner un diamant*, comme vous le disiez en commençant, mais *exciter notre convoitise, faire naître en nous des desirs*, avec le sentiment de notre impuissance à cet égard, et par conséquent nous faire un *fort mauvais présent*; il en faut dire autant de tout le reste de ce morceau ; cependant il peut être utile en *suggérant des observations* et des expériences auxquelles on ne penseroit pas.

tes les *qualités* que nous jugeons *convenables*, soit pour *guérir* différentes espèces de *maladies*, soit pour *entretenir* simplement la *santé*.

Nous avons des *bains* aussi *beaux* que *spacieux*, dont *l'eau* est *chargée de différentes substances*, soit pour la *cure* des *maladies*, soit pour *amollir* toute *l'habitude* du *corps humain*, lorsqu'il est trop *desséché*, et d'autres, pour donner du ton et de la *force* aux *nerfs*, aux *viscères*, en un mot, à toute la *substance* du *corps*, soit *solide*, soit *fluide*.

Nous avons de plus des *jardins* et des *vergers* aussi *spacieux* que *diversifiés* par leurs *productions*; *diversité* qui a moins pour objet la *beauté* du *spectacle* et l'*agrément* de la *promenade*, que *d'observer* les *différentes qualités* que le *sol* peut *avoir* ou *acquérir*, et qui le rendent propre pour *produire* différentes espèces d'*arbres* ou de *plantes*. Nous en avons d'autres plantés *d'arbres et d'arbrisseaux*, (y compris des *vignes*) dont les *fruits* ou les *baies* nous servent à *com-*

poser différens genres de *boissons*. C'est là que nous tentons toutes les espèces possibles de *greffes* en *fentes*, en *écusson*, par *approche*, etc. expériences qui ont souvent des *résultats* aussi *utiles* que *curieux*. Nous possédons aussi des *moyens* pour rendre les *fleurs* et les *fruits* de ces *plantes*, de ces *arbres*, ou de ces *arbrisseaux*, *plus précoces*, ou *plus tardifs*; mais sur-tout pour *accélérer la germination*, *l'accroissement*, la *floraison* et la *fructification* des *végétaux*. Nous avons des *procédés* pour obtenir des *fruits plus gros* ou d'un *goût plus agréable*, ou, en général, d'une *saveur*, d'une *odeur*, d'une *couleur*, ou d'une *figure* différente de celles qu'ils ont ordinairement. Il en est que nous *modifions* de manière à leur donner des *propriétés médicales*.

Nous avons encore des méthodes pour *produire différentes espèces de plantes*, sans être obligé de les *semer*, et par la seule *combinaison de terres de différentes espèces*. Nous en avons aussi pour *produire des plantes nouvelles*, et *tout-à-fait différentes des espèces connues.* Enfin, nous parvenons à *transformer les arbres* ou les *plantes d'une espèce, en végétaux d'une autre espèce.*

Nous avons aussi des *parcs* et des *clos* où nous faisons *nourrir des animaux terrestres* et des *oiseaux* de toute espèce. Or, si nous les nourrissons, ce n'est pas à titre de *rareté*, et simplement pour *satisfaire* une vaine *curiosité;* mais afin de ne pas manquer de *sujets* pour l'*anatomie comparée.* Car nous ne *hazardons* aucune *opération* sur le *corps humain*, sans en avoir *fait* et *réitéré fréquemment l'essai* sur ceux des *animaux;* expériences qui nous présentent quelquefois des *résultats* fort *extraordinaires;* par exemple, nous voyons des *animaux* qui *continuent de vivre*, quoique même après la *destruction* ou l'*amputation* de telle de leurs *parties* que vous regardez comme *essentielle à la vie;* et d'autres que nous *rappellons à la vie*, quoiqu'ils soient dans un état où vous les jugeriez *tout-*

à-fait morts, etc. Nous faisons aussi sur les *animaux,* *l'essai* de différentes espèces de *poisons,* comme nous faisons sur eux *l'essai* des *opérations chirurgicales,* ou des *remèdes* propres à la *médecine.* Nous parvenons quelquefois, par le moyen de *l'art,* à leur donner une *taille plus grande,* et sur-tout plus *haute* que celle qu'ils ont ordinairement, et quelquefois aussi *arrêtant l'accroissement* des *animaux,* nous les réduisons à une *taille extrêmement petite,* et nous en faisons des *espèces de nains.* Nous rendons les uns *plus féconds* qu'ils ne le sont naturellement, et les autres *moins féconds,* ou même tout-à-fait *stériles.* Nous savons produire les *variétés* les plus *singulières* dans leur *couleur,* leur *figure,* leur *tempérament,* leur *folie,* leur *activité,* etc. en faisant *accoupler* des *individus d'espèces différentes,* et *croisant ces espèces* en mille manières. Nous en *produisons de nouvelles* dont les *individus* ne sont pas *inféconds,* comme on croit parmi vous qu'ils doivent l'être. Nous faisons naître de la seule *putréfaction*, des *serpens*, des *vers*, des *mouches* et des *poissons* d'une infinité d'espèces différentes, et parmi les *individus ainsi engendrés*, quelques-uns sont des *animaux parfaits*, ayant un *sexe très distinct* et la *faculté* de *se multiplier* par voie *d'accouplement*. Or, tous ces résultats, ce n'est point par *hazard* que nous les obtenons, mais nous savons d'avance quel sera le *produit* de nos *opérations;* nous pouvons dire avec certitude, qu'en *combinant* ensemble telles *espèces* de *matière* et par *tel procédé*, nous produirons *telle espèce d'animal*.

Nous avons aussi des *pièces d'eau* particulières où nous faisons sur les *poissons* des *épreuves* semblables à ces *expériences* sur les *animaux terrestres* et sur les *oiseaux*.

Nous avons encore des *lieux consacrés* à la *génération* de ces sortes de *vers* ou de *mouches* qui sont d'une *utilité spéciale*, et connue, tels que vos *vers à soie* ou vos *abeilles*.

Je n'entrerai point avec vous dans des détails fastidieux sur nos *brasseries*, nos *boulangeries* et nos *cuisines*, où l'on fait, sous notre direction, différens genres de *boissons*, de *pain*, ou d'autres *alimens*, soit *solides*, soit *liquides*, aussi rares qu'admirables par leurs *propriétés*. Outre ce *vin* qu'on fait ordinairement avec le *raisin*, nous faisons différentes espèces de *liqueurs fermentées*, avec des *sucs* de *fruits*, de *grains*, de *racines*, etc. ainsi qu'avec le *miel*, le *sucre*, la *manne*, ou encore avec des *fruits desséchés*, par l'*insolation* ou cuits au four; ou enfin, avec les *larmes* qu'on tire par *incision*, ou qui découlent naturellement de certains *arbres*, et avec les *sucs* que fournit la *moëlle* de certains *roseaux*. Ces *boissons* sont de *différens âges*, quelques-unes même datent de *quarante ans*. Nous avons de plus différens genres de *bière* faite avec des *plantes herbacées*, des *racines* et des *épices*. Quelquefois, avec les *boissons* de ces différens genres, nous *combinons* et *incorporons*, autant qu'il est possible, des *viandes délicates*, des *œufs*, des substances dont le *lait* est la base, etc. boissons dont quelques-unes peuvent servir tout à la fois *d'alimens solides* et *liquides*, et tellement *substantielles*, que beaucoup d'individus, sur-tout parmi ceux qui sont avancés en âge, peuvent *s'en nourrir uniquement*, et se passer de toute autre espèce d'aliment. Nous n'épargnons surtout aucun soin pour nous procurer des *boissons* dont les *parties* soient *extrêmement divisées* et tellement *atténuées*, qu'elles puissent *pénétrer* aisément toute la *substance* du *corps*, mais sans aucune *teinte d'acrimonie* et de *qualité mordicante* ou *corrosive*. Nous y réussissons tellement, que si vous mettiez sur le revers de la main quelques gouttes de telle de ces liqueurs, elle en pénétreroit insensiblement toute l'épaisseur, et parviendroit en très peu de temps jusqu'à la paume; liqueur, toutefois, dont la *saveur* ne laisse pas d'être *très douce*. Nous avons aussi certaines espèces *d'eaux* qui sont portées, par le moyen de l'art, à un tel point de *maturité*, qu'elles deviennent *nourrissantes*, et d'ailleurs si *agréables au goût*, que plusieurs d'entre nous renoncent à toute autre *boisson*. Outre le *pain* qu'on fait ordinairement avec la *farine* de *grain*, nous en faisons avec différentes espèces de *racines*, de *noix*, d'*amandes*, de *châtaignes*, de *glands*, etc. Nous avons même du *pain* de *viandes* ou de *poissons desséchés*; employant, pour le faire, différentes sortes de *levains* et d'*assaisonnemens*; genres de *pains* dont les uns sont éminemment doués de la *propriété d'exciter l'appétit*, et les autres, tellement *nourrissans*, que beaucoup d'individus qui s'en nourrissent uniquement, ne laissent pas de vivre fort long-temps. Quant aux *viandes*, il en est qui, à force d'être *battues*, deviennent si *tendres* et se *mortifient* à tel point (mais sans contracter le moindre degré de *putréfaction*), que la chaleur de l'*estomac* le plus foible suffit pour les convertir en *bon chyle*, comme celle de l'*estomac* le plus vigoureux suffit pour convertir ainsi les viandes qui n'ont point subi cette préparation. Nous avons aussi différens genres de *viandes*, de *pains* et de *boissons*, qui sont tellement *substantiels*, que ceux qui s'en nourrissent, peuvent ensuite *endurer un très long jeûne*, sans en être incommodés, et d'autres dont la propriété est de rendre le *corps* de ceux qui s'en nourrissent, s'ensiblement *plus solide* et *plus dur*; d'autres enfin, qui *augmentent* notablement *leur force* et leur *agilité*.

Quant à nos *apothicaireries*, vous concevez aisément combien elles doivent l'emporter sur les vôtres. Si, en fait d'*animaux* et de *végétaux*, nous avons infiniment *plus d'espèces* et de *variétés* que vous n'en avez (car nous connoissons fort bien toutes celles de *l'Europe*), nos *médicamens*, nos *drogues*, et les *ingrédiens* dont nous les composons, doivent aussi être beaucoup *plus diversifiés*. Nous en avons qui ont été *gardés* pendant des *temps* plus ou moins *longs*, et quelques-uns qui ont subi de très *longues fermentations*. Quant à leur *préparation*, non-seulement nous savons *extraire* pour cela les *principes* des différentes *substances*, à l'aide des *distillations*, des *dissolutions*, des *infusions*, des *digestions* opérées par une *chaleur douce et uniforme*, des *filtrations à travers des corps* de différentes espèces, tels que *papier, linge, laine, bois*, etc. et même à *travers des corps* beaucoup *plus solides*. Mais c'est sur-tout par la composition des *drogues* que notre *pharmacie* l'emporte sur la vôtre. Car il en est dont nous *combinons* et *incorporons* ensemble si parfaitement *tous les principes*, qu'elles ont toute *l'apparence* des composés naturels.

Nous avons *différentes espèces d'arts méchaniques* qui vous sont encore *inconnus*, ainsi que les *matières* et les *ouvrages* qui en sont le *produit*; comme *papier, toiles, étoffes* de *soie, tissus* de toute espèce, et même des *tissus de plume* d'un éclat surprenant. Nos *tein-*

tures l'emportent aussi sur les vôtres par leur *finesse*, leur *éclat* et leur *solidité*. Or, nous avons des *atteliers* et des *boutiques*, tant pour les *manufactures* qui sont d'un usage commun, que pour celles que nous nous sommes réservées. Car vous saurez que, parmi celles dont je viens de faire l'énumération, il en est qui sont déja répandues dans toute l'île ; cependant, lorsque celles de cette dernière espèce sont de notre invention, nous en gardons aussi des modèles.

A l'aide de *fours*, de *fourneaux* et *d'étuves* de différentes *grandeurs*, et de différentes *formes*, nous nous procurons *différens modes* ou *degrés de chaleur*; par exemple, une *chaleur vive* et *pénétrante*, ou *forte* et *constante*, *douce* ou *âpre*, *animée* par le *souffle*, ou *tranquille*, *sèche* ou *humide*, et autres semblables. Mais nous nous attachons sur-tout à *imiter*, autant qu'il est possible, la *chaleur* du *soleil* et des *corps célestes*, qui est, comme vous le savez, sujette à de grandes *inégalités*, à des *gradations crois-*

santes et *décroissantes*, à des *variations alternatives* et *périodiques*; variations à l'aide desquelles nous *obtenons* les plus étonnans *effets*. De plus, nous employons quelquefois la *chaleur* du *fumier*; quelquefois aussi celle des *meules* de *foin* et des *herbes* qui *s'échauffent* très sensiblement, lorsqu'avant de les *entasser* ou de les *serrer*, on n'a pas eu soin de les faire *sécher* (*fenner*) suffisamment; enfin, celle de la *chair*, du *sang* et autres de cette nature.

Nous avons encore des *lieux* destinés aux fortes *insolations*, et d'autres *lieux* dans l'*intérieur* de la *terre*, où règne un certain *degré de chaleur*, qui est le *produit de la nature* ou de *l'art*; modes ou *degrés* de *chaleur* que nous *excitons* ou *employons*, selon que l'exige la *nature* de l'*opération* que nous avons en vue.

Nous avons aussi des *maisons d'optique* et de *perspective*, où nous faisons toutes les expériences relatives aux *rayons lumineux* et aux *couleurs*; par exemple, à l'aide de *corps non colorés et transparens*, nous produisons des *couleurs* de toute espèce à volonté, non pas des espèces d'*iris* semblables à ceux qui sont l'effet des *prismes* ou de certains *diamans*; mais des *couleurs proprement dites, subsistantes par elles-mêmes, simples et fixes*. Nous avons aussi des moyens pour *renforcer la lumière à volonté*. Nous la *projettons à de grandes distances;* nous la rendons si *vive* et si *forte*, qu'elle nous met en état de *distinguer les traits* et les *points les plus déliés;* nous la *colorons* à volonté. Nous faisons une infinité de *prestiges* et *d'illusions* par rapport aux *objets* de la *vue*. Nous savons faire paroître leur *grandeur,* leur *figure,* leur *couleur,* leurs *situations,* leurs *mouvemens,* tout autres qu'ils ne sont réellement. Il en est de même des *ombres*.

Nous avons différens *procédés* qui vous sont encore inconnus, pour rendre *lumineux* les *corps* de toute espèce, non d'une *lumière réfléchie* et comme *empruntée*, mais d'une *lumière propre* et *originelle*.

Nous avons des *instrumens* pour *voir nettement* et *distinctement* les *objets* les plus *éloignés*; nous en avons même de deux espèces opposées en ce genre; les uns qui *rapprochent* en apparence les *objets éloignés*; et d'autres, qui font *paroître éloignés* les *objets voisins*; en un mot, nous faisons *paroître* ces *distances* tout *autres* qu'elles ne sont *réellement*. Nous avons d'autres *instrumens* à l'usage des personnes dont la *vue* est *affoiblie*, mais très supérieurs à vos *lunettes*, ou autres verres ayant la même destination. Nous avons encore des *instrumens* à l'aide desquels on peut *voir nettement* et *distinctement les plus petits objets* (des *microscopes*), par exemple, la *figure* et la *couleur* des plus petits *insectes*, les *glaces* et les plus *petits défauts* dans les *pierres précieuses*; ils nous servent aussi pour observer la *nature intime de l'urine* et du *sang*; tous objets qui, sans un tel secours, ne seroient pas *visibles*. Nous faisons voir des *iris* et des *halos artificiels*, en un mot, des *couleurs apparentes au-*

tour des corps lumineux. Enfin, nous avons une infinité de moyens pour *réfléchir, réfracter, concentrer, multiplier, renforcer les rayons lumineux* émanés des objets *visuels*, soit pour *multiplier les images*, soit pour *produire* tout autre genre d'*illusion*, soit au contraire pour mettre en état de les *mieux observer*.

Nous avons aussi des *pierres précieuses* de toute espèce, dont la plupart sont d'une grande beauté, y compris certaines espèces que vous n'avez point. Il en faut dire autant des *crystaux* et des *verres* de toutes sortes. Nous avons, entre autres, des *verres* tirés des *métaux*, et d'autres matières que vous n'employez pas à cet usage. Joignez à cela des *fossiles*, des *marcassites*, et certains métaux ou minéraux imparfaits que vous n'avez pas non plus. Nous avons encore des *aimans* d'une force prodigieuse, et d'autres pierres également rares, qui sont des produits de la *nature* ou de l'art.

Dans d'autres *édifices*, nous faisons

toutes les *expériences* relatives aux *sons* et à leur *génération*. Nous avons plusieurs genres d'*harmonie* et de *mélodies* qui vous sont inconnus. Par exemple, nous en avons qui marchent par *quart de ton* et par *intervalles encore plus petits*; ainsi que différentes sortes d'*instrumens de musique* que vous n'avez pas non plus, et qui rendent des *sons* beaucoup plus doux que les vôtres ; enfin, des *cloches*, des *sonnettes* et des *timbres* dont les *sons flattent* extrêmement l'oreille. Nous *produisons* à volonté des *sons aigus* et *foibles*, ou *graves et volumineux*. En un mot, nous les *atténuons*, ou nous les *grossissons* à notre gré. Nous savons *modifier* des *sons* naturellement *purs et coulans*, de manière qu'ils *paroissent* comme *tremblottans*. Nous produisons encore à volonté des *sons articulés* et toutes les *lettres de l'alphabet*, soit les *consonnes*, soit les *voyelles*, que nous imitons, ainsi que les différentes espèces de *voix* et de *chants* des *animaux terrestres* et des *oiseaux*. Nous avons aussi des *instrumens* pour *suppléer* à la *foiblesse de l'ouie* et pour en *étendre* la *portée*; instrumens à l'aide desquels on peut entendre les *sons* les plus *foibles* venant des *objets voisins*, et ceux qui sont *affoiblis* par le trop grand *éloignement* du *corps sonore*. Nous avons de plus des *échos artificiels* et très curieux; les uns, produits par des *obstacles* qui semblent *s'envoyer et se renvoyer la voix* comme une *balle*, font entendre le *même son un grand nombre de fois*; les uns le *renforçant*, et d'autres l'*affoiblissant*: d'autres encore le rendent *plus clair* et *plus perçant*: d'autres enfin, le rendent *plus sourd* ou *plus creux, plus profond*. Nous savons aussi porter les *sons* les plus *foibles* à de très *grandes distances*, à l'aide de *tuyaux* ou de *concavités* qui les *renforcent*, *instrumens* et *cavités* qui sont de *différentes formes*, et les uns en *ligne droite*, les autres en *ligne brisée*; d'autres encore, composés de *sinuosités*.

Nous avons encore des *édifices* destinés à nos *expériences* relativement aux *fumigations*, aux *parfums*, aux *odeurs* de toute espèce ; expériences auxquelles nous en joignons d'autres sur les *saveurs*. Nous connoissons des procédés pour *renforcer* les *odeurs*, et, ce qui pourra vous paroître étrange, pour les *multiplier*. Nous tirons des odeurs de toute espèce de corps bien différens de ceux d'où elles s'exhalent naturellement. Nous *imitons*, par le moyen de l'*art*, certaines *saveurs naturelles*, au point de *tromper* le goût le plus *fin*. Dans cette même maison est une partie destinée à faire des *confitures*, des *sucreries*, des *douceurs*, soit *sèches*, soit *liquides*; endroit où l'on fait aussi différentes sortes de *vins*, de *laitages*, de *bouillons*, de *sausses*, de *salades*, etc. beaucoup plus agréables au goût, que tout ce que vous avez en ce genre.

Dans une autre partie de nos maisons, consacrée à la *méchanique*, on trouve des *machines* et des *instrumens* destinés à *produire* des *mouvemens* de toute espèce. Nous en produisons de beaucoup *plus vifs* et de beaucoup *plus rapides* que tous ceux que vous pourrez produire, à l'aide de vos *armes à feu* et d'autres machines de ce genre. Nous savons *faciliter* ces *mouvemens* et en *augmenter* la *force*, à l'aide de *roues* et d'autres moyens semblables, quoique la *force motrice* ait très *peu d'intensité;* nous savons en augmenter la force, au point qu'ils l'emportent de beaucoup sur tous ceux que vous pouvez produire à l'aide de vos *canons*, de vos *mortiers*, et de ce que vous appelez des *machines infernales.* Nous avons aussi de la *grosse artillerie* et des *machines de guerre* de toute espèce: à quoi il faut ajouter une sorte de *poudre particulière*, et dont la composition est fort différente de la vôtre, ainsi que des *feux grégeois*, susceptibles de *brûler*, même *dans l'eau*, et *inextinguibles*. Enfin, des *feux d'artifice* de toute espèce, soit pour le simple *plaisir* du *spectacle*, soit pour l'*attaque* et la *défense*. Nous *imitons* le *vol des oiseaux*, et nous pouvons, jusqu'à un certain point, *voyager dans les airs*. Nous avons de plus certains *vaisseaux* ou *bateaux*, à l'aide desquels on *peut naviguer sous les eaux*, et d'autres qui *résistent* mieux que les vôtres à la *violence* des *flots*. Dans ce même édifice, on voit des *horloges*, des *pendules* et des *montres*, d'une *construction* très *ingénieuse* et très *délicate*, ainsi que des *machines* mises en *mouvement* par l'*air* ou par l'*eau*, et où ces *deux fluides ranimant le mouvement* par une sorte de *circulation*, l'entretiennent fort long-temps : enfin, on voit aussi dans nos *cabinets de physique* quelques *mouvemens perpétuels*. Nous *imitons* les *mouvemens* des *animaux*, à l'aide d'*automates*, de figures *semblables à* celles de l'*homme*, des *animaux terrestres*, des *oiseaux*, des *poissons*, des *serpens*, etc. enfin, nous produisons, par différens moyens, une infinité de *mouvemens* très *diversifiés*, dont la *force* et la *délicatesse* surpassent tout ce qu'il est possible d'imaginer.

Nous avons aussi un *cabinet de mathématiques* où l'on voit des *instrumens* de *géométrie* et d'*astronomie*, de toute *forme* et de toute *grandeur*, construits avec toute la *précision* et l'*exactitude* possibles.

Nous avons de plus une maison spécialement consacrée aux *expériences* qui peuvent *tromper* les *sens*; *maison* où nous exécutons une infinité de *tours* et de *jeux*, comme *apparitions* de *fantômes*, *voix* qui se font *entendre* sans qu'on *voie* qui que ce soit, et autres *prestiges* de ce genre. Vous n'aurez pas de peine à croire que nous qui pouvons produire tout naturellement tant d'effets extraordinaires, nous ne pussions *tromper* les *hommes* d'une infinité de manières, pour peu que nous *voulussions cacher* nos *moyens*, pour rendre ces effets encore *plus étonnans* et les faire *paroître miraculeux* : mais nous *défendons* toute espèce d'*imposture* et de *mensonge*.

Nous avons décerné de *fortes amendes*, et même la *peine* d'*infamie*, contre tous ceux d'entre nos membres qui, par des *prestiges* ou des *artifices* quelconques, s'efforceroient de donner un *air de prodige* à des *effets* purement *naturels;* en enjoignant à tous de présenter ces *effets tels qu'ils sont,* et de *faire connoître* leurs véritables *causes,* pour *détruire* cet *étonnement* qu'ils excitent d'abord.

Telles sont, ô mon fils ! les *possessions* et les *richesses* du *noble institut de Salomon.*

Quant aux différentes espèces d'*emplois* et de *fonctions* assignés aux *membres* de cet *institut,* les voici :

Douze d'entre nous sont chargés de *voyager* dans les *pays étrangers,* mais sous les *noms d'autres nations;* car nous dérobons avec soin à toutes les autres, la connoissance de la nôtre. Ils ont ordre de rapporter de ces contrées qu'ils auront parcourues, des *machines,* des *instrumens,* des *échantillons,* des *modèles,* des *expériences* et des *observations* de toute espèce, nous les appellons *commerçans de lumières* (1).

---

(1) Cette qualification manque de *justesse;* ils

Trois autres membres sont chargés de recueillir dans les *livres*, les *expériences utiles* ou *lumineuses* qu'ils pourront y trouver : nous qualifions ceux-ci de *plagiaires* (1).

Nous en avons trois autres, pour *extraire* de tous les *arts méchaniques*, ainsi que des *arts libéraux*, des *sciences* mêmes, et de toutes ces *pratiques isolées* qui ne font pas encore partie des *arts* proprement dits, toutes les *expériences* et les *observations* qui peuvent se *rapporter* à notre *but*; ces derniers sont nos *collecteurs*.

Trois autres encore s'occupent à *ten-*

---

seroient *commerçans*, ou, comme le dit le texte original, marchands de lumière, s'ils faisoient du moins *des échanges de connoissances*; mais comme ils *pompent* celles des autres nations, sans faire part des leurs, ils ne sont qu'*acheteurs*, et même escrocs *de lumières*.

(1) *Depraedatores*; ce mot n'est jamais pris en bonne part; j'aurois abandonné le sens de Bacon, pour employer ici le mot de *collecteurs*, s'il ne m'étoit nécessaire un peu plus bas.

ter de nouvelles *expériences* sur le *choix* desquelles nous nous en rapportons *à eux* ; ceux-ci sont nos *pionniers* ou nos *mineurs*.

Nous en avons aussi *trois* pour *ranger dans des tables, sous leurs titres respectifs*, toutes les *expériences* et les *observations faites* ou *recueillies* par ceux des quatre premières classes, ce qui *facilite* beaucoup les *opérations* de *l'esprit*, nécessaires pour tirer de tous ces faits des *conséquences générales* et en *extraire les principes*; nous qualifions ceux-ci de *compilateurs*, de *rédacteurs*.

Trois autres encore chargés d'*examiner* toutes les *expériences*, de les *comparer*, soit *entre elles*, soit aux différens *buts* et *besoins* de la *vie humaine*, tâchent de les *appliquer à l'utilité* des *autres hommes*, soit pour *améliorer* leur *condition*, soit pour *donner de nouvelles lumières* aux *savans* ; *lumières* destinées à *diriger* la *pratique* et à *faciliter* la *découverte* des *causes* ; enfin, à donner une *base* aux *prédictions* et aux autres genres de *conjectures*; enfin, à *acquérir* la *connoissance* des *particules*, des *forces* et des *mouvemens* les plus intimes *des corps*; nous donnons à ceux-ci le titre d'*évergètes*, ou de *bienfaiteurs*.

Cela posé, après plusieurs *assemblées générales*, assemblées destinées à examiner tous ces faits et à *se consulter réciproquement*:

Tous ces faits étant bien *considérés* et bien *analysés*, *trois membres* tâchent d'*imaginer d'autres expériences plus lumineuses*, *plus décisives*, et qui puissent nous mettre en état de *pénétrer plus profondément* dans les *mystères* de la *nature*; ces trois derniers sont nos *lampes*.

Nous en avons encore *trois*, pour examiner toutes les *expériences* de ce dernier genre, et ils doivent ensuite nous en *communiquer* tous les *résultats* dans nos assemblées; nous les appellons les *greffiers*.

Enfin, il en est qui, après avoir *considéré* toutes les *observations* faites par les précédens, *cherchent* les *rapports* de toutes ces *vérités*, tâchent d'en tirer des *conséquences générales* et d'en *extraire* les *principes* qu'ils *énoncent* ensuite sous la forme d'*aphorismes*; nous appellons ces derniers, *interprètes de la nature* (1).

Nous avons aussi, comme vous pouvez le penser, des *novices,* ou *élèves,* pour *perpétuer* notre *ordre*, qui, sans cette précaution, s'éteindroit bientôt, ainsi qu'un grand nombre de domestiques et d'aides, tant d'un *sexe* que de l'*autre*. Nous avons aussi des *assemblées* et des *délibérations*, dont l'objet spé-

---

(1) Je ne doute point, vu les grandes choses qu'a déja faites cette nation éclairée, généreuse et active, qu'il ne se forme tôt ou tard, à *Paris*, une *société de savans, sur le même plan*. Les travaux des différentes classes de *l'institut* sont sans doute *combinés* jusqu'à un certain point; mais ils *ne concourent pas, avec assez de précision, au même but*. C'est un grand *foyer de lumière*; mais cette *lumière* est encore *trop divergente* : il manque *une loupe* pour la *concentrer*. Pourquoi ne voit-on pas, dans chaque *institut* ou *académie*, une *classe* spécialement *destinée* à la *recherche des causes* et des *signes physiques*?

cial est de *désigner* les *observations*, les *expériences* et les *inventions* qui doivent être *publiées*, et celles que nous devons *nous réserver;* car tous les membres de *l'institut s'obligent avec serment à garder* le plus rigoureux *secret* sur toutes les *vérités* dont la *publication* nous paroît *dangereuse.* Cependant, parmi celles de cette dernière espèce, il en est que nous *révélons au prince* et *au sénat;* mais d'autres encore que nous ne communiquons à qui que ce soit (1).

Quant à ce qui regarde nos *rits*, nos *coutumes* et nos *dispositions*, nous avons

---

(1) La plupart des vérités *incomplètes* ou *communiquées par parties*, ou *révélées* à des *hommes* qui n'en peuvent *saisir* qu'une *partie*, ne sont que des *armes*, ou des *prétextes* pour leurs *passions.* La plus grande et la plus nécessaire de toutes, celle qui est la vraie *clef du christianisme*, et qui, en *rappellant à toutes les sociétés humaines leur véritable but*, leur apprendroit en même temps que *tous les législateurs humains l'ont manqué;* cette vérité, dis-je, *la plus nécessaire* de toutes, est *aussi la plus dangereuse.* On la trouve égale-

deux galeries fort *belles* et fort *spacieuses*, où sont rangés avec ordre des *modèles* des *inventions les plus utiles* et les plus dignes de *fixer l'attention* des *observateurs*. Dans l'autre, on voit les *statues* des *inventeurs* les plus *distingués*. Par exemple, on y voit celle de votre *Christophe Colomb*, de ce *pilote génois* qui *découvrit* le premier les *Indes occidentales*; celle de l'*inventeur* de l'*art nautique*; celle du *moine, inventeur* des *armes à feu* et de la *poudre à canon*; celles des *inventeurs* de la *musique*, de l'*art d'écrire*, de l'*art typographique*, de l'as-

---

ment *dans les écrits des plus grands philosophes, dans les actes des apôtres* et *dans la comédie de Cartouche* : *l'imprudente révélation d'une partie infiniment petite de cette terrible vérité vient de coûter au genre humain au moins deux millions d'individus. Le même flambeau qui éclaire les uns, brûle les autres* : telle est la véritable *raison* qui avoit obligé les *anciens philosophes*, beaucoup plus sages que les nôtres, à avoir *deux doctrines*; une *secrette*, pour les *hommes* déja *instruits*; l'autre *publique*, pour les *ignorans*.

tronomie, de la *métallurgie*, de *l'art de faire le verre*, de l'art de nourrir et élever les *vers à soie*, et *d'employer leur fil précieux ;* de celui de *faire le vin ;* de l'*agriculture ;* sur-tout de *l'art de cultiver le bled*, et de *faire le pain ;* celles des *inventeurs* de tous ces arts qui ont pour objet les *métaux*, le *verre*, la *soie*, le *vin*, le *pain*, le *sucre*, etc. Or, cet *honneur*, cet *hommage perpétuel* que nous leur rendons, ce n'est point *au hazard*, mais d'après des *traditions* plus *certaines* et plus *authentiques* que les vôtres. Dans cette même *galerie*, on voit aussi les *statues* de nos propres *inventeurs* les plus *distingués*. Mais comme vous n'avez pas encore vu ces *inventions*, je crois devoir vous épargner de longues et fastidieuses *descriptions*, qui ne suffisent pas pour vous en donner une *juste idée*. Quoi qu'il en soit, lorsque quelqu'un parmi nous *invente* quelque chose de vraiment *utile*, nous lui érigeons peu de temps après une *statue*, et nous lui assignons une *pension* assez forte. De ces *statues*, les unes sont de *bronze*, les autres de *marbre*; d'autres, de *parangon* (*pierre de touche*); quelques-unes, de *cèdre*, ou d'autres *bois précieux*, mais *dorées* et *enrichies* d'autres ornemens. Il en est aussi de *fer*, d'*argent* et d'*or*.

Nous avons des *hymnes* et une *liturgie*, consacrés pour rendre journellement *hommage* au *souverain auteur* de ces *ouvrages* admirables, qui sont l'*objet* de nos *contemplations*, et pour *chanter* cette *bonté* inépuisable dont le caractère est empreint dans toutes les parties de l'univers. Nous avons aussi des *prières* spécialement destinées à *implorer son secours* dans nos *travaux philosophiques*, à le *supplier d'éclairer notre marche*, et à lui *demander* toutes les *connoissances nécessaires* pour *appliquer* toujours nos *inventions* à de *louables* et *saints usages*.

Enfin, nous *parcourons* successivement toutes les *villes* de ce vaste empire; nous y *publions*, à mesure que l'*occasion* s'en présente et que la *nécessité* l'exige, toutes les *inventions* que nous jugeons pouvoir leur être *utiles*. Nous leur *prédisons* (*prédictions* toutefois qui n'ont pour *base* que des *indications* purement *physiques*); nous leur annonçons, dis-je, les *événemens* et les *phénomènes* qui peuvent les *intéresser*, tels que *maladies épidémiques*, *pestes*, *multiplication excessive* des *insectes nuisibles*, *famines*, *tempêtes*, *ouragans*, *tremblemens de terre*, *vastes et longues inondations*, *comètes*; la *température* qui sera *dominante* dans l'*année commune*: et une infinité d'autres choses de cette nature. Et nous *prescrivons* aux *habitans* de ces villes les *mesures* à prendre, soit pour *prévenir* ces *fléaux*, soit pour *remédier* à leurs funestes *effets*. »

Lorsque le personnage qui m'adressoit ce discours, eut cessé de parler, il se leva; je me mis à genoux, comme on m'avoit averti de le faire; et imposant sa main sur ma tête, il me dit, d'un ton tout à la fois affectueux et solemnel: « que le souverain auteur de toute sagesse daigne bénir et ta personne et cette relation que tu viens d'entendre. Je te permets de la publier pour l'utilité des autres nations (1); car, pour nous qu'elle regarde, nous sommes ici *dans le sein de Dieu*, et dans une terre tout-à-fait inconnue. » Après quoi il me quitta ; mais j'appris ensuite qu'il avoit donné ordre de compter à moi et à mes compagnons *deux mille ducats* ; car ils font de grandes largesses dans tous les lieux où ils se trouvent, et dans toutes les circonstances qui l'exigent (2).

---

(1) De quelle utilité peut être aux autres nations la connoissance des biens dont *jouit* celle de *Bensalem*, et dont elles sont elles-mêmes *privées*, faute de *connoître* les *moyens* nécessaires pour se les procurer ? j'aimerois autant dire à un homme qui meurt de faim : *vous n'avez pas de quoi dîner, mon cher ami, moi, j'ai de quoi donner à dîner à cent personnes ; en conséquence je vous fais présent d'une grande augmentation d'appétit.*

(2) Les ouvrages moins volumineux de ce genre se trouveront dans le 15e. ou le 16e. volume.

Fin de la partie physique des œuvres du chancelier Bacon, et du onzième volume.